台湾研究

民进党结构与行为研究

陈星 著

九州出版社
JIUZHOUPRESS
全国百佳图书出版单位

图书在版编目（CIP）数据

民进党结构与行为研究／陈星著．—北京：九州出版社，2011.4

ISBN 978-7-5108-0910-1

Ⅰ.①民…　Ⅱ.①陈…　Ⅲ.①民进党-研究-台湾省
Ⅳ.①D675.874

中国版本图书馆CIP数据核字（2011）第053152号

民进党结构与行为研究

作　　者	陈　星 著
出版发行	九州出版社
出 版 人	徐尚定
地　　址	北京市西城区阜外大街甲35号（100037）
发行电话	（010）68992190/2/3/5/6
网　　址	www.jiuzhoupress.com
电子信箱	jiuzhou@jiuzhoupress.com
印　　刷	三河市东方印刷有限公司
开　　本	720毫米×1020毫米　16开
印　　张	13.25
字　　数	220千字
版　　次	2011年5月第1版
印　　次	2011年5月第1次印刷
书　　号	ISBN 978-7-5108-0910-1
定　　价	36.00元

目　录

第一章　民进党上台后利益分配结构的变迁与影响

民进党八年执政期间经历了许多重大变化，无论是党内权力分配格局还是党的运作结构，都发生了改变。有些变化成为民进党在执政期间和下台以后的不可承受之重。2008 年民进党败选下台后，在组织结构方面进行了调整，力图摆脱陈水扁的阴影，到 2010 年年中为止，民进党基本上已经稳定住了阵脚，但是未来的发展仍充满变数。

第一节　民进党上台后党政关系发展

民进党由在野党变成执政党，立刻面临如何协调党中央、“总统府”、“行政院”与“立法院”关系的问题。从根本上说，民进党党政协调问题是随着权力和可分配政治资源增加而衍生出来的问题。由于没有太多政治资源可供分配，在野时期民进党党政协调的问题并不突出，民进党中央作为权力分配与协调中心的地位是比较明确的。但是执政以后，如何处理党政之间的关系，寻求党政关系的平衡点，成为民进党不得不解决的问题。为此，民进党进行了诸多尝试，决策体系也几经变化。民进党执政时期党政协调模式主要经历了两个阶段的变化，第一阶段为上台后到陈水扁 2002 年兼任党主席止，第二阶段为扁首次兼任党主席到执政结束。

1. 从多头竞争到“以党辅政”

2000 年民进党上台之初，党政关系的冲突与扞格主要集中在“行政院”和党中央之间。为了标榜“全民政府、清流共治”的形象，民进党启用国民党籍的唐飞“组阁”，陈水扁则在“全民总统”的口号下与党务系统刻意保持了一定的距离。这种制度安排的结果是：唐飞“内阁”启用了大量国民党籍人士，民进党的党务系统基本上被排斥在行政决策过程之外。“不管是人事安排还是政策制定、决策和推动，民进党都找不到介入的机会和途径。行政当局推动的事，民进党无法知道决策过程。”① 尤其令民进党政治人物郁闷的是，民进党中央虽然没有分到权力，却必须为执政团队的执政后果负责，最起码要负舆论的责任，一旦政策的执行出现问题，民进党中央“不得不背负社会对扁政府施政不力的压力，内心之窝囊非外界所能想象，党内的气氛也相当低迷，一些有意参选的民进党人士都不敢再对政党旗号有多少期望。”② 这种不对称的局面引起党内的强烈反弹，最终导致了唐飞的辞职。

唐飞下台后，民进党中常会立即决议成立全面执政委员会，向行政部门争取决策参与权。2000 年 7 月，成立了协调“府”、“院”、党步调的党政协商会报机制，民进党中央在决策系统中的地位稍有加强。2000 年 10 月 20 日，民进党中央与执政团队就党政协商机制达成“以党强政”的五点共识：“一是现行之党政协商会报已经成为党政领导人的良好例行沟通机制，未来将继续维持会报功能，并加强党政间的资讯交流；二是遇有重大政策或争议事项，民进党将遵循党章规定，邀请政务官以不定期的方式列席中常会，达到党政充分沟通的功能；三是需全党同志共同支持之重大政策或争议事项，将请中常会做出决议，并由党员同志全力执行；四是建议行政院及所属各部会，应加强与立法院党团间之沟通协调，并一致于立法院以政策辩论方式，推广民进党施政理念；五是民进党派系为内部不同政策理念之结合，惟对内的不同意见，乐见各派系领袖以非正式方式加强沟通协调。”③ 除此之外，时任民进党主席的谢长廷在协商会报之前，与陈水扁还要在每周三举行“扁长会”，建立“总统府”与党中央直通的管道。协商会报后，谢长廷又会择要向民进党中常委简报结论，力求各派系与决策核心之间的信息沟通没有“时差”。此外，张俊雄与陈水扁也延续唐飞时期的做法，每周二晚上固定见面交换意见，建立“总统府”与“行政院”的沟通机制。每周二早上民进党“立院”党团会议之前，也有一个“行政”、“立法”协调会，由

---

① 杨毅周：《民进党组织派系研究》，九州出版社，2004 年，第 148 页。

② 郭名军：《三大党当年将有决定性一战》，台湾《财讯》，2001 年 1 期，第 130 页。

③ 刘国深：《当代台湾政治分析》，九州出版社，2002 年，第 225－226 页。

党、“府”、“院”三大秘书长率相关人员参加，进行“行政”、“立法”之间的对话与协商。至此，民进党在表面上确立了“以党强政”的基本模式。

但是在“党政协商会报”机制运行不久，就遇到了挑战。首先是民进党中央被排斥在决策过程之外的局面并没有根本改变。例如，会报机制运行不久，“行政院”召开“财经小组扩大会议”，做出了一系列财经决策，但是这些决策在“党政会报协商”中却只字没提。其次，一周一次的协商在局势危急时难以应付形势的发展。张俊雄引爆“核四风暴”之后，台湾政局风云突变，国、亲、新三党放下争执，联合起来，数日之内，“核四案”即演变成“罢免案”，事态的快速发展使民进党的协调机制根本跟不上步调。同时，“立法院”里的形势也是瞬息万变，充满着各种利益联结和策略联盟，一周一次的党政协商会报已无法应付时势所需。在“罢免案”最关键的一个星期里，党、“府”、“院”三大秘书长每天中午都在“总统府”里秘密聚会，研商反制对策，交换最新讯息，快速回应局势演变。于是，“党政协商会报”一共开过12次会议就寿终正寝了。

2000年11月中旬，民进党调整决策机制，将原党政协商会报扩大为九人决策小组，新加入“副总统”吕秀莲和民进党“立院”党团总召许添财，并整合陈水扁、张俊雄、谢长廷三人的个别聚会，让执政党决策机制定于一尊，由陈水扁亲自主持会议，固定每周二晚上在“总统府”里开会。此外，陈水扁并将“总统府”资政、国策顾问、战略顾问共118人依专长分组，建立智库，视需要不定期咨询。在九人决策小组制度中，民进党中央的目的相当明晰：一是明确分工，加强政党的决策地位。在九人决策小组中，张俊雄、邱义仁会针对特定议题，提出行政部门的简报及政策规划方案，例如人权问题、失业问题等，谢长廷和吴乃仁则会提报党务重要计划，例如选情分析、民调结论、选举对策等；二是决策整合，加强陈水扁在决策中的地位和作用，统合不同的声音。九人决策小组的决议一经陈水扁裁示后，星期三早上的“行政院院会”通常就会无异议通过。

九人决策小组是陈水扁个人权威加强的一个关键步骤。在陈水扁的强力主导下，九人决策小组“实际上只是沟通小组，无非是陈水扁通过九人小组为贯彻自己的意志，为自己的决策进行集体背书，以减少党内的阻力而已。”所以说，九人决策小组并不能真正反映民进党内各个利益集团的诉求，扩大民进党的决策参与功能。而且，尽管九人小组的目的是减少党政扞格，但是党政之间仍不断出现自摆乌龙的现象。九人小组的效果不彰为陈水扁进一步集权提供了正当性基础。换句话说，由于民进党当局对于“府”、“院”、党和“立院”党团难以有效整合，从反面强化了陈水扁加强权力、整合党内各种力量的合理性。2001 年 11 月初，正义连线的大将沈富雄提出，要解决执政困局，陈水扁就应该兼任党主席。民进党内因此展开了对党政关系的讨论。经过激烈的争吵，以及从谢长廷、吴乃仁以降的党内领导阶层与陈水扁的密集会商，党内各派系对于陈水扁出任党主席一事达成共识。2002 年 4 月 20 日，在民进党的九届二次临时“全代会”上，通过了党章第 15 条修正案：党主席产生方式采双轨制，执政时期由“总统”任党主席，非执政时期由全体党员直接选举产生，并扩大了党主席的权限。中执委、中常委名额分别扩充到 35 人、15 人，增列当然中执委及中常委 4 人，执政时为“立法院”党团总召集人及“总统”指定 3 人，非执政时为“立法院”党团总召集人、干事长、书记长及县市长互推一人；党主席得就中常委中提名一至三人为副主席。

不管民进党“四·二〇临全会”确立的模式是“党政同步”还是“以政领党”，这次党主席产生方式的改变无疑是民进党党政关系模式的一次重大调整。“由于陈水扁的‘总统’地位不受民进党的制约，而陈水扁又担任党主席并在中常会拥有多数票的优势，因此决策中心仍在‘总统府’。”① 在这种状况下，民进党只是一个“沟通、协调的平台，中常会扮演‘传动轴’的角色，让行政和立法更顺畅”，② 民进党中央在决策中的有限影响已经被削弱了。

“党政同步”的实现和陈水扁出任党主席确立了“以党辅政”的党政关系模式，是民进党多头决策竞争的终结。按照民进党的说法，这个举措目的是要重新建构一套新的党政运作机制，“重整废弛许久的纪律”，全面整合党、“行政院”、“总统府”、“立法院”党团之间“混合编组”、决策难以协

① 范希周：《现阶段民进党大陆政策分析》，《台湾研究集刊》，2002 年第 4 期。

② 台湾《联合报》，2002 年 7 月 29 日。

调的局面。[①] 党政同步后，民进党的决策协调机制也发生了变化。大致情况是：每周由陈水扁举行一次中常会；“行政”、“立法”和中央党部每周举行一次“党政协调会报”；陈水扁和“行政院长”举行每周一次的政务会谈；“立法院”党团和“行政院”各部会不定期召开政策小组会议等。

可以看出，民进党企图通过加强陈水扁的决策核心地位、消解政出多门困局的方式，来应付党政协调困难的问题。但是事与愿违，民进党“党政同步”反而使党政决策协调更加混乱，一旦出现状况，“府”、“院”、党和“立法院”党团之间往往是辙乱旗靡，彼此的协调更是一塌糊涂。其中最主要的原因是，党政同步在加强了扁一人决策核心地位的同时，又出现了陈水扁与“行政院”、“立法院”党团和党中央的协调问题。加之陈水扁性格多变，决策粗糙，党政协调不畅的情况更加恶化。正如一位民进党“立委”所言：“党政同步的机制没有问题，而是一人决策出了问题”，新潮流系“立委”更是提出分享权力的要求。[②] 但是这种声音在权力运作的排挤下已经不可能成为主流了。

2. 陈水扁决策权力强化与民进党结构嬗变

2003 年 1 月 21 日，民进党中常会再次决议强化“行政”、“立法”的沟通机制：（1）各部会重大政策、法案在送“行政院”前，应向党团相关对应政策小组报告、说明，并征询意见。预算草案在送“行政院院会”前，应向“立院”党团会议报告；（2）“立法院”开会期间，12 个政策小组每周召开一次会议，沟通情况；党政协调会报应由“行政院副院长”亲自出席，并增加“总统府”代表及相关部会首长；“立院”党团会议应由“行政院副院长”固定与会，必要时由“行政院长”本人亲自出席。这是民进党在面临一人决策带来的困境时进行调整的又一次努力。但是这种调整不是针对一人决策下的结构性问题对症下药，所以民进党党、政、“立法院”党团之间协调困难的问题依然存在。

经过了这些调整之后，民进党的决策体系已经和以前有了相当大的不同，党政之间的区分已经不再明显，扁迅速完成了对党中央的收编，成为绝

① 颜展风：《阿扁兼党主席一炮三响》，台湾《财讯》，2002 年第 5 期，第 130 页。
② 杨毅周：《民进党组织派系研究》，九州出版社，2004 年，第 167 页。

对的决策核心。“党主席只剩象征意义，党内上下都以陈水扁一人为依归。”① 陈水扁对民进党进行统合的主要途径，就是利用手中的巨大行政资源进行收买。据说，“扁为了党内同志充分就业，曾透过民进党立委柯建铭代做意见调查，立委们也私下积极争取自己属意的职缺，动作不太好看。”② 因此，扁的决策核心地位在 2003 年到 2006 年上半年经历了第一次强化过程。在这一段时期内，陈水扁成为民进党真正的决策核心，包括修改民进党不分区“立委”提名办法、二度增修“党主席”选举办法、实施“立委”名额减半的“修宪”、“废统”、针对连战宋楚瑜访问大陆的立场等，扁均起到了绝对主导作用。2006 年 5 月起，陈水扁家族的贪腐丑闻东窗事发，他的决策核心地位遭到了冲击。但是不可思议的是，这次冲击反而成为扁第二次强化其决策地位的契机。扁通过“放权”的把戏，成功地争取到民进党中央的支持，又通过“台独路线”的操作，取得了“台独”基本教义派的支持，终于在千夫所指中强渡关山，反向强化了其作为民进党决策中心的地位。在这期间游锡堃所提出的“集体决策、党政合议”构想，可以说是民进党内要求分权的最后一次尝试。这一设想共分三个阶段实施，第一阶段由“府院党”和“立法院党团”幕僚定期开会，整理出政策主张；第二阶段由“府院党”秘书长开会，筛选幕僚所提内容；第三阶段由“总统”、“行政院长”、民进党主席、“立法院党团三长”共同拍板。但是随着扁避过风头开始全面反扑，“党政合议”也无疾而终了。

全面收编民进党中央的同时，陈水扁对“立法院”的控制也同步加强。民进党上台后，公职人员的地位在党内不断下降。上台之前，“立委”等公职是民进党借以发挥自身政治影响力的平台，也是民进党进行政治集结的桥头堡，对民进党的生存和发展起到了至关重要的作用。为了取得更多的公职席位，民进党不得不暂时搁置内部矛盾，争取更多公职，集中全力扩大党的影响。而在民进党取得政权以后，情况发生了逆转性的变化。由于民进党掌握了政治资源的分配权，党中央越来越失去自主性，“立委”提名权越来越多地受到来自“总统府”的干预。特别是在“单一选区两票制”的选制下，

① 台湾《中国时报》，2006 年 7 月 26 日。

② 石莎新：《民进党用人让人看不下去》，台湾《财讯》，2005 年 4 月。

有意角逐“立委”者，如果没有党的提名和“总统府”的支持几乎没有成功的希望，这就更强化了公职人员选举对党中央和“总统府”的依附性。

陈水扁权力中心和决策中心地位的加强，对民进党的组织结构产生了重要影响，党内派系共生的政治格局日趋崩解。

大陆学者林劲教授认为，民进党的派系不管以往如何形成以及现阶段的内聚力如何，大致来说，都是制度化型派系，即“建立于平等与非个人化的组织机制，有正式的干部、运作规则和程序、名称或政治符号、定期的活动，等等。”① 派系在民进党成立及发展过程中起着极为重要的作用，对于党内生态平衡和总体发展都有比较正面的意义。从根本上说，民进党派系存在的理由之一就是：在党内斗争激烈的情况下，派系协调能够成功达成彼此的利益妥协，以相对比较有效的分肥制度来保证党的团结和战斗力。

民进党上台后，派系生态格局骤变。以陈水扁为龙头的正义连线也随之水涨船高，对其他派系的容忍度也越来越小。在正义连线的挤压下，福利国系一度陷于崩解。特别是谢长廷被迫辞去“行政院长”之后，福利国系的势力更加衰微。而以纪律严明著称的新潮流系，也出现了分化的趋势。新系大老邱义仁和派系渐行渐远，逐渐淡出了该派系。邱开始插手“国安会”后，就不再参加新潮流的政协会议，而只与几个领导干部保持联系。“随着扁对他倚赖日深，他离新潮流越来越远，甚至在新系与扁杠上时，他还代表扁来摆平新系，许多新系要角现在都会异口同声地说，现在邱义仁是扁的人了。甚至有人戏称他是扁迷。”② 因此，有许多研究者在相当长一段时间内还一直将邱义仁称作是新潮流系的代表人物，显然是不尽准确的。邱义仁淡出后，新系主干仍在，并且依然保持着强大的战斗力。在正义联机强力发展的压力下，新潮流系采取了韬光养晦的策略，只注重捞取实地，而不愿强行出头，以免提前折损。但是这种做法，从根本上来说仍与以陈水扁为中心的政治结构产生了矛盾。唯其如此，新系在党内不断遭到陈水扁嫡系势力——

① 林劲：《略析民进党的派系问题》，《世界政治与经济论坛》，2002 年 5 期。不过需要说明的是，即使同属制度化型的派系，也有组织程度严密与否的差别。对于前新潮流系而言，制度化色彩相对浓厚，而对其他派系而言，政治山头的色彩相对浓厚。

② 林莹秋：《邱义仁、吴乃仁渐行渐远》，台湾《财讯》，2007 年 5 月。

正义联机的攻击和围剿。[①] 正义联机重要成员高志鹏相当直白地指出，他所担忧者是新系和“秦国一样，原只是边陲小国，后来利用合纵连横，最后大一统中原”。而在民进党“全代会”上提案力主解散派系的“立委”王幸男则指出，“民进党在野时期，新系的确帮民进党攻城略地拓展版图，但过去各派系还可以各做各的互不干扰，新系现在却结合行政资源持续壮大自己。”

2004 年 7 月，正义联机新任会长许添财向派系成员发出问卷“广征民意”，内部传出“清派系”声浪；在正义联机的推动下，其他派系也随声附和，“各派系间大有枕戈待旦、重整旗鼓之势”。[②] 此后，派系解散的议案一直有人在提，而且“每一次党内出现解散派系声浪，本质上都是冲着‘新潮流占据要职’而来”。[③] 2006 年 5 月以后，陈水扁受到弊案的巨大冲击，“保卫本土政权”、“巩固权力中心”、“维护党内团结”成为派系解散的另一个直接由头。按有的民进党人的说法就是：“派系解散可使党的执政与领导聚焦，与政绩时间赛跑的民进党目前缺的不是‘党内民主’而是‘有效领导’。”[④] 表面看来，面对弊案冲击而产生的党内价值裂解与混乱，以及可能引发的激烈斗争，民进党采取了解散派系的危机处理方式，企图通过派系解散来消除派系斗争，进而消除民进党分裂的可能性。但是从本质上讲，派系解散却是党内政治利益分配格局变化和党内政治生态发展的必然结果。于是，经过了两年的角逐，派系解散的提案终于在 7 月 23 日的“全代会”上闯关成功。而 2007 年初民进党“立委”候选人初选中，各个政治势力对原新潮流系的挤压只是派系解散的余绪而已。

一般来讲，外界对民进党派系解散所产生的后果判断相当两极。在民进党内就有不同的评估，甚至有人认为派系根本不可能解散。但是从长期来看，派系解散所产生的影响还是比较明显的。就制度层面上说，民进党内的派系运作方式和党的运作方式发生了变化。民进党文宣部主任蔡煌琅在派系解散决议通过后表示，“党认定派系已经解散，党主席游锡堃将不再召集派

① 台湾《中时晚报》，2004 年 7 月 31 日。
② 台湾《中时晚报》，2004 年 7 月 31 日。
③ 台湾《中国时报》，2006 年 7 月 7 日。
④ 台湾《中国时报》，2006 年 7 月 24 日。

系会议。”换言之，随着派系的解散，其所代表的政治输入渠道与方式也相应地消失了。“未来重要决策在中常会形成，若有需要，党主席会在中常会前邀集具代表性的中常委、中执委召开会前会，沟通协调。”[①] 因此，未来出于研究的需要还会有“派系”的称谓，但是在民进党的政治运作中，作为制度层面上的派系却已经不存在了。退而言之，即使派系还会以隐性方式存在，但是派系格局必须经过相当程度的重组，且也只能以与以前不同的新面目出现。事实也是如此，民进党派系解散影响最大者，当属新潮流系。新潮流的议事和协调机构“政协”被解散后，新系一时失去了集结和组织的平台。原有的派系成员在派系解散后只能靠彼此之间的感情来维系相互之间的联系，后来发展成一个月只有一次餐叙的松散联盟。新潮流大老吴乃仁一度出面组织新潮流系的活动，想加强彼此的联系，恢复新系的战斗力，但是谈何容易。在纷至沓来的打击下，新系的实力已经大为减弱，面对“立委”席次减半、“单一选区两票制”的挑战，一向精于选举的新系的不确定感越来越强。[②] 虽然新潮流有许多人开始将主要的注意力转向对基层的经营，以图东山再起，但是党内的反对力量依旧不依不饶，“排蓝民调”就是为新系量身定做的“宜将剩勇追穷寇”之举。在这种背景下，新系的处境相当艰苦，在 2007 年的党内“立委”候选人提名初选中更是一败涂地。

派系解散后，由于没有了派系的折冲与协调，党员个人将直接面对党中央。从这个意义上说，随着政党在选举中的地位越来越加强，党中央的权威也相应加强，党中央对党员的统合能力也有所加强。另一方面，派系会议取消后，决策过程中中常委和中执委的地位得到强化，势必从另一方向引起整个决策系统的调整。大体来说，这种情况已经反映出民进党有越来越向寡头政治方向发展的趋势。民进党一直所标榜的内部“多元、竞争”机制，在陈水扁个人权威日益强化的情况下不断遭到侵蚀。

3. 民进党政治生态的变化及其影响

民进党派系解散以后，内部基本生态也发生了若干变化。新潮流遭到打击后处于潜伏状态，但是其他的政治山头依然存在。前面述及，民进党内除

① 台湾《中国时报》，2006 年 7 月 25 日。

② 《吴乃仁重新过问江湖事》，台湾《财讯》，2007 年 4 月。

新系外的派系都带有以个人为中心的浓厚政治山头色彩。所谓山头，是以特定的政治人物为中心，没有比较严密的运行机制和严格的纪律要求，而是以权力和资源的争夺和分配为中心而结成的政治联盟。民进党内派系政治的终结与山头政治的兴起，是一个过程的两个方面。这种政治结构是和当时以陈水扁为中心进行政治资源和权力分配的政治生态一致的。易言之，党内派系进行利益综合和利益表达的功能已经与民进党内的这种政治生态格格不入，其退出历史舞台只是迟早的问题。各个山头的领导人通过与陈水扁的博弈，争得一部分政治资源，并以此为中心形成团队，组建各自的班底。民进党政治生态的山头化倾向是该党发展的主流趋势。而且，山头的封闭性和排他性日益增加。大致来说，扁、游、苏、谢基本上代表了党内主要的山头政治势力。一般来说，各个山头成员的政治命运与山头领导人的政治地位沉浮密切相关。山头领袖一旦得势，则山头成员也跟着鸡犬升天，很快占据了各个权力机要部门。相应地，其他山头的成员则被很快清除干净。

例如，2005 年初谢长廷接任“行政院长”之后，尽管立足未稳，但是谢系人马全面接收政治资源的序幕却立即拉开。以“行政院顾问”出任“院长办公室主任”的林耀文、“行政院发言人”卓荣泰、“交通部次长”周礼良、“人事行政局长”张俊彦、“新闻局长”姚文智、烟酒公司董事长董瑞斌、台北教育大学校长庄淇铭及“侨委会副委员长”陈建仲，都是因为谢的上台而立即分到了权力大饼。同样，2006 年谢长廷被迫去职后，苏贞昌接任“行政院长”，也开始系统安插自己的人马，谢系人马被悉数剔除。除了主要“部会”首长及幕僚外，边陲部门也没有放过。前“人事行政局长”张俊彦被换上扁系的原“保训会主委”周弘宪，甚至连一贯引不起政治人物兴趣的职位“侨委会委员长”也宣告易主。谢系人马知道大势已去，陆续撤离“行政院”，开始了新一轮的政治能量积累过程。

当然，由于陈水扁总揽了行政资源分配的大权，所以在各个山头的激烈争夺中，扁系人马以及与陈水扁关系比较密切的政治人物占据了天然的优势。扁时代的“市府小内阁”一直是“行政院”的主力部队。因为他们得到了扁的支持，又有“天子旗下”的光环，尽管行政系统城头大王旗不断变换，但是他们的升迁道路基本上是畅通的。例如，林全从主计长到“财政部长”，林陵三、陈菊（新潮流系，与扁关系密切）、张富美稳坐五年

“交通部长”、“劳委会主委”、“侨委会委员长”，郭瑶琪从“总统府公共事务室主任”到“工程会主委”等。

民进党内的“山头政治”倾向对台湾当局的施政绩效产生了相当负面的影响。

（1）忠诚度优先的做法影响了行政绩效的提升。由于各个山头均主要以自己的班底为基础组建行政团队，政务官的升迁并不单纯依靠其行政绩效，而在相当大程度上要依赖于与山头领袖的关系。这种情况产生了两方面的后果：一是政务官不得不揣测山头领袖的心思，在一定程度上不得不将自己对问题的真实看法搁置起来；二是政务官在为自己的政策负责的同时，还不得不为山头领袖扛起政治责任。因此，对政务官来说，励精图治、做出优良政绩的动机受到多方牵制，难免会使行政绩效大打折扣。

（2）短线炒作盛行，政策投机性强。一方面，山头政治的结果，就是政务官必须对自己的定位相当准确，“官员除了得留意上面的那个是不是把自己当成自己人，更担心在前面冲锋陷阵，内部会不会追在自己后面砍一刀。”在这种情况下，“政务官做事开始保守，行李随时捆好放在身边，许多政策的投机性越来越强。”① 同时，各个山头为了巩固地位，在短时间内取得政绩，政策更是有短线化的趋势。在这方面，最典型者莫过于苏贞昌。苏出任“行政院长”后，标榜“走正道、做实事廉能政府”，所有的政策均以民众的好恶为标准，甚至夸张到以媒体宣传导向作为主要依据制定政策的地步。据说“苏贞昌每天早上亲自主持晨报，和几位核心幕僚，仔细详阅管中窥豹媒体的报道，再讨论因应之道”。如此施政，固然对舆情反应迅速，“但是做得比较多的却是危机处理，跟在社会脉动后面疲于奔命，因为只能治标，所以格局越来越小，事情也越做越细。”② 其政策的短视和漫无章法自然可以想见。

（3）政策的稳定性差。山头政治的重要特点之一是人去政废、人走茶凉。而在民进党的政治运作模式下，官员调动频繁，各个山头之间的排他性强，导致政策缺乏稳定性和连续性。一方面，新的山头上来后，原有政务

---

① 纪淑芳：《绿猫，自家猫就是好猫》，台湾《财讯》，2006 年 5 月。

② 谢刘婷：《苏贞昌陷入看报治国的格局》，台湾《财讯》，2006 年 5 月。

官大都被剔除。一般新上任的“部会首长”，至少要花半年的时间才能摸得清业务内容，并且和文官建立良好的互信基础。易言之，这半年的时间基本上在做“新生训练”。民进党“内阁”短命的结果是，“政务官”熟悉业务还没有多久，就被调离原有职位，由不熟悉该部门事务的人取而代之，开始新的一轮“新生培训”。另一方面，由于山头隔阂，新任者不屑向旧任者寻求经验传承，过来人也只求明哲保身，不愿对政务多言。于是每换一次“行政院长”，就会出现一次大的调整，“简直跟政党轮替没有什么两样”。

民进党上台后所面临的政治环境发生了根本性变化。政治资源的增加和政治地位的提升诱发了民进党的政治结构、政治伦理和政治文化嬗变。民进党党政关系和党内政治生态的变化，其实折射出了上台以来该党政治变迁的结果。应该说，在这个过程中，民进党本身的政治结构变迁具有相对滞后性，它是作为民进党政治功能改变的因变量出现的，是权力竞争与博弈的结果。但是这种结果却作为民进党未来发展的起点，在一定程度上将左右该党未来发展路径。由于“总统府”在决策系统中的地位不断加强，民进党中央的依附性色彩越来越浓厚，政党内部结构也失去了昔日的弹性和灵活性，这种局面长期影响民进党的发展。蔡英文担任党主席后，主要的任务之一就是消弭陈水扁留下的这一强固结构的影响。

第二节　民进党上台后政商关系的建构及其影响

民进党上台前，与商界的关系比较疏远，甚至一度被认为有“反商情结”。但是在20世纪90年代，民进党的一些重要人物如陈水扁等已经开始紧锣密鼓地建构自己的政商关系网络。2000年上台后，民进党利用执政的优势，不断扩大政商关系的经营规模，手法也不断多样化。形成了既有以“总统府”和台湾当局行政机关为中心、通过权力资源分配形成的政商勾连，也有以个人为中心经营政商关系网络的政商勾连方式。民进党通过政治资源与金钱交换的方式，全面建构起了有利于自身发展的绵密政商关系网络。

1. 民进党政商关系构建的基本途径

大致来说，民进党构建政商关系的途径主要有以下几种：

（1）在各种关键位置安插自己的人马，将原有的“非绿”政治势力挤出各种公私营事业权力核心，实现对台湾财经和金融系统及企业界的全面“绿化”。民进党打着“改革”的旗号，对岛内各类金融、企事业单位、工商团体等展开了全面清洗，力图使民进党牢牢掌握住台湾的经济命脉。一度引起舆论大哗的“兆丰金控案”即是如此。2002 年，台湾“财政部”遵照陈水扁的旨意，任命时任长荣集团副总裁的郑深池出任台湾交通银行董事长，引起社会一片哗然。此前郑深池并没有金融方面的管理经验，并且长荣集团当时是交通银行的最大债务人，借款金额高达 150 亿元（新台币，下同）。很显然，这项任命是不恰当的。但是由于郑是扁的重要金主，所以民进党当局不顾社会舆论反对，仍然坚持这项人事任命。郑深池就任交通银行董事长后，根据民进党高层的指示，以交通银行为中心改组建立交通金融控股公司，随后改名为兆丰金融控股公司，郑出任董事长。通过这些操作，陈水扁最起码达到了以下两个目的：①郑深池以“民股”身份出任兆丰金控董事长，在此后选举中，郑作为金主支持陈水扁不会被贴上“动用公营资源”的标签，也可以避开民意机关的监督；②若扁下台，郑也不会受官股改派代表的影响，仍可成为扁的支持力量。民进党正是通过类似方式，迅速实现了金融机构的重新洗牌，掌握了几乎所有公营金融机构的控制权。

全面占据金融机构要津的同时，民进党更加重视对金融机构的“民营化”改造。很显然，民进党在位时掌控金融机构并不能保证他们就一直能为民进党所用，因为国民党一旦上台，仍有可能通过手中的权力进行清算，重新掌握这些机构。因此，陈水扁上台以后，一直努力对金融系统等事关台湾经济命脉的重要领域进行改造，在对金融系统进行“绿化”、图利个别与自己关系密切的大财团的同时，也要达到在结构上建构于己有利之金融环境的目的。其中一直以“民营化”的方式进行的金融改革，就是最重要的组成部分。按照民进党的想法，“民营化”之后，国民党即使上台执政，也无法插手这些已民营化的金融机构。按照这种构想，“民营化”彻底切断了未来国民党重新上台后的金脉，也为民进党未来发展建立起更为扎实的政商结盟关系。

(2) 通过各种活动和安排，拉近与企业之间的关系。在陈水扁每次“出访”的名单中，均有大批企业界人士随行，这已经成为企业界与扁关系的晴雨表。扁也正是利用这种方式巩固泛绿阵营的传统支持财团，并借机拉拢支持泛蓝的财团。影响所及，扁上台后，若干原来被认为是深蓝的企业与扁的关系发展迅速，摇身一变成为“绿色政权”的重要支持者。据说2000年扁初掌大权之后，为改善民进党过去的“反商形象”，“与大财团博感情”，频频安排行程参观工厂，出访邀陪也时有所见。除了这些台面上的文章，扁为了建构绵密的政商关系网，经常会有一些加强联系与“博感情”的餐叙和私下交流。据说只要有相关人士安排，陈水扁对各个“大老板的求见几乎来者不拒”。

(3) 通过权位与金钱交换完成政商之间的交易。这是政商关系最直接、也是最有效的形式。金主为民进党提供竞选资金，帮助其取得政治资源，而民进党上台后则通过各种方法回馈金主。于是，在扁上台后，许多金主被安排在不同机构的机要部门。当然，要酬庸的人很多，扁手中的职位显然不敷使用，于是扁当局就采取了“轮流坐庄”的方式，缩短官员的任期，以达到大家都有机会的目的。这是民进党当局官员像走马灯一样不断换来换去的一个重要原因，民进党中央也因此一度被人讥为“人力资源调度中心”。更具讽刺意味的是，民进党在野时，曾力主“总统府”应该废除“资政”与“顾问”这些闲职。但是执政之后，扁却用得更凶，把这些职位当成了“表达心意的一种方式”，其中多有扁的选举金主、“绿朝”新贵和退休官员。民进党的昨是今非，在此表现得淋漓尽致。对于扁来说，这些位置在相当大程度上满足了其“还人情”的需要，也是加深政商联结的一个重要方法。

(4) 通过派系或个人所经营的政商关系网络。民进党派系解散之前，通过派系运作来经营政商关系是民进党政商关系中一个相当重要的部分。2006 年虽然民进党通过了派系解散的决议，但是相关政商关系却没有随之消解，仍在或明或暗地发挥着影响。在各个派系中，实力强劲的新潮流系政商关系经营最为抢眼。许多原新系大老在经营政商关系方面都不遗余力。相较之下，福利国连线的龙头谢长廷则不走大企业、大财团路线，而是将经营重心放在中小企业团体上。为此，谢长廷经常参加中小企业的活动，拉近与他们的距离。谢的这些做法使其在中小企业中有着较高的人气。2006 年的台北市长选举中，谢长廷虽然募得的大企业捐款较少，只有 2974 万元，但是在小额捐款部分，却在短短的半年时间内，募得 3315 万元，比北高两市的其他候选人都高。同样，陈水扁和正义连线政商关系的经营在很大程度上也是依靠一些关键性的枢纽人物来完成的。如马永成、黄芳彦、陈哲男等，手中均掌握着大量的政商人脉，他们成为陈水扁和民进党建构政商关系不可或缺的中间环节。例如，扁身边的重要人物、新光医院副院长黄芳彦，就是沟通扁府内外政商关系的重要通路。黄芳彦有丰富的医界人脉，在企业界同样交游甚广，许多企业界人士正是通过黄才与扁搭上关系，而扁也通过他布建了绵密的政商人脉。

2. 民进党的“黑金化”及其影响

政商关系的快速推展加快了民进党“黑金化”的步伐。国民党时期，政商勾结和“黑金政治”就是台湾政坛的一大痼疾。民进党上台后，随着政商关系的快速洗牌，“亲绿”势力全面占据金融机构的机要部门，为民进党走向“黑金化”提供了肥沃的土壤。另一方面，台湾社会对贪腐行为遏制的制度缺失又成为民进党走向“黑金政治”的催化剂。按照大陆相关学者的研究，导致民进党走向“黑金政治”的制度因素“既包括台湾政治制度中权责分配、监督制衡，以及司法检调制度不健全，也包括民进党内各种制度的不完善等”。同时，更为重要的因素是“陈水扁和民进党当局刻意利用这种制度上的不完善，通过不正当的手段来谋取党派和个人的私利”。在多种因素的综合作用下，民进党在“黑金化”的泥淖中越陷越深，终于难以自拔。

2005 年高捷弊案群东窗事发揭开了民进党“黑金政治”的潘多拉之盒。随后，该党一连串弊案在社会舆论的爆料潮中不断浮出水面，使民众对民进党的政商关系、利益输送和利益交换有了比较清晰的认识。从 2001 年起，牵涉到陈水扁家庭而又影响比较大的就有以下诸端：“第一家庭”漏报所得逃税案，“吴淑珍炒股案”，涉及吴淑珍的“SOGO 礼券案”，扁婿赵建铭一家涉入内线交易的“台开案”，扁涉嫌用假发票套取巨额现金的“国务机要费案”等。至于牵涉到民进党高层的弊案更多：吴乃仁涉嫌盗取交易所内电脑中有关上市公司情况核查机密资料并从中谋利的“股市秃鹰案”，台湾当局将“全民企业”贱卖给岛内财团的“中华电信释股案”，牵涉到陈水扁重要金主殷琪的“高速铁路延宕案”，陈水扁“家臣”、台湾“中钢”董事长林文渊涉嫌收取4400万元公司员工配股分红的“中国钢铁公司花红案”，牵涉重大官商勾结弊情、矛头直指“交通部长”林陵三的“ETC案”等。

“黑金政治”越来越严重的直接后果就是民进党政治操守的集体沉沦。民进党在进行政商利益交换时，吃相难看是一个众所周知的特征。以原新系成员颜万进为例。2004年1月，力麒建设集团因为承诺缩短工期而得标承建南港展览馆项目。但是由于工期延误，2006年6月完工的承诺不能兑现，要延长到2007年4月。依照合约，工期延误一天违约金达360万元，但是颜万进当时以“内政部政次”身份，对“营建署”官员施压，让力麒建设负责人郭铨庆免于裁罚。作为报酬，颜万进的私人应酬账款，俱由郭铨庆支付。这种赤裸裸的吃、拿、卡、要，以权谋利的事例在民进党中所在多是，民进党这种“当权即要得利”的贪欲比起国民党时代有过之而无不及。

民进党的“黑金化”同时孵化出了一个与该党高层关系密切的商人集团，这批人与民进党当局官员内外勾结，上下其手，对台湾的经济秩序和经济结构都产生了极具破坏力的影响。在民进党重新对经济领域进行清洗的过程中，许多人可以轻易透过政治捐献、交际应酬等方式，与相关官员建立密切的关系，使得一些名不见经传的企业或个人，在政党轮替后摇身一变成了“绿朝新贵”，这些企业与个人因朝中有人而得势，以“红顶商人”自居，怀着“背靠大树好乘凉”的心态，行事大胆，作风肆无忌惮，对台湾经济发展造成了冲击。概括起来说，有以下几个方面：

（1）公帑消费，百姓埋单。引发台湾民众广泛关注的“力霸案”爆发后，台湾近十年来金融机构重大呆账资料逐步被曝光。统计数据显示，全台共1471人积欠上亿元呆账，总额1723亿元，平均每位台湾民众要分摊7491元。而这些欠款者，大都是政商关系良好的“民意代表”或“红顶商人”。消息披露后，台湾民间的反弹相当强烈。

（2）政商关系良好的恶质财团进行“五鬼搬运”，官商勾结，翻云覆雨，违规经营，不当图利，扰乱经济秩序。从手法上看，他们采取的大都是千篇一律的老套路：大量转投资，交叉持股，股票质押换现金，再用来拉抬股价，吸引无知散户跟进。这期间，交易关系人、内部人以及消息灵通人士，均捞得盆满钵满。一旦东窗事发，当事者卷款逃逸，只留下升斗百姓欲哭无泪、告天无门。

（3）家族财团不断坐大，导致金融泡沫积累，经济结构脆弱，成为以后经济发展的一大隐患。有台湾学者指出，现在台湾的经济已经与“财团治台”相去不远。台湾家族财团的重要特点是要以小搏大，以极少的资金，利用政商关系的护身符，捞取通过正常渠道难以得到的利益。台湾当局鼓吹已久并极力推动的“二次金改”，以及“公股释出”和“民营化运作”，几乎无处不见公权力与商人利益结合的阴影；而“公营财产”的标售、公共工程的兴建，也有家族财团在背后兴风作浪。此类家族财团的兴旺，其实质就是以商养官、以官护商，形成了利益共生结构的恶性循环，在台湾政坛上不断上演现代版的官场现形记。

第三节　利益共生结构的形成及其影响

民进党2000年取得执政权对其以后的发展方向产生了重大的影响。上台后的民进党立即面临着庞大的政治资源分配问题。民进党内的利益共生结构也正是在这种背景下形成的。这种结构作为民进党整个权力运作规则的重要组成部分，在民进党执政期间日益系统化。影响所及，民进党的运作模式也发生了一定程度的变化。可以说，民进党执政后期及其下台以后的发展困境，在相当程度上是党内利益共生结构发展和沉淀的必然结果。

1. 决策竞争与利益共生结构①的形成

首次政党轮替，台湾的政治环境随之发生了巨大的变化。“国民党的党国同构体系彻底瓦解，民进党也不能够如国民党当年提供给李登辉那样的党政条件与机制予于陈水扁。”② 相应地，决策竞争问题立即成为民进党的一大困扰。前面述及，在体制上说，民进党内的决策竞争主要集中在“府”、

---

① 共生关系本来指自然界的一种种间关系模式，一般指一种生物生活于另一种生物的体内或体外相互有利的关系。本文借用此一概念，旨在说明陈水扁与民进党之间的关系样态。即陈水扁与民进党在长期的政治合作过程中，已经形成了利益交换前提下相互支持和相互依赖的互动模式。

② 王茹：《台湾“宪政”变迁中的“国安会”与“总统”权力》，《台湾研究集刊》，2003年第3期。

党之间，因为“行政院”从法定地位上来说仅是“总统府”的幕僚机关，根本不能形成对“总统府”决策权的威胁。而党中央则不是这样。“总统”和民进党主席并没有统属关系，形同两个互相牵制的政治中心。“而作为党主席和党的权力中心的中常会，始终无法进入制度化的决策体制”。① 无论是2000年7月确立的“府”、“院”党协调机制——“党政会报协商机制”，还是2002年11月民进党在此基础上形成的“九人决策小组”，均不能解决这个问题。于是形成了非常吊诡的现象：民进党在政策的执行方面必须为陈水扁背书，但是党中央却又不能进入决策核心。有鉴于此，民进党内屡有加强党中央的决策地位的声音。这种决策竞争在民进党上台初期表现得尤为激烈。

结果，2002年4月份的“全代会”上，民进党通过了“党政同步”决议，以“总统”出任党主席的方式表面上将民进党统合进了决策中心。但是，从实质上说，这还是“以党辅政”。因为陈水扁的“总统”地位并不受民进党的约束，而扁出任党主席及主席提名副主席和指定部分中常委权力的增加，又使其加强了对党的控制能力。因此，“党政同步”所带来的结果，其实还是“总统府”决策中心地位的加强。随后，陈水扁的个人权威随着党政协调机制的不断发展而加强，甚至形成了学者所称的“柔性独裁”，即“不直接采用军事镇压来制造统治者专制”。② 所以说，2004年“党政同步”之后，民进党党、政之间冲突减少及内部反扁势力的全面消音并不是决策协调机制的成功，而是陈水扁个人权威加强所致。

民进党内决策竞争以陈水扁的胜利而告终，主要有两个方面的原因。

（1）从制度面来说，“总统”的权威不断加强是20世纪90年代以降台湾政治发展的必然结果。自90年代终止“临时条款”后，台湾已经经历了七次“修宪”，历经“总统”间接直选与直接民选之争、相对多数与绝对多数之争、废除“阁揆”副署权之争、“国大”虚级化以至废除之争等等争议。作为妥协的结果，基本上每次争议后“总统”的权力都会增加一次。自从上个世纪末李登辉通过操作废除了“立法院”对“行政院长”的副署

① 范希周：《现阶段民进党大陆政策分析》，《台湾研究集刊》，2002年第4期。

② 石之瑜：《台独与道德》，台湾海峡学术出版社，2005年，第90－91页。

权之后，“内阁”基本上就变成了“总统”的幕僚机关。在现有的架构中，“总统”有权无责而“内阁”有责无权是一个相当鲜明的特征。

（2）民进党不像国民党那样对整个社会的资源具有垄断性控制。尽管民进党具有类似国民党的刚性运作机制，但是从本质上说它只是一个选举机器而不是一个权力和资源分配机制。所以，虽然陈水扁作为民进党的候选人当选“总统”，其在政策的执行上离不开民进党的支持，但是民进党也不得不利用陈水扁的“总统”地位为中介，实现其对政治资源的分享和占有。这是民进党内利益共生关系形成的一个基本考察点。

在实际的政治运作中，陈水扁利用“总统”手中握有的庞大政治资源，通过与民进党高层分享政治权力的方式来弱化民进党中央参与决策的要求。自扁上台以来所出现的政治酬庸、以派系为中心的利益分配、对党内大老的安抚等，均是出于这种考虑。在这个过程中，民进党不断展示出内聚力的减弱和部分党员对扁的向心力增强的双重面向。就民进党与陈水扁的互动模式而言，形成了陈水扁以手中所掌握的政治资源分配为轴心掌控党内政治生态平衡，民进党通过向陈水扁输诚来换取政治资源的利益交换模式。在这种情况下，民进党中央的决策功能根本不可能有大幅提升。这就是民进党决策竞争沉淀后的决策规则。

在政治运作的过程中，决策规则至关重要。它决定了政治竞赛是如何进行的。“决策规则赋予各种政治资源以特定的价值，决定了决策过程的组织方式。”① 在决策规则的形成过程中，陈水扁通过政治利益的分配，在民进党内逐渐化育出一个既得利益集团，形成了以陈水扁为中心、以“本土化”为旗帜、几乎涵盖所有重要派系高层的利益共享格局。换句话说，陈水扁虽然自命为“全民总统”，但他首先却必须实现民进党内部的利益平衡。

经过几年的运作以后，民进党内其实已经不存在决策竞争了，民进党基本上已经被“总统府”收编。所以，尽管陈水扁在2004年底因“立委”选举失败而辞去党主席职务，但是他依然对党务系统保持着强大的影响力，民进党中央成为陈水扁最坚定的“保皇中心”。

---

① ［美］加布里埃尔·A. 阿尔蒙德、小G. 宾厄姆·鲍威尔著，曹沛霖等译：《比较政治学：体系过程和政策》，上海译文出版社，1987年，第275页。

2. 利益共生结构的支撑结构

民进党内的利益共生结构一经形成，便不可能在短期内消除。这是其他诸多矛盾的根源。现在的问题是，民进党内的这种利益共生结构何以能够存在？概括起来，主要有以下几个方面：

（1）民进党内的利益共生结构其实是台湾社会对立性族群结构和政治认知结构的主要恶果之一。民进党通过对族群问题的操作，再加上歪曲后的“本十化”煽动，已经成功地分化了台湾社会，形成比较固定的支持者。虽然在2004年以后的政治发展过程中，民进党对族群议题的操作效果呈现出边际递减的趋势，但是族群议题在台湾社会依旧有其动员价值。唯其如此，民选政治人物都学会了如何将选举动员设计为重新凝聚身份认同的受洗仪式，并将其作为主要药方，对身份认同面临威胁之团体进行集体心理治疗。影响所及，“政治动员张力被拉高到一种宗教的狂热，将执政地位的竞争膨胀为一场你死我活、道魔消长的殊死决战。”① 经过了几十年的化育之后，台湾社会的族群分裂与对立不断固化，形成了政治取向与认知和威权时期截然不同的政治群体。这些群体对于意识形态并不一定有很坚定的期望，但是却对族群意识有相当强固的归属感。这也就是台湾政坛通常出现的“阿扁再坏，也是自己的孩子”以及“肚子扁扁，也要挺阿扁”现象的根本原因。一直以来，民进党所依恃的基本支持群众一直处于小幅稳步上升的状态之中。2005年的县市长选举，民进党即使在高捷弊案严重冲击选情的情况下，依然得到了41%强的选票，就是一个典型的例子。

特定族群的纵容正是民进党逐渐“变坏”的驱动力量，因为在其“变坏”时，并没有得到沉重的教训，等于变相降低了变坏的成本，当然会更加增加其变坏以谋私利的决心。从这个意义上说，民进党事实上挟持了泛绿的选民，双方构成了更大的共犯结构。

（2）泛绿民众无条件的支持，在民进党内异化为对选举技术高度迷信的政治认知结构和选举本位的政治操作模式。民进党的发展历史和经验积累使其当之无愧地成为台湾最擅长选举的政党。“不论是主导选战议题、文宣

① 台湾《中国时报》，2005年12月26日。

造势，还是组织动员、辅选助选，或者是选情评估或拉抬，都堪称得心应手。”① 即使在民调一直落后的2004年的台湾最高领导人选举中，陈水扁也以两颗子弹赢得了选举。选举的成功导致民进党对选举技术的崇拜。影响所及，选举中胡言乱语的“选举语言”所在多是，选举期间空头支票滥开固然是家常便饭，政治人格的全面退化更是屡见不鲜。即使2005年党籍“立委”林为洲宣布因对民进党失望而退党后，陈水扁仍骄傲地宣称，几年来他如何在各方看衰下，“一路过关斩将打赢一次又一次选战，引领民进党度过危机”。“在他眼里，选举就是治国，人民只是一张张的选票”。② 选举技术的成功在一定程度上掩盖了利益共生结构的真实面目，并有效地将民众的视线引开。

（3）民进党内派系边界的模糊化和最终解散既是党内利益共生结构的结果，又反过来加强了这一结构。在利益分配格局越来越确定的情况下，派系的利益综合与利益表达功能越来越弱化。党内利益共生结构加强的过程，其实就是民进党派系消失的过程。2000年以来，除了陈水扁的正义联机和组织性较强的新潮流以外，其他派系均处于瓦解的边缘。派系解散以后，党内更难对当时现有利益格局提出有威胁性的挑战，它实际上起到的是加强权威和稳固当时现有利益格局的作用。

（4）“劣币驱逐良币”效应的发酵及其对党内利益共生结构的反向强化作用。在利益共生结构下，民进党越来越向庸俗化的方向发展。坚持理想、“有志于改革者，唯有选择退出的道路，徒然留下恋栈权位者继续待在党内”。③ 一方面是有“圣人”之称的林义雄退出民进党、党籍“立委”林为洲此前也宣布因对民进党失望而退党；另一方面，相继东窗事发的贪渎主角陈哲男、林进兴、邱永仁、罗宗胜、许富男等人，虽然最后均遭到开除党籍的处分，但是过程却拖泥带水，中间又夹杂设置停损点和平衡既得利益结构的动作。所以说，利益共生结构本身便形成自然筛选机制，对民进党的成员

---

① 林劲：《关于2005年底“三合一”选举之后台湾政党格局的几点观察》，《北京台研论坛第一辑：台湾政党政治发展的回顾与前瞻》，北京联合大学台湾研究院编，香港社会科学出版社有限公司，2006年。

② 台湾《中国时报》，2006年4月3日。

③ 台湾《中国时报》，2006年4月2日。

进行选择。而选择的结果，自然又会对现有的利益分配格局产生新的支持效果。

3. 利益共生结构下的发展困境

作为一种新的运作规则，民进党内的利益共生结构在民进党执政时期已经成为党内的主流规则。这一情况的出现，给民进党的未来发展带来极大的困境。

（1）尽管陈水扁的道德形象崩溃，民进党却无法与他进行切割。在这个意义上说，民进党内的利益共生结构成为陈水扁最安全的保护伞。虽然党内一直有处理陈水扁的声音，但是2006年7月下旬召开的民进党“全代会”上，社会期待甚高、具体落实陈水扁“放权”宣示的“党政合议机制”却胎死腹中。相反，不被看好的派系解散提案却获得了通过。这反映出大部分民进党人的心态：强化领导、巩固权力、渡过难关。有民进党人士说，“防止后两年党内部可能因危机发生所演变的尖锐对立、甚至裂解。”① 所以说，虽然2004年“立委”选举和2005年县市长选举的失败以及2005年以来不断浮出水面的弊案群对陈水扁政治权威产生了一定的冲击，但是党内的利益共生结构稳定性却增加了。

利益共生结构其实就是一种共犯结构，会产生挟持的效果。民进党与陈水扁之间难以分开，主要因为“四大天王、青壮派、陈水扁谁也切割不了谁，民众还是会将执政责任算在扁政府所有人头上”。② 二弊相衡取其轻，民进党最终还是选择了保扁。

影响所及，民进党的社会资本不断流失，道德重建难度加大。社会资本是指社会组织的特征，诸如信任、规范以及网络等。③ 像其他形式的资本一样，社会资本也是生产性的。从形式上说，大多数的社会资本形式，都是一种道德资源。民进党利益共生结构的形成从根本上改变了民进党与台湾社会互动的形式，原来与支持者相互信任的交换模式已经遭到侵蚀。具体来说，2005年以后出现的弊案群，造成了民进党道德形象的崩解和社会信任的耗

① 邱莉莉：《派系解散，民进党再生》，台湾《中国时报》，2006年7月24日。

② 台湾《中国时报》，2006年4月2日。

③ ［美］罗伯特·D. 帕特南著，王列等译，《使民主运转起来》，江西人民出版社，2001年，第195页。

蚀。“传统的清廉招牌几乎被高捷泰劳、健保蠹虫等等贪渎弊案所掩埋”。①在相当长的时期内，统、“独”之外，“清廉”与“反黑金”是民进党与对手最大的区隔。民进党在贪渎问题上拒不反省的态度已经彻底打碎了民进党的道德神话。而陈水扁与民进党又因为利益共生关系而无法切割，两者捆绑在一起向下沉沦，更使民进党的道德重建希望渺茫。如果说以前泛绿支持者是因为对民进党“清廉”、“改革”的道德取向抱有幻想的话，现在则更决定于“本土化”、“主体性”煽动下的情感取向。

（2）利益共生结构影响到精英甄补方式，民进党内的民主机制渐失根基。对于上个世纪 90 年代的民进党而言，其党内的民主机制，特别是初选制度，成为民进党破茧成蝶、成功夺取政权的重要制度性创设之一，它将民进党内最受民众欢迎、最富有煽动力、基层实力最强的人才选拔出来，为民进党争取政治资源冲锋陷阵。

但是，民进党上台后，在陈水扁政治权威不断扩张的情况下，党内民主制度不断遭到侵犯。2005 年的党主席选举，苏贞昌就是陈水扁指定的。苏从“总统府”秘书长转任民进党主席，党内虽然有杂音，甚至像林重谟等人一度都想跳出来参选。但是这些人在党内的“协调”声浪中很快就偃旗息鼓，苏贞昌在没有任何对手挑战的情况下，成为民进党的党主席；在 2005 年底举行的县市长选举中，备受瞩目的民进党台北县长候选人产生过程也充满了威权运作的色彩。李应元本来起步最早，最有资格成为候选人，与李应元同时，还有很多人也跃跃欲试，但是这些人后来都鸣金收兵，最后连李应元都被劝退，原因是罗文嘉跳出来参选，外界咸认为他是陈水扁的嫡系部队，是陈水扁“钦定”的台北县长候选人。所以罗在基本上没有经过党内民主程序筛选的情况下，成为定于一尊的台北县长候选人。② 2006 年北高市长选举候选人的产生，也一度传出对“北谢（长廷）南叶（菊兰）”进行征召，在台北市民调冲高的沈富雄也被劝退。以上事件均反映出民进党运作机制方面的微妙变化。精英甄补方式的变化，无疑会对民进党的未来一段时期的发展产生了较大影响。

---

① 台湾《中国时报》，2006 年 4 月 1 日。

② 谢金河：《民主机制 VS 威权领导》，台湾《财讯》，2005 年第 9 期。

（3）党内改革受到了阻碍，反省的声音难以顺畅表达。自2005年民进党弊案群出现以来，党内要求进行检讨的声音不断增加。2005年10月，陈水扁嫡系罗文嘉和新潮流总召段宜康主导发起了“新民进党运动”，一度在民进党内掀起了些微波澜；2006年3月下旬一场资深“立委”与民进党人士聚会中，甚至出现“开除陈水扁”的声音，有人认为即使无法做到这一步，起码也要“弃扁保党”。4月10日，民进党大老林浊水更是将矛头直接指向了陈水扁，认为其用人不当，“把民进党带到今天这步田地”。①

这种情况反映出民进党在支持耗蚀后系统成员所产生的集体焦虑感。按照美国政治学者伊斯顿的说法，虽然支持的耗蚀仅仅是对政治系统的威胁，但是“对于依然依附于政治对象的系统成员来说，就是一个危险的信号”。②民进党不断有要求反省的声音出现，就是要阻止支持进一步大幅度丧失。但是，在民进党内的利益共生结构下，陈水扁仍然相当牢固地控制着整个局面。党内的反省运动要么是因为推动者本身与现存的利益共生结构有千丝万缕的联系而难以形成坚定的斗争性，如罗文嘉等；要么就是在高层的强力压制下，基层难以形成有效的集结，反对运动基本成为无源之水，难以深入进行下去。2006年7月下旬召开的“全代会”也意味着民进党与陈水扁切割行为的结束，反省运动的进一步发展基本上无从谈起。

利益共生结构下的政党运作规则，使民进党在很大程度上将既得利益的维护作为终极目标。这已经与台湾社会未来应然的发展方向产生了扞格。具体来说，就是个人利益和政党利益凌驾于制度利益之上，公共利益越来越被边缘化。

亨廷顿认为，“政治组织或政治程序乃是为维持秩序、排解纷争、选择权威性的领导人”，从而促使在两种或多种社会势力之间建立妥协所做的一种安排。③ 制度的利益由此产生。从理论上讲，在一个复杂的政治体系中，许多政府组织和程序都代表了公共利益的不同方面。所以说，制度的利益与

① 台湾《中国时报》，2006年4月11日。

② ［美］戴维·伊斯顿著，王浦劬译：《政治生活的系统分析》，华夏出版社，1989年，第249页。

③ ［美］塞缪尔·亨廷顿著，李盛平、杨玉生等译：《变革社会中的政治秩序》，华夏出版社，1988年，第9页。

个人的利益是有根本区别的。制度利益的面向更广，涵盖的范围也更大。判断一个国家或地区政治体系的成熟程度，或者说发达与否的标准，从根本上说就是看该体系是否能够赋予公共利益以实质的政治制度内容。① 易言之，制度利益反映的是社会的长远利益，而系统中的个人利益和集团利益则是短期的和个别的利益。如果官员从自身角度出发，将自身利益或其他短期利益不断扩大，不可避免地将损害到整个制度的长远利益。民进党执政时期的问题正在于此。作为一个政治系统，台湾社会的制度稳定性在政治利益分配过程中遭到了相当程度的破坏。在很多情况下，制度创设的原则不是以公共利益为核心，而是将政治人物自身的利益作为考虑问题的根本依据。其中最典型的莫过于对“立委”选举制度的操作。经过了重重的政治利益算计，民进党力推以“立委”席次减半为主要内容的单一选区两票制，但是在该选制通过后，却发现形势的发展对自己不一定有益处，于是，又有民进党“立委”要求对选制进行重新设计，要求将“立委”席次上升到200席。在台湾，制度创制已经成为政客寻租的重要手段，公器失去了其应有的价值尺度和终极关怀。这和民主制度发展的基本价值是相悖的，必然难以持久。

民进党内的利益共生结构成为影响民进党执政期间及下台后一段时期发展方向的关键性因素。在该结构对党的运作机制产生的影响越来越大的情况下，民进党的理想性已经相当程度地弱化，维护既得利益和维持既有利益平衡格局，成为党内精英的主要任务。除此之外，民进党已经找不到一个更为明确的发展方向。民进党在陈水扁执政后期所缺的不是论述，而是如何突破党内的利益共生结构，为党的发展提出新的方向。

利益共生结构的存在说明，除非完成世代交替，或权力结构发生重大调整，依靠民进党体制内的力量完成改革基本上是不可能的。利益共生结构会对自身的生存条件不断进行再生产。在此结构下的既得利益集团，对任何有可能改变既有利益分配格局的改革均会产生本能的抵抗。民进党在陈水扁道德光环完全破产的情况下，依然倾全党之力拼命维护，原因即在此。所以，对于改革的呼声，民进党“府”、“院”、党高层只会以“欢迎建言”、“坚

① ［美］塞缪尔·亨廷顿著，李盛平、杨玉生等译：《变革社会中的政治秩序》，华夏出版社，1988年，第28页。

持改革”等口号来敷衍塞责，即使连“神主牌”林义雄毅然出走，“高层也只是展开注定没有结果的慰留。由于标准一直降低、价值不断改变，改革‘前进一步、后退两步’”,① 使民众大失所望，2005 年以后到 2008 年民进党下台后的一段时期，民进党的支持度一直呈下降态势，该党的发展越来越显现出疲态。

民进党与陈水扁的利益共生结构是台湾社会结构性矛盾发展的结果，反过来又成为结构性原因影响民进党的发展方向。从根本上说，这一结构的瓦解与转变的最终推动力量，还是要取决于台湾民众政治理性②的回归。然而吊诡的是，这一转变却要民进党来推动和完成。民进党的执政过程其实就是台湾政治发展的试误过程，民进党执政乱象的出现和理性缺失有助于台湾社会认清“本土”、“台独”、“民主”、“爱台湾”的真面目。一旦台湾民众、特别是泛绿选民支持民进党不再只是因为族群诉求的情感动员，而是政策理性，将会对民进党内利益共生结构产生釜底抽薪的效果。但是这一过程将是长期的。

第四节　民进党下台后的组织结构调整

组织结构（organizational structure）是表明组织各部分排列顺序、空间位置、聚散状态、联系方式以及各要素之间相互关系的一种模式，是整个管理系统的框架。对组织结构研究的主要的目的在于，了解组织的各个部分如何通过分工和合作完成其主要功能。

从组成上说，民进党的组织结构较为简单。中央党部、县市党部、乡镇市党部是其主要组织。在各县市议会和“立法院”，民进党设有党团，以协调党籍民意代表的意见。除了一般党部外，民进党还设有劳工党部和海外党部，这两个党部为特种党部。从权力结构上说，全岛性党员代表大会是民进党的最高权力机构，每年集会一次，“全代会”休会时，由中央执行委员会

---

① 台湾《中国时报》，2006 年 4 月 1 日。

② 此处的政治理性系指对政治活动中的感性行为进行的反省，这种反省在大多数情况下是针对特定的政治现象作出的反省。

代行其职责。中执会至少每三个月开会一次，休会期间，由中执会负责决策，执行党务。所以，实际上党内重要的决策及党务的执行在中执会及中常会。

对于民进党来说，组织结构的作用在于实现其选举功能。因此对该党组织结构的考察，就必须注重其功能实现的基本结构，主要包括：（1）派系结构；（2）提名制度。

2008 年民进党败选下台，主要的组织结构框架并没有改变。2008 年 4 月 7 日民进党第十二届第二十次中执会对各级党部的组织规程进行了修订，几乎没有改变原有组织规程的内容。不过，我们看到民进党确实在进行结构调整，力图摆脱败选和陈水扁家族和民进党高层弊案带来的消极影响。这些调整主要集中于功能实现之结构层面，民进党通过这些调整，实现了结构功能的重新整合。

1. 派系结构的变化

2008 年败选下台后，民进党的派系结构变得越来越复杂。民进党内派系的基本特征是：旧的派系日益衰落，新的派系崛起，党中央的主控能力加强。

民进党派系有一个比较显著的特点，即除了解散前的新潮流系以外，其他派系主要以少数几个政治领袖为中心组织起来。这些派系主要的联结纽带是利益分配，即政治领袖以自己可以获取的政治资源为主要手段，组织起派系的活动。这种派系特征决定了，一旦政治人物失去政治资源，其派系就很难有生存的空间。从这个意义上说，民进党内的派系与日本的派阀政治有若干相似的地方。这种情况在民进党执政以前较为明显，如正义连线、福利国连线就是以陈水扁和谢长廷为中心组织起来的派系。这些派系比较强调政治资源的分配。相反，理念型的派系在 20 世纪 90 年代就已经不存在了。

2000 年民进党后，陈水扁不再需要以派系为依托去获取政治资源，所以派系对他的作用大为降低。相反，他可以以手中庞大的政治资源去收买其他派系，使其成为自己的政治附庸。从这个角度上说，派系成为陈水扁对民进党内部进行统合的障碍。

执政后，在资源分配的前提下，民进党内旧的派系衰落，新的派系兴起。以游锡堃、苏贞昌等为首的政治人物从扁当局那里获得了政治资源，以他们为中心形成了新的派系。这些派系与以前的派系已经有很大的差别。他们不过是扁系的一个分支而已，或者说是陈水扁权力布局的结果。所以这些派系甚至连正式的名字都没有，外界往往以“苏系”、“游系”称之。而一旦政治人物所能掌握的政治资源减少，派系也就相应地消散了。例如，游锡堃的“游系”现在基本上已经没有什么影响力了。2006 年以前民进党的派系调整，主要是拆解新潮流系。2006 年派系解散以后，新潮流遭受一定打击。民进党下台以后，原新潮流系的部分成员虽然以“台湾新社会智库”的名义运作，但是要想回复到昔日的盛景，大概还需要些时日。

民进党下台以后，在执政条件下兴盛起来的派系迅速走向衰落。“游系”已经没有了踪影，“苏系”的力量也遭到削弱，甚至连维持派系运作的平台都没有，未来所谓“苏系”的前途主要取决于苏贞昌的政治前途，如果苏继续可以获得政治资源，则“苏系”还可以存在，否则，“苏系”不久以后定会烟消云散。如果说现在民进党中还能保持一定派系实力的，大概只有谢长廷。选举失败以后，谢长廷成立了“长工办公室”，作为派系活动的主要平台，并利用网络聊天等工具，展开与青年人的交流，力图吸引更多的年轻人支持。不过由于谢在 2008 年台湾最高领导人选举中败北，而且在民进党中口碑不好，且因为具有派系实力和擅长政治权谋而遭到忌惮，要想卷土重来显然还任重道远。

谢长廷和苏贞昌能够被认为是派系领袖，主要在于其尚有一定的政治前途。谢在党内以其谋略和资历成为未来民进党内的潜力股。苏贞昌在民进党内也有一定的实力，被认为是 2012 年台湾地区最高领导人选举的热门人选。不过苏的派系相对来说更为松散，主要由他做县长时的班底和“行政院长”的班底组成，如做台北县长时的班底李龙腾、林万亿，做屏东县长时的班底杨四海，做“行政院长”时的班底林锡耀、郑文灿等。苏贞昌的主要优势在于他在党内清廉的口碑以及讨喜的形象。不过在政治权谋上，苏明显输于谢，2008 年“总统”选举提名时，虽然有扁的支持，但谢还是成功地战胜了苏。所以说，论战斗力，“苏系”明显略逊一筹。

“扁系”力量对民进党的影响越来越小。由于陈水扁手中已经没有资源，再难以形成利益核心，也吸引不了民进党的人才。不但如此，扁的弊案反而可能成为政治人物的负担。同时，原正义连线的成员在陈水扁衰落后出于政治前途的需要，会有新的选择，所以“扁系”势力会被其他派系逐渐消化。自扁的个人光环消失以后，政治人物为了自己的利益，开始转向。目前在台面上看到的挺扁的不过是黄庆林、郑新助、江志铭等政治影响力不大的人物。邱议莹等政治人物已经纷纷与扁划清界限。所以，挺扁的中坚人物江志铭说，由于政治发展的无情，“扁系”已经不成为一个派系了。未来“扁系”可能成为党内一个立场激进的小集团，但是左右不了大局的发展。

与谢苏的派系力量衰落相比，党内实力派的崛起对民进党的影响可能更大。这些实力派的代表就是陈菊。在民进党兵败如山倒的时候，陈菊以其高雄市长的身份成为民进党振衰起弊的重要希望。陈菊手中握有大量行政资源，在她周围聚集了一批民进党精英，成为民进党内的一股不容忽视的政治力量。陈菊挟其新潮流成员的身份，成为新的政治山头。同时，如赖清德等执政县市首长，未来的政治实力也不可小视。

同时，民进党中央的主控能力正在加强。民进党下台后，内部的斗争暂时告一段落，党内政治人物有一个基本一致的认知：“现在民进党内的共识是不能分裂，否则会永远没有再起的机会。”与此相对应，是蔡英文地位的上升。蔡英文在民进党内没有派系依托，与民进党的渊源也不深，她出任党主席当时被看做是陈水扁布局的一个部分。她没有派系背景的身份也被视为各方妥协的结果，这些因素让许多人把蔡英文视为“弱势主席”。但是蔡英文主政民进党以来，却成功地协调了各个派系之间的关系，同时带领民进党取得了县市长选举稳固基本盘、云林县等“立委”选举胜利的成绩。可以说蔡英文已经将民进党带出低谷。正是因为这样，蔡英文在党内的地位不断上升，经历了几次选举的胜利后，党内大概没有人怀疑其对党的控制能力，甚至有人将其称为新的天王。放眼 2012 年台湾最高领导人选举，民进党人才短缺，蔡英文披挂上阵的可能性已经越来越大。

选举制度的改革对民进党中央主控能力的强化也起到了推动作用。“单一选区两票制”确立以后，“立委”选举和“总统”选举、县市长选举一样，一个选区只能有一个候选人当选。在这种情况下，当选的难度增加，竞争的激烈程度也随之增加。这也意味着，没有政党的提名，要想取得选举的胜利几乎是不可能的。这在客观上会强化政党对政治人物的控制，无论对国民党还是民进党而言，都是如此。

民进党的派系组织结构正处于重新分化组合的过程当中。不过，派系对党的影响力肯定会越来越小。

2. 提名制度的调整

提名制度的改变，最敏感地反映了党内政治生态的变化和政治力量对比的消长。2007 年 9 月 30 日民进党第十二届第二次“全代会”修正的“公职候选人提名条例”特别规定，“经提名之本党正常比例代表候选人”，应接受中央党部指挥，“全力为本党候选人助选，阐扬党章、党纲与行动纲领，并为党所作成之决策进行辩护，并缴交一定款项。”这个条例是在陈水扁焦头烂额的时候提出的，反映出民进党挺扁到底的决心。在陈水扁执政时期，候选人提名办法非常鲜明地反映出当时情况下的政治生态。

2008 年败选后，民进党的提名制度有了比较大的改变。

党职人员选举部分。2008 年 6 月 18 日民进党修改“党职人员选举办法”，修订党主席选举办法，规定“除另有规定外，党员加入本党连续满一年者，始具有选举权、被选举权，但第一类党职之党主席选举，如有重大情事，经中央执行委员会同意者，得放宽选举人之入党期限。”这显然是为了扁下台后为增加甄选党主席时的制度弹性进行的权宜性调整。

相比之下，公职人员提名办法的改动更大。比较 2005 年 7 月 26 日修订和 2008 年 6 月 18 日修订的“公职候选人提名实施细则”（简称细则），可以看出其中的差别。2005 年修订的细则规定（14 条）：申请登记为公职人员提名初选之候选人，应签署不违纪、不贿选、不施暴力及不攻讦本党或本党公职人员提名初选之候选人之誓约书，及本条例第九条第四项规定之切结书；拒绝签署者，受理登记党部应拒绝受理其登记。现任公职人员申请登记为他类公职人员提名初选之候选人，有本条例第六条第四项任期未满二分之一之情形者，应签署切结书，同意于选举结果确认获得提名后至本党提名名单公告前辞去现职；拒绝签署者，受理登记党部应拒绝受理其登记。这次细则还同时规定（15 条），现任公职人员有本条例第六条第四项任期未满二分之一之情形，经参加提名初选并获得本党提名者，应于本党提名名单公告前一日，备具已辞职证明文件送达中央党部；逾期未送达者，撤销其提名，并移送中央评议委员会从严议处。其所遗缺额，由中央执行委员会另行征召适当人选。这些条款在 2008 年 6 月 18 日细则修订时都被删除，说明民进党对现任公职人员提名为候选人的限制大大缩减。对党内因为选举而产生的相互攻击行为，因为当时民进党中央无法约束，也干脆删掉。这种情况反映出民进党在陈水扁刚下台一时还无法改变他所留下的政治操作模式的困境，也反映出民进党中央对人才短缺的无奈。

但是这次细则修订也释放出党中央强化控制的信号。2005 年的实施细则规定，申请登记为公职人员提名初选之候选人，应缴纳登记费；其数额由中央党部先期公告。前项登记费不予退还。但第一类或第二类公职人员提名初选之候选人经中央执行委员会协调撤回登记或退选者，退还三分之二。2008 年的实施细则修订时，增加了一个条款，即申请登记为公职人员提名初选之候选人，应缴纳保证金的制度，如果违纪参选，保证金则会被没收。保证金的数额由中央党部先期公告。从后来的实践来看，基本上是每次选举缴纳 50 万新台币的保证金。这对党员的参选行为无疑是一个较大的约束。

随后，2008 年 7 月 22 日第十三届第一次“全代会”上，在“公职候选人提名办法”和“细则”之外，民进党中央又针对 2009 年的县市长选举，制订了“2009 年民进党县市议员暨乡镇市长公职候选人提名暂行条例”，规定县市党部办理第四类公职候选人提名，其提名名额应呈送中央党部核准，中央执行委员会由出席委员二分之一以上投票议决，得变更提名名额；中央党部于必要时，得经中央执行委员会同意征召党员为本党提名之第四类公职候选人。这意味着党中央的权威进一步强化。

2009 年 9 月 24 日，民进党第十三届第二次中执会制订了“2009 年县市长选举暨第 7 届立法委员补选征召候选人参选协调办法”，其中有几项规定值得注意：（1）征询提名人选，应以为党举才、选贤与能为原则，就人选之操守能力、价值信念，争取民众认同，强化民众对本党信任，作整体评估（3 条）；（2）选战策略小组进行征询、协调期间，可能提名人选应遵守本党党章规定，不得相互攻讦，不得伤害本党形象，并不得从事任何影响公平征询协调之事，其情节严重者，并送交议决惩罚（7 条）。在这个提名办法中，选战策略小组采取征召候选人的做法本身就是为了减少内部矛盾。不但恢复了对候选人提名中互相攻讦行为的限制，也力图解决争议地区的候选人协调问题，避免因选举造成的矛盾扩大，导致党的分裂。基本的处理方式如下：协调对象对解决竞争机制有共识，经选战策略小组同意者，依其共识方式解决，产生人选；如果协调对象对解决竞争机制无共识者，由选战策略小组根据选战策略，综合评估之（6 条）。在这个条款里，真正的主动权还是掌握在党中央手中，对于具体的协调办法并没有太多的硬性规定，采取了弹性原则，根据具体情况的不同，可以有不同的处置办法。这次提名制度修改时的基本考虑是：先稳住党内的局势，再慢慢寻求更大的发展。

进而，在 2010 年的五个“都会区”的选举中，提名制度又有较大改变。2010 年 1 月 24 日民进党举行“临全会”，通过“2010 年直辖市及市议员提名特别条例”，决定 2010 年五个“都会区”的选举提名制度以协调与民调为主，不再考虑党员投票的因素。这种做法将会产生两个方面的影响：（1）可以避免党内矛盾的扩大。制度的建立是解决分歧的最好办法，一旦制度确定下来，民进党内也就确立了斗争规则，不遵守者就有可能受到惩罚。这种提名制度混合使用各种提名办法，目的是举出有竞争力的候选人，同时又要避免内部冲突的激化。如大台南市与大高雄市就采用比较式与对比式相结合的方式。具体办法为：党籍候选人先与对手进行比较，筛选出几个较强的候选人；然后在这些候选人中间进行比较，选出最强的候选人。进行比较的最主要的依据就是民调结果。（2）逐步革除党内人头党员的弊端。人头党员一直是民进党饱受困扰的问题。因为人头党员的大量存在，使民进党受某些人头党员大户挟制的情况经常出现。这次民进党不用党内投票的方式，就是要从根本上打击人头党员现象。其实，民进党对人头党员问题早就提出了解决办法，不过没有严格执行而已。例如，民进党对代缴党费的问题早就有规定。2006 年 7 月 22、23 日第十届第一次“全代会”修订的“纪律评议裁决条例”，增加了对代缴党费行为进行惩罚的规定，“党员代他人缴纳党费，依情节轻重应予除名以下之处分，但是如与被代缴者互为三亲等以内之亲属者，不在此限；党员之党费由他人代为缴纳者，除得证明其本人并不知情外，应予停权二年以下之处分，但是如与代缴者互为三亲等以内之亲属者，不在此限（37 条之 1）。”但是这种规定根本没有得到执行，党内人头党员大量存在的情况并没有太大改变。

2010 年 1 月的“临全会”同时强化了党员不能由别人代缴党费的规定。这是民进党推动党务革新的最重要工作之一，目的就是革除长期为人所诟病的人头党员问题。但是也可能会因此出现党员减少一半的情况。不过这些党员的退出，对民进党来说未必是坏事。

第二章　台湾选举文化与民进党的行为模式

第一节　台湾选举文化论略

选举是政治参与的重要方式之一，选举制度、选举过程和在选举结果基础上形成的政治资源分配模式，构成了现代西方民主制度的重要内容。影响选举过程及结果的因素方方面面，既有许多偶然性的因素，也有规律性、可预测的因素。其中，选举文化就是具有决定性的、深层次的影响因素。

选举文化是政治文化的一个子系统，“它不同于明确的选举理念，也不同于具体的选举决策。作为长期形成的心理积淀，深藏在人们心中并潜移默化地支配着人们的选举行为。”① 综合起来，选举文化基本可以定义为：围绕着选举活动而产生的一切政治活动的总和，它包括物质和精神的两个层面。民众的投票心理取向是选举文化中最基本、最直接的因素，从这个基点向前延伸，是对这一心理取向产生影响与型塑的社会心理文化基础及利益分配结构；从这个基点向后延伸，则是据此形成的政治人物或者政党对选举的基本价值判断和利益选择，进而形成针对性极强的选举动员方式。

在传统的选举文化研究中，受到西方政治学的影响，大多在政党认同、候选人形象、政策取向等方面着墨较多，近期也有研究者从执政绩效的评价方面来探讨投票倾向的变化。但是在这些研究中均忽视了一个重要方面，即中国人传统的文化积淀、心理特征、特殊的人际关系网络及独特的行为方式，均对投票倾向及选举文化产生了深刻的影响；同时，台湾的选举制度也在一定程度上对选举文化产生了强化的效果。本文拟以这两个面向为重点，对台湾的选举文化作一简略分析。

① 石绍斌：《论我国选举文化的三个层次》，《安徽警官职业学院学报》，2005 年第 2 期。

1. 台湾选举文化的基本特征

台湾是一个选举型的社会，几乎每年都会有或大或小的选举。近年来，台湾的选举文化屡为人所诟病。台湾选举中所呈现出的有代表性、可以称之为文化的现象林林总总，现择其大者，略述如下：

（1）身份认同重塑操作下的族群撕裂。在台湾选举文化中，族群对立与撕裂对台湾社会伤害最大。族群问题在李登辉当政期间就已经突显，李登辉当年正是依靠制造和利用所谓本省人与外省人的矛盾，逐步巩固了自己的权力，并成功地将外省人驱逐出权力的中心。到了民进党执政时期，族群问题更是被发挥到极致。该党当政初期，由于政局未稳，尚不敢贸然发动族群斗争。但当权力渐次稳固以后，族群议题开始进入民进党政治斗争手段的视野，逐步成为其巩固权力、扩大支持的主打议题。台湾社会在民进党的操弄下，撕裂越来越严重。及至2004年的台湾地区最高领导人选举，民进党“爱台湾”与“不爱台湾”、“爱台湾”与“爱中国”的二元对立论述，更加深了台湾社会的族群对立，使台湾社会又经受了一次车裂。

从根本上说，族群对立的选举文化之形成根源于政治人物对民众身份认同的重塑。台湾选举文化中吊诡现象是：政党和政治人物进行选举动员的武器不是公共政策，而是身份认同。在民进党的选举设计里，争取占台湾人口大多数的闽南族群支持一直是其优先选择的目标，“本土化”也一直是民进党的核心论述。台联党则更是以“爱台湾”与“本土政党”自我标榜。民进党及“台独”势力对民众身份认同的重塑造成了台湾社会认同混乱的局面，从国家认同到族群认同莫不如此。而这种状况又必然加深了选举竞争的烈度，“政治动员张力拉高到了一种宗教的狂热，将执政地位的竞争膨胀为一场你死我活、道魔消长的殊死决战。”① 从这个意义上说，对台湾族群对立之选举文化的考察，应该成为观察20世纪90年代以来台湾社会选举文化的基本出发点。

（2）零和博弈的政党政治。台湾选举文化的此一面向反映的是岛内各政党在政治斗争中的对立思维模式。有学者戏言，台湾的政党政治就是“整党政治”，即“整死反对党”。“在选战中，政党及其候选人，多数采赶

① 朱云汉：《走过关键年代》，台湾《中国时报》，2005年12月26日。

尽杀绝的手段攻击其对手。最常见的是各政党及其利用电视、电台、报纸、杂志、文宣资料及造势活动，以断章取义、以偏概全、造谣抹黑、揭人隐私、恶意栽赃或无中生有等等卑鄙手段，大有非置对方于死地不可之势。”① 2004 年的台湾地区最高领导人选举，更有泛绿阵营所谓要对泛蓝“割喉割到断”的血淋淋宣示。台湾的政治变迁发展到今天，并没有发展出一种能够兼容的政治文化。

这种不择手段的选举策略来自于双方阵营对选举目标的“正当性”预设，而这一预设又衍生出了动员模式的“正当性”。相比之下，在“选举语言”的幌子下，台湾选举文化的道德底线则不断向后退缩。这种情况在 2005 年底的“立委”选举中表现得非常明显。“大家都已经杀红了眼，管他什么四维八德、仁义礼智！管他‘扬善公堂、规过于私室’！胜了再说。”“回顾这场选战的过程，从过去还算正面、负面选举手段双轨并行的选战，已经彻底被负面选举手段所掩盖，选战策略变成纯粹的泼粪比赛；以牙还牙、以眼还眼的报复手法，也全盘取代了政策辩论。”②

（3）受害者角色垄断。台湾选举文化的此一面向与台湾社会长期存在的悲情意识有极大关联。台湾的悲情意识在日据时期开始产生。国民党迁台后，由于政策的不当，使悲情意识进一步发酵。当时本省人在整个权力分配格局中处于绝对弱势的局面，是悲情意识不断外溢的结构性起因。国民党当局垄断了主要的权力资源，在相当长的时间里又阻断了本省人进入“中央级”决策核心的精英甄补渠道。作为一种反制，党外人士、后来的民进党采取了体制内抗争、体制外动员的方法，悲情意识及悲情口号就成为动员的利器。“美丽岛事件”以后，台湾政治人物对悲情的操作进入一个新的阶段，悲情动员的有效性充分展示出来，并进一步向全岛推展，成为选举中的常用手段。

悲情意识的自然延伸就是受害者角色垄断的政治行为。尽管经历了 20 世纪 90 年代的政治洗牌，外省人已经在政治生活中基本上被边缘化，但是台湾社会的悲情意识并没有消失，却演化成民进党及泛绿政治人物对受害者

---

① 陈癸淼：《论台湾》，台湾海峡学术出版社，2002 年，第 78 - 79 页。

② 台湾《中国时报》，2005 年 12 月 3 日。

身份的垄断。一方面，党外人士在威权时期所受到的打压成为用之不尽的资产；另一方面，政治人物营造悲情氛围已经成为台湾政坛的常态。因此有台湾媒体评论说，在选举中，"只要能打出'某某地方的女儿'，或喊出'支持自己地方候选人'等文宣"，或是当众"在母亲面前大演剃发入监"、"流下几滴眼泪"等戏码，再配以"讨回公道"、"代某某出征"的悲情诉求，选举已经成功了一半。"这种仿若'野台戏'，更像是'五子哭墓'的竞选方式，比什么市政文宣都管用。"①

在民进党当局的两岸政策上，同样也可以看到这种受害者角色垄断的阴影。在民进党的策略设计中，竭力将祖国大陆制造成政治敌人，动辄以"大陆打压台湾"对民众进行煽动。在两岸的话语结构中，他们一定要塑造自己的受害者形象，只有这样，才可以无限消费选民大众的同情心。

（4）黑道参政日趋严重。黑道参政早已成为台湾社会的痼疾沉疴。在台湾政坛，"漂白"行为早已不是什么秘密，甚至成为一种普遍现象，成为政治生态的异化形态并沉淀下来。有相关研究早就指出：台湾地方议员（包括议长）有三分之一出自黑社会，为数众多的议员是有累累犯罪前科的地方黑帮大老，其中不少县市的议长还是通缉在案的要犯。这些黑道人物在地方很有势力，具有极大的"草根性"，大都通过买票贿选进入政界，攫取政治资源，"成尾大不掉之势"。② 尽管台湾当局数次做出姿态要扫除黑道人物参政之积弊，却一直不见起色。究其原因，是黑道与政治人物、甚至政党结盟，形成了"共犯结构"：黑道分子利用其在地方上掌握的资源，帮助政党进行选举，而政党则投桃报李，提名对本党有贡献的黑帮分子竞选民意代表，这样，黑帮成功地转化为政党的地方桩脚，成为政治体系中有重要影响的一个链条。

（5）贿选成风。台湾政坛贿选风气在国民党当政时期就非常严重。民进党高呼着"反黑金"的口号上台，信誓旦旦要扫除贿选沉弊，但是上台以后，岛内贿选的风气依然如故。以 2004 年高雄市议长选举中牵涉到的朱安雄贿选案为例：这个案件牵涉到了高雄市议会 44 名议员中的半数，后来

① 台湾《中国时报》，2004 年 7 月 19 日。

② 范晓军：《国民党改造运动前景评析》，《台湾研究集刊》，2000 年第 3 期。

有 18 人因为贿选问题而失去议员资格，引发了台湾历史上最大规模的一次补选案，贿选情况之严重，可以窥斑见豹。但是吊诡的是，在随后展开的补选中，尽管有 9 名候选人与这次选举弊案中的涉案人有关，被讥为“贿选家族”，但是仍有 3 人当选，令人跌破眼镜。

（6）两岸议题工具化。民进党当局的两岸政策，可以用“政策边缘化、议题中心化、效用最大化”来概括。两岸议题不断被放大，两岸之间的分歧不断被扩大，本来是严肃的两岸议题变成了政治动员工具。由于民进党的刻意操作，两岸关系适度紧张的局面被保持了下来，“台独”基本论述的有效性和必要的张力也得以维持。这在台湾的选举文化中是比较独特的一个现象。

2. 情感取向视角下的台湾选举文化建构

选举制度本身就是一种淘汰机制，它将不为社会主流所认同与支持的选举文化及动员方式不断清除出去。相反，最为民众所认同的选举文化被保留下来。换言之，经过选举淘汰后留下来的东西不一定是最好的，却是一定是为大部分选民所承认的，至少是默认的。此即为选举文化形成和发展固有的社会心理学基础，它往往反映出的是一个共同体最深层次的文化积淀。反过来说，民众的投票倾向又会对候选人的选举策略形成导向作用，从利益取向上型塑着选举文化的形态。所以，从根本上说，选举文化的形成和发展与民众对选举文化的认同有关。

在台湾的选举文化中，情感取向对选举的影响既深且巨，它在一定程度上甚至淹没了制度理性。情感牵连相互纠结，形成了特殊的联结网络。以此为基础，台湾的民主制度发展在很大程度上显示出民粹主义的特征。在这种文化氛围之下，法律和制度的功能相对弱化，逻辑思考的空间也被大大压缩。在台湾社会的选举中，越底层的选举，情感取向的特征就越明显，台湾选举中所出现的桩脚政治就是一个典型的代表；高层级的选举在某种程度上说在动员模式和诉求上是低层级选举的叠加和放大。在台湾地区最高领导人的选举中出现的“本省人”与“外省人”区隔、“中国”与“台湾”的对立，是以情感取向进行选举动员的直接表现。

在台湾的政治生活中，情感取向对选举的作用是通过候选人对人际关系网络的经营实现的。人际关系网络通常建立在亲族社会伦理的基础上，以亲族成员为中心向四周扩散至其他的人群团体，从而形成了一个包括不同圈层的、涟漪状的人际关系圈。对于亲族以外的人群，则是以拟血缘的方式形成人际关系网络。围绕这个人际关系网络，形成了其选举的基本支持群体。“以亲族为中心所形成的关系，在本质上是亲密的、情感的、忠诚的与合作的”。[①] 这一支持群体的忠诚度一般都比较高，属于“铁票”群体。一般来说，愈到基层选举，以亲族关系为中心、以人情为纽带组织选举的特征也就越为明显。

人际关系网络能够发挥动员功能的核心要素是其内蕴的人情关系法则。有学者指出，在中国人社会中，人情既指人与人进行社会交易时，用来馈赠对方的一种资源，也指中国人社会中人与人应该如何相处的社会规范，即以馈赠礼物、互相问候、拜会等方式，与关系网内的其他人保持联系和良好的人际关系，以及受了别人的恩惠，应当时时想办法回报的社会规范。[②] 在台湾社会中，人情关系法则的强势在很大程度上决定了民众对选举文化的基本认知。以台湾选举中经常出现的“买票”现象为例。有研究表明，台湾社会对买票的看法并不符合道德意义上的应然规范。“买票在台湾人眼里不是被理解成贿选，而是被理解成人情往来以及面子有关的东西。”[③] 换句话说，买票既具有政治行为的意涵，同时又具有在台湾社会被广泛接受的人情风俗的内涵，而且，前者的目的往往掩盖在后者温情脉脉的面纱下面。因此，台湾社会出现的买票现象和台湾地区经济发展水平和制度设计并无线性相关，它是“人情”这一人类学现象在选举场域中的自然延伸而已，“是中国人社会里风俗民情和惯有的行为模式在政治竞选中的表现”。[④]

贿选文化在台湾社会根深蒂固，情感取向的心理文化是其基础。也正是因为这样，要想改变这种局面绝非一朝一夕可竟其功，甚至通过强力的行政手段介入也未必能奏效。“因为选民的集体认知或政治文化不会因检调机关

① 潘营忠：《人际关系取向的竞选策略之研究》，台湾政治大学政治学系硕士论文，2002 年 11 月。

② 黄光国：《面子——中国人的权力游戏》，中国人民大学出版社，2004 年，第 11 页。

③ 丁学良：《从买票看中国的选举文化》，《天涯》，1999 年第 1 期。

④ 丁学良：《从买票看中国的选举文化》，《天涯》，1999 年第 1 期。

执法方式不同，短时间内改变选民对贿选的文化认同”。[①] 易言之，禁绝贿选文化最困难之处，在相关检调机关没有彻查的愿望之外，台湾民众对贿选的认知及其对禁绝贿选行为的抵制是最重要的原因。

从根本上说，以情感取向为主要特征的选举文化与制度理性存在着本质上的紧张。在大部分情况下，政策理性被挤压到最不起眼的角落，在选举中政策辩论处于一种可有可无的境地。更为重要的是，在情感取向的影响下，经常出现政治人物对制度的不尊重，从客观上降低了制度对政治运作规范的框束功能。例如，陈水扁上台后所宣示的“台独”理念和“去中国化”政策以及“两岸一边一国”论调，根本就是违背“中华民国宪法”的。这种以政治理念来否定并公然违背“宪法”的现象，在世界民主史上也是不多见的。但是在蓝绿分裂台湾社会的现实状况下，反对党却无力或出于自身利益的考虑不愿对这些举动进行有力反制。同样，多年以来，尽管在台湾社会中有要求选举文化回归政策理性的呼声，也多处于曲高和寡的境地。

进而，这种情况影响了台湾社会政治板块的结构。在情感取向的影响下，台湾社会政治板块的固化特征相当明显。随着选举的不断锻炼，台湾社会明显形成了一种“我者”与“他者”的简单二分，诸如族群构建及各个族群的对立与对抗，很大程度上是因地缘认同而形成的情感转移成为政党认同分歧导致的。所以说，台湾民众支持民进党并不一定支持“台独”，虽然这种支持往往被民进党通过政治操作扭曲为对“台独”的支持。

情感认同一旦出现，就会通过一定的机制进行自我强化。一般来说，情感认同可以产生凝聚力相对较高的团体（group），而团体一旦形成，团体思维（groupthink）也立即产生，使得“人们在决策及思考问题时会过分追求团体的一致”。[②] 这种局面会反过来对个体产生巨大的压力，它可以对选民的政治认知进行重新塑造，并逐渐通过选举内化为新的政治理念，从而改变民众的政治认知结构。

3. 制度因素对台湾选举文化的影响

情感取向之外，台湾社会选举文化形成和发展还有其政治结构层面的原

---

① 台湾《中国时报》，2005 年 12 月 8 日。

② 侯玉波：《社会心理学》，北京大学出版社，2002 年，第 220 页。

因。大致说来，对台湾选举文化的型塑影响最大的结构性因素有以下两个方面。

第一个因素是台湾的选举制度。有学者研究认为，过去五十年，台湾“立委”选举中所采取的“单记非让渡制”（single non-transferable vote system，简称 SNTV）对台湾的选举文化造成了相当不良的影响，概括起来有以下几个方面：党内同室操戈大于党际之间的竞争；选举过程中派系取代政党地位；竞选花费偏高，贿选情形严重；欠缺政策辩论，充斥竞选花招；候选人好走偏锋，加剧社会分歧；政党纪律不彰，议事效率低下。① 在台湾的选举中，理性的政策辩论往往被口水战所取代，而选举造势活动也充满了作秀行为，“这虽然与台湾民主文化的不成熟及候选人的素质较低有关，但 SNTV 选制却起到了助长作用”。②

这种选制对选举文化型塑的关键点在于：候选人当选的难度比较低，实际上相当于缩小了选区，候选人仅需要争取相对多数的支持就可以当选。例如，在 2004 年的“立委”选举中，李敖仅以 33922 多票的支持，就以最后一名的成绩上榜。影响所及，“立委”在经营选区时，以人际关系来经营选区的竞选方式运作空间扩大，而这种经营方式所要付出的成本并不高，贿选也就更有可能出现。在这种选制下，政党的作用相对减弱，而且，由于获得相对少数群体的支持就可以当选，候选人往往以特定的理念，通过走极端的方式，争取特定人群的支持。

2005 年 6 月 7 日，台“国民大会”复决通过了“修宪案”，决定 2007 年“立委”席次减半、任期改为四年、采单一选区两票制产生。按照这个规定，全台将划为 73 个选区。“区域立委席次依直辖市、县市人口比例分配，按应选名额划分同额选举区选出。不分区及侨选立委依政党名单投票选举，由获得 5% 以上政党选举票的政党依得票比率选出”。③ 选制的改变，将会对台湾的选举文化产生一定的冲击。其中最突出的表现是当选难度增加。按照估计，除澎湖、连江、金门等人口较少又有保障名额的县市外，每

---

① 彭文龙：《政党对选举制度改革之偏好与选择》，台湾中正大学政治学研究所硕士论文，2003 年。

② 曾润梅：《台湾选举制度及其影响初探》，《台湾研究》，2002 年第 2 期。

③ 台湾《中国时报》，2005 年 6 月 8 日。

个选区的规模大致在33万人左右。也就是说，如果要当选，则必须有超过16.5万以上的选票支持才有可能。可以预见的是，政党的掌控力量在增强，因为在如此庞大的人群中，不依靠政党的力量去选举基本上是不可能的；中间选民的重要性增加；选举文化有可能走向温和。

但是，台湾的选举文化在旧有的选举制度下形成，已经行之有年，其改变也不是一朝一夕可竟之功。“一旦这种选举文化形成并存在多时，要想透过选举制度改革来消除则困难重重。”① 换句话说，台湾选举文化的重新建构，其实还要经过相当长时间的淘汰过程，在短期内，选举中的恶质选举文化还难见好转。

第二个结构性要素是自上而下的决策模式及在此基础上形成的利益和情感勾连。这种情况在地方民意代表甚至“立委”的选举中表现得尤为明显。在台湾的政治结构中，这些民意代表掌握着资源分配的权力，包括重大工程的审议、决策等。在这种背景下，民意代表与选民之间形成了利益共生关系。利益取向的结果，往往并不是最理性和最有远见的政治人物当选，而是最能为地方带来利益的人当选。

黑道人物当选最能说明这个问题。大致来说，民众选择黑道人物的动机主要有两个方面：一是黑道人物当选可以为他们带来现实的利益：“如果地方上有黑道政治人物担任民意代表，就可以为地方争到公共工程财源；黑道民意代表不会侵害他的选民，也不会在自己的选区搞非法活动。事实上，他们反而积极无私地为选民的福祉奋斗，特别是争取中央政府对地方建设的重视。”②

二是台湾民众对黑道的情感取向。由于黑道的运作倾向于选择体制外道路，因此，许多公权力机关没有办法达成的目的他们也可以做到。黑道人物在帮助选民达成目标时并不在乎他的支持者要求帮忙的事情是否合理或是合法，“只要有请托，总是全力帮忙实现，这些黑道政治人物会不择手段地达成目标，像贿赂、暴力、走捷径关说等行为，什么都做”。③ 在人情取向的

① 曾润梅：《台湾选举制度及其影响初探》，《台湾研究》，2002年第2期。

② 陈国霖：《黑金——台湾政治与经济实况揭密》，台湾商周出版，2004年，第199－207页。

③ 陈国霖：《黑金——台湾政治与经济实况揭密》，台湾商周出版，2004年，第199－207页。

台湾社会，这是“大人情”，选举时必然给予回报。所以，在选举中，即使选民知道是黑道人物参选，也会选择投他们的票。

易言之，黑道人物适时填补了公权力没有办法触及的真空地带，在一定程度上成为被选民视为“自家人”和利益保护者。台湾的黑道在选举中所展现出的是两副截然不同的面孔：黑道人物对自己的选民亲切和蔼，只有对外人才会粗暴无理。他们对选民“非常好”，为选民提供“很好的服务”。所以说，台湾的黑道参政实质上是在现行权力决策模式和资源分配模式下从人情和利益两个层次上影响到了选举文化的面貌。

台湾选举文化的形成，既有政治制度及在此基础上形成的资源分配模式之影响，这种因素构成了台湾社会选举文化形成“硬”的一面；而从影响文化之“软”的因素上来说，其形成则是由于传统文化影响下台湾的社会性格影响使然。

选举文化是一个动态发展的过程。在这个过程中，各种因素互相影响、彼此不断型塑，共同化育了目前选举文化的各种面相。台湾选举文化所呈现的乱象，反映出的是以西方选举制度为“表”、以中国传统文化及民间社会特有思维方式为“里”的政治系统自身的内在紧张。西方的政治制度是通过长期的进化，在西方的特有语境中发展起来的。移植到东方以后，不可避免地会与东方的社会文化基础产生冲突，在这个过程中，西方政治制度的自足性遭到了破坏。就台湾来说，在传统人情取向为基轴的社会文化氛围下，这种制度也难以对整个政治系统进行自我修复和校正。所以说，台湾社会的恶质选举文化其来有自，其进化是长期的，也是艰苦的。

第二节　民进党的行为模式

民进党以制造冲突为主要手段进行动员的政治行为模式根深蒂固，在没有上台以前就表现得非常明显。2000 年民进党取得执政权，“对立 – 冲突”的政治行为模式得到了进一步强化。2008 年民进党败选之后，这种政治行为模式依然是该党政治行为的主流选择。

1. 相关概念及分析框架的说明

在各种政治活动中，人是最为活跃的因素，因而政治学的研究中，以政治行为为中心的研究早已有之，并在上个世纪初发展成蔚为大观的行为主义学派。一般认为，政治行为是指有关政治过程的思想和行动，它包括隐藏在人类内心世界的有关政治反应，如政治思想、态度、信仰和价值观等，也包括可见的政治行动，如选举、抗议和竞争等。① 这些相关研究题域的出现是对当时政治学研究中过多关注于政治制度静态分析研究模式的反动，并吸收了当时心理学和社会学的最新成果。及至后来新制度主义兴起，行为主义虽然有日渐式微的迹象，但是其理论成果却作为丰厚的学理资源被新制度主义继承下来。尽管各个流派的新制度主义对政治行为观照的视角不同，但不可否认的是，关于政治行为的研究已经以不同的面目出现在新制度主义的不同研究题域中。所不同者，在制度主义的语境下，对政治行为的考察突破了行为主义范式的微观偏好，向中观和宏观方向发展。

所谓政治行为模式，系指在一定时期内、在特定的制度环境下相对稳定、带有规律性的政治行为取向。② 进而言之，政治行为模式包含了行为者的选择结果和选择趋向两个层面的内容。当然，政治行为模式只是反映政治选择的主流取向，并不排斥有在该模式之外的政治选择存在。

同样，政治行为模式也不是一成不变的。以制度范式③的观点视之，特定个人或政治团体的政治行为模式反映了其特定的价值偏好。同时，政治行为模式具有历史的延续性和因时、因地特别是因制度变化而变化的可塑性。从这个角度上说，政治行为模式的基本样态其实是理性选择的结果。长期来看，真正能导致其改变的主要因素就是制度环境的改变，个人和团体的政治行为模式会在理性选择的驱动下，向有利于自身发展的方向变迁。

民进党的“对立－冲突”政治行为模式就是以制造对抗和冲突来牟取

---

① 俞可平：《政治与政治学》，社会科学文献出版社，2003 年，第 152 页。

② 心理学的行为模式理论认为，“行为模式”包含以下几个方面的特征：一套按时间顺序排列的行为以达到特定目的的结构；在一个行为模式内可以有场景、执行或完成行为的角色、一定的道具等。见戴炜华：《论行为模式》，《上海理工大学学报》，第 23 卷第 1 期，2001 年 3 月。本文为便于讨论，对这个模型进行了简化。

③ 制度范式其实涵盖了新制度主义的三大流派，其最简化的分析路径是“制度结构→制度安排→制度绩效”。相关论述见杨光斌：《制度的形式与国家的兴衰》，北京大学出版社，2005 年，第 15－32 页。本文所指的“制度”概念也是取自该书：从最一般的意义上说，制度可以被理解为社会中个人遵守的一套行为规则，而这一套行为规则又可以被理解为制度安排，这种安排可以是正式的，也可以是非正式的。同杨光斌上引书，第 15 页。

政治利益的思维和政治运作模式。这种行为模式既有一时起意的、以言辞和肢体上的激烈冲突与对抗来达到政治目的行为，也包括经过长期过滤和沉淀后的政治行为政策策略选择。“对立－冲突”的政治行为模式在民进党内有一定的普遍性，是该党进行政治动员的主流模式。这种思维模式不仅见于民进党内的斗争，在与敌对阵营的斗争中表现得更为明显。

在民进党内部，该党的历史就是派系斗争的历史。自民进党成立以降，举凡党主席选举、公职人员选举、统“独”路线斗争、“急独”与“缓独”的路线斗争、政治利益的争夺等方面，均可以看见激烈的斗争。1999 年，陈水扁就是以制造对立与对抗的方式排挤了许信良，一路成为民进党的 2000 年“总统”候选人。一直延伸到陈水扁第二任期的派系共治的政治生态也是该党“对立－冲突”政治行为模式的结果。派系共治的实质就是通过制度化的运作，将派系斗争纳入到党中央的可控制范围之内。民进党上台后，党内的“对立－冲突”政治行为模式依然存在。虽然在扁一人独大的背景下，这种“对立－冲突”行为模式受到一定程度的压制，但一旦有合适的时机，立即就会现出本来面目。2007 年民进党的“总统”候选人初选中再一次为这一政治行为模式提供了注脚。2007 年 5 月 5 日，民进党“总统”初选党员投票的前一天，声势最盛的“苏谢两大主帅亲上火线，从传简讯到轮番接受电视专访，丑话说尽，刀刀见骨，两阵营已杀红眼，形同撕破脸”。① 同样，在 2007 年“立委”选举初选中特定派系对“十一寇”封杀所用的手法也如出一辙。在这些斗争中，一些以前对付泛蓝阵营的招数悉数登场，令泛绿支持者和民众瞠目结舌。由此可见，这种“对立－冲突”的思维模式在民进党文化中是根深蒂固的。

在与泛蓝阵营的斗争中，“对立－冲突”的行为模式表现得更加明显。众所周知，民进党的成立本身就是党外运动反国民党的产物。在与国民党的政治斗争中，民进党通过对认知结构的重新建构，以制造族群区隔、身份和认同的区隔等办法，制造对立与对抗，并在这一对立与对抗结构中寻求正当性支持。民众看到的民进党政治行为，如对泛蓝阵营不问是非的攻击和越来越没有理性的问政，以及在文宣中越过道德界限对敌对政治人物进行的人格

---

① 台湾《中国时报》，2007 年 5 月 6 日。

谋杀等只是表面现象，其背后所反映的是民进党长期以来营造的对立与对抗的政治认知对立结构。这一结构在一定程度上也影响了泛蓝，使泛蓝的行为模式与民进党有趋同的迹象，这也反向强化了民进党的“对立－冲突”政治行为模式。

民进党在处理两岸关系时，也秉持“对立－冲突”行为模式以求取得最大的政治利益。民进党上台以来，在两岸关系方面不断制造紧张气氛，坚持“台独”意识形态，强化“台独”理念，炒作两岸议题，不断冲撞“一个中国”的底线。民进党在两岸关系上的行为模式是稳定的和一贯的，即通过制造两岸冲突来强化自己的内部支持，通过这样的循环系统，民进党将在一定程度上保持两岸关系的紧张作为扩大内部支持来源的重要渠道。正是在这种结构性思维影响下，民进党的两岸政策不断向极端化的方向发展。从陈水扁的“一边一国论”开始，到“防御性公投”，再到废除“国统会”和“国统纲领”，以及后来的“入联公投”，及至对马英九当选后扩大两岸交流举措的激烈反对，民进党在两岸政策的选择上显然是倾向于将两岸关系维持在相对紧张的态势之上。所以，有台湾学者评论说，这是民进党为了自身的政治利益所最简单而偷懒政治行为选择：“对抗逻辑”——蓝绿对抗、两岸对抗，最后升高为台湾民族主义与中国民族主义的对抗。① 即便在民进党下台以后，面对两岸形势一日千里的新发展，仍然不愿放弃对立与对抗的两岸关系思维模式。

2. 民进党政治行为模式的历史习得过程

民进党这种“对立－冲突”政治行为模式的形成与战后台湾政治发展的特点有密切的关联。党外运动时期，党外势力与国民党当局之间的斗争就充满了对立与冲突，及至民进党成立，与国民党当局的低烈度冲突越来越频繁。从 1977 年的“中坜事件”，到 1979 年“美丽岛事件”，然后到民进党成立后的一系列街头抗争，民进党的冲突性动员力度不断增强，规模也不断扩大。民进党的冲突性动员以“民主”、“本土”和“清廉”为招牌，注重“草根性”，强调通过制造街头抗争事件和流血冲突，吸引媒体的目光，增加自己的曝光率，从而达到向当局施加压力的目的。得益于这种动员模式，

① 台湾《中国时报》，2007 年 5 月 6 日。

民进党的政治版图日益增加，但是也因此累积了历史包袱。如台湾学者所指出的，“党外时期是一群精英从事抗争，抗争当然要有草莽气概，后来为了拓展票源，又与草莽群众相结合，因此民进党的草莽性格特强。”① 这一时期的历史对民进党政治行为模式的形成有直接影响，在民进党内甚至出现了“冲突迷思”，即过分强调“冲突－对立”政治行为模式的功效。当时民进党的高层多强调群众路线，要求与国民党进行正面的政治斗争。陈菊就认为，“我们的英勇反抗是有效的，只有正面迎向国民党的迫害，我们才能够存在。”②

从结构上说，民进党“对立－冲突”政治行为模式的根源可以追及台湾的政治权力重新分配和调整的整个过程。国民党败退台湾后，政治制度安排很多地方显示出临时性的特征，占人数较少的外省人占据了台湾政坛的大量政治资源。省籍矛盾因而成为体制外斗争的核心。对党外人士而言，当时的体制是不利于他们在政治上上升的。特别是高层政治职位，掌握在外省人手中，长期不向本省精英大量开放。因此，民进党开始利用其省籍身份进行政治集结，向国民党当局施加压力，争取更大的政治生存空间。民进党成立后的整个20世纪90年代，“对立－冲突”的政治行为模式逐渐成为民进党的主流政治行为模式。所有这些作为影响民进党政治行为模式选择的基因不断沉淀下来，形成了“对立－冲突”政治行为模式的历史源头。

在政治动员的过程中，民进党的主流诉求就是“本省人出头天”，其所依靠的基本力量当然也是被动员起来的本省籍支持者。省籍动员在台湾战后政治发展过程中产生了相当重大的影响，最直接结果就是本省人在台湾政坛上的地位日益加强。蒋经国在世时就在“革新保台”的旗号下进行了改革，增加了本省人在高层权力结构中的比重。李登辉上台后，出于巩固自己权力的需要，充分利用了本省籍精英对政治系统进行改造，借助于自己的“本省人”身份，开始鼓吹所谓的“本省人”与“外省人”的区隔，以“本土势力”为奥援，打击反对力量。他一方面与民进党暗通款曲，以“在野”

---

① 陈癸淼：《论台湾》，台湾海峡学术出版社，2002年，第86页。

② 陈菊访谈，《没有党名的党——美丽岛政团的发展》，美丽岛事件口述历史编辑小组，台湾时报文化出版企业股份有限公司，1999年，第151页。

压“在朝”；另一方面，则是将省籍情结不断发挥和建构，用以巩固自己的权力基盘。“诉诸台湾人出头天的心理来对付原本优势的外省统治精英，也是所谓的非主流派。”① 这一时期在台湾政坛上占据要津的本省人数量迅速增加，相应地，外省人在政治生活中则迅速走向边缘化。可以说，民进党崛起的过程就是强化各种对立和区隔的过程，而这些区隔和对立构成了民进党对立冲突性政治行为模式的结构性基础。

需要指出的是，这一时期民进党“对立－冲突”型政治动员具有鲜明的体制外色彩，但是却没有完全脱离体制。相反，该党的反体制政治活动一直是以在体制内获得更大的生存空间为目的。尽管在党外势力和后来的民进党内部一直有反体制的声音，但是这种声音几乎从来都没有占据过主流。及至20世纪90年代李登辉与民进党的利益交换格局形成，推翻体制显得更加没有必要。

在巨大政治利益的驱动下，民进党以对立和冲突为中心的动员模式不断化育并沉淀下来。同时，民进党的反体制历史记忆也决定了其对体制的不尊重。及至民进党上台后，依然没有放弃这种体制内对抗、体制外动员的基本政治行为模式。尽管2000年以后民进党已经在体制内占据了绝对的主导地位，但是却不愿受到体制的约束，很多时候依然是利用体制外动员的方式来达到自己的政治目的，笔者姑且把这种情形称为“体制外偏好”。而选举政治的现实又强化了民进党体制外政治行为的冲动。正如台湾学者王振寰所言，在台湾当前的制度环境下，政治精英有相当大的空间可以绕过制度，诉诸民众来得到正当性。当然，政治精英更可以绕过官僚机构，回避理性讨论而直接诉诸民众，召唤“国族”意识，来转圜各种无法解决的政治危机和制度性问题。② 由于民进党在上台后根本没有放弃体制外动员的思维，便不可能放弃“对立－冲突”的政治行为模式。同样，在2008年民进党丢失政权之后，对台湾社会基本认知结构的判断仍没有太大改变，以族群区隔为中心的对立性思维仍然根深蒂固。

① 彭怀恩：《台湾政治发展的反思》，台湾风云论坛出版有限公司，2000年，第320页。

② 王振寰：《谁统治台湾——转型中的国家机器与权力结构》，台湾巨流图书公司，1996年，第324页。

3. 民进党政治行为模式的基本结构

民进党“对立－冲突”的政治性格根源于台湾社会的异质性。在台湾社会，统独矛盾、族群矛盾、省籍矛盾构成了异质社会的交错网络。在20世纪90年代以来的政治发展过程中，这些矛盾经历了由隐性走向显性的过程，现实政治场域的利益博弈既是社会异质特征的投射，也在一定程度上反向强化了这些异质特征，并不断衍生出新的分歧。这些矛盾被民进党拿来刻意放大，将台湾社会的异质特征扩大为社会对立结构，并以此为起点不断营造出新的对立与对抗，进而以对抗性的政治动员获取政治利益。

所以说，“对立－冲突”政治行为模式的首要条件，就是对立性社会结构的建构。在民进党所进行的建构企图中，最为重要者就是上文已经提到的族群身份认同区隔。该党以“本土政党”自居，并以族群区隔为起点，加速推动政治认同的分化。通过“本省人”与“外省人”的区分，在台湾社会形成了“我族”和“他族”的对立。族群区隔成为民进党所建构的最为基本也最为成功的对立结构。影响所及，台湾民众政党认同的政治区隔功能日益加强，蓝绿两大阵营的分野与对立即是这一区隔的结构性结果。也正是因为这样，有学者认为，台湾的政治发展从一开始就走上了“族群政治”的歧途。一些持有极端意识形态的政治力量为获支持，通过唤起族群集体悲情记忆来动员群众，以被剥夺的危机感来刺激选民，进而将这样一批情绪化支持者固化为政党的“基本盘”。民众对政党的认同和选择，情感因素占据主要成分。族群政治打破了在成熟的民主社会中以议题结盟的游戏模式，出现了近乎永久性的结盟。①

在建构对立性政治结构的过程中，民进党操作最多者，乃是台湾民众的群体挫折心理。民进党一直在竭力煽动台湾民众的悲情，目的就在于要激发出台湾民众的挫折感，尽管有时这种挫折并不存在。其中最常见的方式就是将国民党划为“外来政权”，强调国民党当局“压榨”台湾人民，强调本省人的苦难历史，将历史的伤疤揭开，激发本省籍民众的挫折意识。同样，在两岸关系上强调大陆对台湾的“打压”也是出于同样的目的。心理学认为，挫折总会导致某种形式的攻击，挫折和攻击行为之间存在着普遍的因果关

① 杨剑：《台湾政党政治与中间选民》，《世界政治与经济论坛》，2004年第2期。

系。美国心理学家多拉德等人还指出，直接的身体的和语言的攻击是直接的攻击形式，但是直接攻击受到阻碍或抑制时，个体也可能采取其他形式的攻击，比如散布流言蜚语等。① 在台湾政坛上为民进党所广泛操作的“抹红”、“抹黑”、诬陷等与真正民主精神南辕北辙的选举手法能为支持民众所容忍，甚至像民进党高层弊案屡出的情况下基本盘仍未有大幅的削减，均与这些挫折心理有关。同时，民进党支持者的攻击性比泛蓝支持者的攻击性更强，也与此不无关系。

在对立性政治结构下，对政治敌人的攻击就具有道德上的正当性。卡尔·施米特认为，所有政治活动和政治动机所能归结成的具体政治性划分便是朋友与敌人的划分。朋友与敌人的划分表现了最高强度的统一或分化、联合或分裂。它能够在理论上和实践上独立存在，而无须同时借助于任何道德、审美、经济或其他方面的划分。政治敌人不一定非要在道德方面是邪恶的，或在审美方面是丑陋的。② 政治敌人就是外人，非我族类，这一本性足以使他在生存方面与“我”迥异，所以，在极端的情况下，“我”就可能与“他”发生冲突。这一切既不取决于某种预先确定的规范，也不取决于某种无功利的、因而是中立的第三者的评判。易言之，对政治敌人的攻击并不能以己方的一般性道德规范进行约束，对立政治结构下的敌我划分本身就为对政敌的攻击加赋了道德色彩。

受特定历史背景和政治文化影响，民进党的敌我想象和区隔走得更远，只要是政治对抗，就“一定是你死我活”。而且，当民进党习惯于仇恨及分化后，“对同志也会与对敌人一样残忍。当外部已无敌人时，就向内部找敌人。当外部还有敌人时，更要从内部揪出敌人同路人。即使没有敌人，也要制造一个”。③ 在民进党的语境中，敌我区分的标准根本不能遵守政策取向

---

① 俞国良：《社会心理学》，北京师范大学出版社，2006 年，第 499 页。利用民众的挫折心理牟利并不是民进党所独有，李登辉在 20 世纪 90 年代的政治操作与民进党的操作如出一辙。见杨剑：《领袖心理、公众情绪和敌意的社会习得——李登辉现象的挫折攻击理论分析》，《台湾研究集刊》，2001 年第 4 期。

② ［德］卡尔·施米特著，刘宗坤等译：《政治的概念》，上海人民出版社，2004 年，第 106 – 107 页。

③ 孙庆余：《抹红牌、急独牌淡出台湾选举历史》，中评网，http：//cn. chinareviewnews. com/doc/1005/6/6/9/100566934. html? coluid = 1&kindid = 0&docid = 100566934&mdate = 0212125503

的分际，反而是以特定的意识形态（如“台独”意识形态）和集团利益为中心，无论是政治的、经济的社会行为皆必须符合“我群”期待的思维惯性，否则就不以为然①、甚至横加打击。

一旦对立政治结构形成，它就会自我复制和自我强化。依民粹主义②理论的视角看来，某一政治势力对敌对政治势力（集团）的攻击会产生两个方面的后果：一是使那些对敌对势力有怨恨之辞的民众站在了同一条战线上；二是加强了那些痛恨敌对势力民众之间的团结。这两个影响结合在一起意味着，敌对阵营之间在生产敌意的同时也产生内部的团结。③ 这种情形无疑会使对立结构得到强化，进而又会使“对立－冲突”的政治行为模式得到加强。如果没有外来力量的干预和内部力量的不平衡发展，这种循环会一直持续下去。

当然，对立冲突性政治行为模式的社会成本是巨大的。一般而论，在两极化社会中，对立的政治势力各自所持有的意识形态如果是截然两分的，必将使这个社会出现高度动荡。④ 易言之，对立结构本身就孕育着动荡的因子。就台湾的实际而言，一方面，支持民众对民进党攻击行为的纵容其实鼓励了继续采用这种行为模式的冲动；另一方面，社会的分殊与异质性同样也限制了民进党与政治敌人进行妥协的空间。也就是说，一旦民进党政治立场和政治行为模式有若干松动，则会面临着支持基础流失的局面。因此，民进党与基本支持者之间已经形成了密切咬合的结构，成为对立攻击政治行为模式的强力支撑。马英九上台后，这一咬合结构有所松动，但是要完全消除显然还有相当长的路要走。

---

① 胡佛：《政治文化与政治生活》，台湾三民书局，1998 年，第 220－221 页。

② 民粹主义的概念十分复杂，厘清这样一个概念非本文力所能及，也没有这个必要。本文采用英国学者保罗·塔格特对该概念的描述。他认为这一概念应该包括六个方面的核心主题：民粹主义者敌视代议政治；民粹主义者把他们所偏爱的群体作为理想化的中心地区并以此作为辨识自身的依据；民粹主义作为一种思想缺乏核心价值；民粹主义是对严重危机的强烈反应；民粹主义因自身的矛盾而且有自我局限性；民粹主义作为像变色龙一样的东西，能够随环境的变化而变化。见［英］保罗·塔格特著，袁明旭译：《民粹主义》，吉林人民出版社，2005 年，第 3 页。

③ ［英］保罗·塔格特前引书，第 127 页。

④ A. Downs：An Economic Theory of Democracy，New York：Harper & Row，1957，p120.

4. 台湾政治结构①嬗变对民进党政治行为模式的影响

由上面可以看出，尽管对民进党“对立－攻击”政治行为模式的相关分析主要集中在微观层面，但是其决定性因素却在于宏观和中观的政治结构。民进党的政治行为模式是经过了长期政治经验汰洗之后沉淀下来的理性选择产物，是中观和宏观的政治结构在政治行为的微观层面最直接的投射。所以，考察民进党政治行为模式必然要上溯到结构层面。同样的道理，政治结构层面的改变也必然会影响到政治行为模式的选择。如果要对民进党政治行为模式进行考察，最需要关注的是这种政治行为模式在政治结构关系网络中的坐标和定位。这也正是结构性视角的核心特征。这些关系不仅包括既定政治体系内处于不同境遇的群体之间的关系，而且也包括了超越政治体系本身的更为广泛的关系。② 历史制度主义学派在考察微观层面政治行为时也基本依循了同样的路径。历史制度主义学派将制度视为对行为起着建构作用的正式与非正式的程序与规则。他们将制度分为三个层次，即宏大的国家结构、民族国家的文化特质和具体的政治制度安排。因此，有学者认为，对制度的定义本身，就强调了历史制度主义核心特点是强调制度的“关系特征”，即既定的制度结构如何影响着政治行为者的互动关系，关注国家或地区与社会的整体范围如何影响着政治行动者确定其利益以及如何确定他们同其他政治行为之间的关系。③ 在这里，结构与制度在内涵上出现了交集。

民进党的“对立－冲突”政治行为模式所依附者，是台湾政治系统中结构性的刚性对立结构。该党以褊狭的“本土认同”符号为政治号召，加上“反独裁”、“要尊严”的形象塑造，吸引台湾本省人的支持，使部分要

---

① “结构”同样是一个极为复杂的概念，作为结构主义基础的结构概念至今也没有一个比较一致的权威定义。结构主义认为，结构概念的运用上存在着三个方面的特点：多义性、语境关联性和渗透性。见［比］J. M. 布洛克曼著，李幼燕译：《结构主义》，中国人民大学出版社，2003 年，第 7 页。本文为分析的便利起见，采用比较简化的说法，即“结构就是一种关系的组合，其中部分之间的相互依赖是以它们对全体的关系为特征的”。见布洛克曼上引书，第 6 页。本文指的政治结构即指各种政治关系的组合以及各个部分之间的相互关系，其中包括正式的制度层面和非正式的文化、认知层面。

② ［美］西达·斯考切波著，何俊志、王学东等译：《国家与社会革命》，上海世纪出版集团，2007 年，第 19 页。

③ 杨光斌前引书，第 56 页。

民主、要尊严的台湾本省人找到一条易于接受的利益表达途径。① 从20世纪90年代以来，外省族群在政治生活中已经逐渐边缘化，本省人已经实现了“出头天”的愿望，原先的刚性对抗结构已经不复存在，但是民进党却依然保留了刚性对抗的想象，不过把对抗的应力释放区由政治权力分配场域转移到了政治认知和身份认同的场域而已。同样，在两岸关系上，民进党也多强调两岸的分歧和对抗性，通过操作两岸关系，强化台湾民众对两岸关系的刚性对抗想象。也因为这样，民进党在行为取向上的这种路径依赖应该是一种“结构惯性”，即使原有结构已经发生改变，依然可以利用对旧有“结构”的想象而存在。

政治结构的变化是缓慢的，它对政治行为模式的影响也是以渐变的方式进行。自民进党上台以来到2008年败选下台，台湾的政治结构发生了巨大变化，对民进党的“对立－冲突”政治行为模式产生了冲击。

首先，民进党在执政八年过程中经历了全面解构与建构的过程。就制度层面来说，民进党一度行之有效的派系共治结构遭到了破坏，2006年的派系解散就是以制度的形式这把种结构性变化固定下来。在此期间扁的控制不断加强，民进党走向威权化，却是不争的事实。民进党一贯鼓吹的“民主”机制遭到了致命的破坏，对民众的吸引力大减；从政治文化层面来说，民进党执政以后，特别是2005年“高捷弊案”爆发以后，其政治操守缺失的问题越来越严重，这种情况大大削弱了民进党政治攻击行为的道德正当性，并在一定程度上消解了族群对立想象建构的效果，进而在一定程度上消解了攻击行为的效度；同时，由于民进党对意识形态的坚持使得台湾经济持续下滑，更加剧了攻击行为效力减退的速度。

其次，民进党的对手在不断变化。国民党下台八年来的改造还是取得了一定成效，总的来说，党机器对权力配置的功能不断弱化，而作为选举机器的功能则在不断加强。同时，由于国民党的“本土化”，使民进党以族群区隔为基础的攻击模式越来越失去着力点。

再次，两岸政治结构的发展变化。在两岸力量对比上，时间显然并不在台湾一边。而且，大陆的一系列直指台湾民心的善意举动化解了两岸的紧张

---

① 刘国深：《当代台湾政治分析》，九州出版社，2002年，第205页。

局势，一定程度上减少了民进党政治攻击行为的着力点。特别是自民进党下台以来两岸交流的迅速发展，对民进党“对立－冲突”政治行为模式赖以生存的两岸刚性对抗的社会认知结构具有根本性的解构作用。

最后，台湾两党制的结构已经开始形成①。台湾政坛的两党化趋势从2000年民进党上台以后就已经非常明显地表现出来了。泛蓝和泛绿两大阵营的形成其实就是这一政治格局的先声。随后，台湾两党政治的发展首先从各自内部的整合开始。由于泛蓝和泛绿各自的支持者同质性都非常高，大党很快在自身利益的需求声中开始了对小党的吞并。亲民党、台联党均先后经历了泡沫化的过程。同时，“单一选区两票制”等制度安排在客观上要求政党强化理性色彩，放弃激进的意识形态动员②。这实际上对民进党提出了政治行为模式转型的要求。

从长期来看，“对立－冲突”政治行为模式显然面临越来越大的困境，但是民进党在短期内进行政治行为模式转型的阻力却很大。原因在于：（1）政治结构的变化所产生的能量传导到微观政治行为需要一定的时间，在台湾这种能量传送主要是通过选举的汰洗机制来完成的。（2）民进党在经历了长期的选举操作和“本土化”运动之后，内部已经形成了对自身政治取向的群体思维。心理学认为，高内聚力的群体在决策时往往具有一种倾向，以为他们的决策一定没有错误，甚至为了维持群体表面上的一致，所有成员都坚定不移地支持群体的决定，与此不一致的信息则被忽视，这种现象也称为群体决策时的倾向性思维方式。③ 在对立性思维模式下，民进党的群体性思维特征相当明显，要改变该党这种思维习惯诚非易事。（3）作为政治文化的政治观念一旦形成，就具有相对稳定性，对其赖以产生的政治结构有维持作用。④ 在民进党的支持者中，对立性思维还会有一定的市场，这种情势对民进党行为模式转型产生的拉扯作用自是显而易见。

2010年底民进党“五市”选举中采用了自称为理性的竞选策略，没有

---

① 这种两党制能否长期化和稳定化还是一个值得观察的问题。

② 由于台湾政治认知方面存在的分歧，激进意识形态动员在短期内不可能消失，未来民进党逐步减弱对激进意识形态动员的依赖，但是要做到完全放弃则是一个长期的过程。

③ 俞国良：《社会心理学》，北京师范大学出版社，2006年，第566页。

④ 潘一禾：《观念与体制》，学林出版社，2002年，第205页。

将两岸议题作为竞选主轴。从选举结果来看，民进党宣称得票率已经超过国民党，是一次比较大的胜利。这是否意味着民进党的支持者愿意看到民进党放弃对立性和冲突性的行为模式，目前还难以断言。

第三章　民进党的“台独”话语建构

第一节　“台独”话语建构的基本语境：族群区隔

上文提到族群区隔对台湾的选举文化及民进党的行为模式都有影响。其实，族群区隔在民进党的话语建构中同样也起着重要作用。而且，在台湾的政治现象中，族群问题的影响也不仅限于以上几个方面。本节对族群问题进一步探讨，以期对族群问题的面貌及影响进行更为详细一点的描述。

二战以来，无论是在发达的欧洲和美国，还是在发展中的非洲和亚洲，族群（ethnic group）问题引发的冲突已经越来越多地冲击到原有政治结构并不断改变着政治生活的面貌。正是因为这样，族群问题引发了越来越多的学术观照，成为当代政治学理论研究领域越来越重要的课题。台湾地区也是如此。由于曲折的历史进程及复杂的族群结构，自战后以来，族群问题一直是影响台湾政治生态变化的关键性因素之一。

1. 概念的辨析与甄别

二战结束以后，世界形势发生了巨大变化，传统的帝国衰落下去，全球化成为时代的主流。国际秩序发生了根本性改变，相应地，各个国家和地区内部的政治结构也发生了不同程度变化。特别是在20世纪后期，随着民主化浪潮的出现和全球化趋势的加强，在原有政治和社会结构被打破的情况下，各个国家和地区认同碎片化的倾向愈发明显。也因此，族群问题显得更加突出。加之各个国家和地区控制的相对削弱甚至是控制乏力，导致了各个族群对日益稀缺资源的争夺，同时也在客观上加剧了各个族群对本国和本地区权力的争夺。再者，冷战结束后，由于骤然失去了两大阵营对峙的压力，族群问题异军突起，成为国家和地区冲突的主要动力源。在某种意义上说，目前族群冲突已经取代意识形态竞争，成为国际及国内争端的源头。由此引发的各种形式的抗议、示威、暴动、恐怖主义和分离运动，甚至可怕的族群战争和内战悲剧，已经导致了公共生活的恶性震荡，也带来了巨大损失。

于是，族群这一出现于20世纪50年代、主要用于分析美国族群问题的概念和分析框架的使用范围逐步扩大并延伸到政治学领域，提供了政治学研究的新视角，在这个视角下开拓出了新的研究题域。这里，族群所指的对象实体是一种内核稳定、边界流动的人群共同体，它为多种社会结构提供了象征力量，从国民国家到地方团体中都可以找到它的影子。族群也为社会实践提供了操作原则，并且在许多历史事件中变成奋斗目标，成为区分敌友的边界。“族群在发展的过程中。……它可以和家庭乃至基因发生隐喻的关系，也可以和政党乃至国家认同发生联系，是家族和国家之间的现代桥梁。……它和家族密切相关，它源于家族但是又高于家族。”① 在这个意义上说，它打破了传统人类学、民族学、政治学中民族概念和分析框架间的坚冰，虽然在对族群概念的理解上，学者中还有诸多分歧，但是“族群概念的使用将不以任何人的意志为转移而逐渐普及开来”。②

对于一个学科及其主要的研究题域而言，概念的界定往往是最为基础但也是最为困难的工作，族群研究领域自然也是如此。由于政治学、社会学、人类学均涉及到这个问题，因而概念的界定更为困难。这种情况造成了概念的含混以及族群政治意涵的模糊不清。大致说来，学界对这一概念的界定一般有以下几种类型。

台湾学者王甫昌认为，社会学者对族群有一个比较明确的定义，是指一群因为拥有共同的来源，或者是因为有共同的祖先、共同的语言或文化，而自认为、或者被其他的人认为构成一个独特社会群体的一群人。③ 如果从这个基点去判断族群概念内涵，可以看出，族群其实是主观和客观综合作用的结果，但是这一概念定位并没有说清楚族群概念相对于其他概念如民族概念的比较意义。台湾学者王明珂则从族群分层的理念出发，认为族群指一个族群体系中所有层次的族群单位，民族则是指族群体系中主要的或是最大范畴

① 纳日碧力戈：《现代背景下的族群建构》，云南教育出版社，2000年，第1－2页。

② 徐杰舜：《族群结构简论》，见吴天泰主编：《族群与社会》，台湾五南图书出版有限公司，2006年，第69－79页。

③ 王甫昌：《当代台湾社会的族群想象》，台湾群学出版社，2003年，第10页。

的单位，特别是在近代国族主义的视角下，透过学术分类、界定与政治认可的民族，尤其如此。“但是必须提及的是，各层次的族群与民族间并没有绝对的界限，在族群的发展与变迁上，一个民族以下的次族群也可能重建本身的历史记忆与认同，在主观上脱离主要族群而成为名实相副的民族。”① 很显然，这一概念过分强调了族群建构的外部性和主观性，而忽视了族群问题在特定历史脉络中的发展轨迹可能对族群认同所带来的影响。

同时，笔者注意到一个现象，在族群问题的研究中，研究者出于特定的目的，往往会强调族群的某一种特征，并将其作为定义族群概念的依据。如台湾有的客家学者在研究客家族群时十分强调文化在族群凝聚中的作用，认为族群是指假定属于同一社会，共有文化，特别是共同语言的人群，并且在世代不变地加以嬗传。② 也有的学者从族群概念得以形成的起点上对影响概念形成的因素进行分析，进而界定出该概念的基本内涵。“任何地方参与族群界定的力量总是由三部分组成，一是被界定族群的本身；二是在地方社会系统中的其他群体，即被界定族群的邻居；三是国家。”③ 这种概念界定显然带有建构主义的色彩，并将政治因素作为一个重要变量加入到族群概念的界定中来。

概念本身就是分析工具。从上文可以看出，尽管在不同的理论背景下族群概念所包含的维度各有不同，并且在可见的将来也难以真正统一起来，但是，如果换一个角度看，族群概念的这些分歧本身就说明了该概念分析功能的强大。不同的分歧其实反映的是不同的分析进路，具有不同的语境限制和不同的理论归纳依据。族群概念本身的多面性同时也反映了族群现象的复杂与捉摸不定。诸如，在分析美国黑人群体时，学者往往会强调其体质特征在族群形成中的作用；而在分析海外华人族群时，则会强调文化在族群凝聚中的作用；在分析台湾的族群冲突时，历史经验和符号系统的变化及影响又成为重要的分析面向。诸如此类，不一而足。

---

① 王明珂：《华夏边缘：历史记忆与族群认同》，社会科学文献出版社，2006 年，第 10 页。

② 谢剑、郭冠廷主编：《各国族群政策之比较研究》，台湾“行政院客家委员会”编印，2002 年，第 2 页。

③ 郝瑞：《田野中的民族关系与民族认同》（*Field Studies Of Ethnic Identity：Yi Communities Of Southwest China*），巴莫阿依、曲木铁西译，广西人民出版社，2000 年，第 38 页。

不过，研究者还是可以通过以上的概念解构找到比较具有可操作性的一般性族群概念：族群是民族背后的一种更为基本的人类群组形式，包括其人口在生物学意义上的延续性、共享的文化与价值，构成一个联系和互动的范围，拥有自我认定和他者认定的成员资格。① 族群具有实在的或者操作的结构，从居住语言到行为、认知的结构，各个成分之间都具有一种有规则的关系。所以，它不仅是一般现象或者哲学观念，它还是象征符号，可以随着时代的不同，文化的不同而有所变通。② 概括地说，族群性包含了人们之间的各种原初关系（primordial relationship），存在于各种社会之中，并且会因时因地而变。

2. 族群研究相关题域的分野和检视

就目前所能看到的资料来看，族群问题研究主要集中在三个子题域内，即族群的形成与强化、族群的结构与功能、族群冲突及其控制。

在对族群形成和强化问题进行解释性研究和理论建构方面，主要有三种观点：原生论、工具论和调和论。原生论也被称作建构论，认为族群的建构和扩展是以族群原有之血缘与生活相近者为基础，进而融合进更多之主客观因素，如文化，民族意识等。西尔斯、伊萨克等人所强调的根基论也与此十分相像，他们强调族群认同主要来自根基性的情感联系。葛慈指出，这种根基性的情感性联系，来自由亲属传承而得的既定资赋（gives）。但是，应该注意的是，根基论者并不坚持认为生物性传承是塑造族群的唯一因素，也不是以客观文化特征来定义族群，相反，他们十分在意主观的文化因素。③ 这是二者不同的地方。

工具论者也被称为情境论者，此论不过分强调血缘与生活背景的原有共同基础，反而强调后天环境或特殊情况下凝聚生命共同体的族群意识，并将其作为生存发展的基础。台湾学者施正锋认为，族群认同随着情境而调整，

① 菅志翔：《族群归属的自我认同与社会定义——关于保安族的一项专题研究》，民族出版社，2006 年，第 25 –26 页。

② 纳日碧力戈前引书，第 12 页。

③ Clifford Geertz, "The Integrative Revolution: Primordial And Civil Politics In The New States", In *Old Societies And New States: The Quest For Modernity In Asia and Africa*, *ed.* By Clifford Geertz, New York: Free Press, 1963. 转引自王明珂前引书，第 17 页。

族群认同作为追求集体利益的工具，甚至是族群精英为了竞争有限的资源而建构的。① 在工具论者看来，族群是理性选择的结果，而族群意识同样也是一种受到经济形态和社会结构等因素所型塑而成的意识，是可以操纵的以及可变的，其表现是以情境为基础。② 这种观点在台湾尤其流行，在很多情况下成为“台独”势力建构新的族群认同和新的“国家认同”的工具。研究族群问题的学者巴斯在以上两个理论的基础上提出的族群边界理论，也强调情境的基础性作用。巴斯认为，族群是由它本身组成分子认定的范畴，造成族群最主要的是它的边界，而非包括语言、文化、血统等的内涵，一个族群的边界，不一定指的是地理的边界，而主要是社会边界，在生态性的资源竞争中，一个人群强调特定的文化特征，来限定我群的边界以排除他人，在此客观文化特征最多只能表现一个族群的一般性内涵。如果无法探讨族群的边界问题，就无法探讨族群认同的变迁问题。③ 巴斯的观点和施正锋等人的观点之区别在于，前者更多的强调社会学意义上行为边界，而施正锋等人却更多强调族群政治认同的建构。

台湾学者王明珂在以上两种理论的基础上提出了两者兼顾的理论。他认为，将族群视作由家庭、家族发展而来的亲属体系的延伸，可以理解族群能凝聚人群的基本力量所在，这也是族群的根基性由来。在另一方面，以血缘或假（拟）血缘关系凝聚的基本人群，其维持、延续与发展都需借着集体记忆与结构性失忆，来重组过去以适应变迁，由此可以解释族群的现实性和工具性。族群认同便在两种力量中型塑与变迁。④ 不过从理论分析最后的结果来看，他还是比较倾向于工具论。

族群的结构与功能是族群研究的另外一个重要题域。这一题域的研究又可以细分为下列几个面向：

（1）族群所型构的社会组织机制及其功能。如果族群成员普遍地与他

---

① 施正锋：《族群与民族主义——集体认同的政治分析》，台湾前卫出版社，1998 年，第 3 页。

② 吴祖田编译：《族群意识》，见邵宗海、杨逢泰、洪泉湖编撰：《族群问题与族群关系》，台湾幼狮文化事业公司，1995 年，第 17－21 页。

③ 巴斯：《族群及其边界》（*Ethnic Groups And Boundaries*），转引自王明珂前引书，第 16 页。

④ 王明珂前引书，第 33 页。

族互动，就需要一套标准和规则，去决定成员资格和区别外人。群体使用各不相同的标志和记号相互区别，去决定成员资格和区别外人，这些标志和记号就成为划开彼此的界限。它们构成一套符号系统，代表着每一个族群所特有的一套价值规范、族群关系模式以及社会地位和等级。

（2）族群的社会结构功能。帕森斯从结构功能主义的角度出发，认为只有在功能整合意义的社会中，才会发生族群现象，如果不存在功能性的结构关系，相互承认就是没有意义的。① 所以，研究族群的内部结构和族群在整个社会系统中的结构与功能定位，对研究族群问题就显得尤为重要。

（3）族群认同的建构及其影响。族群意识的强化是一个族群得以强化凝聚力的关键。上文已经提到，许多学者的研究都表明，族群意识是可以建构出来的。一群人是否构成为一个族群，取决于有选择的结构性失忆以及因此而引致的集体记忆变迁。也就是说，人们可以因其喜好、怀念，透过各种仪式，或政治符号，或教育，来强化这些集体记忆，也可以因为厌恶、仇恨而表现出结构性失忆。② 从这个意义上来说，族群意识可以是想象的结果。政治精英在政治动员的冲动下，以自己与敌对势力之间的差异作为支点，型塑不同的族群意象，并通过政治传播将代表该意象的符号系统内化成大众意识的一部分，从而形成不同的族群认同。这种情况在世界各地所在多是，特别在台湾地区，表现尤为明显。因此，族群认同的建构与族群边界的维持，结构性失忆与族群认同变迁，以及与此有关的历史记忆的选择、强化、重整与遗忘，均与族群的结构功能密切相关。

在以上研究的基础上，学界对族群冲突的研究不断深入。就族群概念本身而言，不管其内涵多么芜杂，但是都包含着一个众议咸同的预设，即族群本身就是区隔的产物。正是在相互区别和竞争的过程中，形成了族群认同的基础并使之不断强化。族群意识在很多时候确实也是在生存和机会受到威胁时表现得最为强烈。以客家族群为例。有研究者发现，在一个以客家为主体

---

① Parsons, Talcott, "Some Theoretical Considerations On The Nature And Trends Of Change Of Ethnicity". In Glazer And Moynihan, ed. *Ethnicity: theory and experience.* Cambridge: Harvard University Press, 1975, pp53 - 83.

② 赖泽涵、刘阿荣：《多元文化与族群关系》，见刘阿荣主编：《台湾的抉择：多元文化与族群关系》，台湾扬智文化事业股份有限公司，2006 年，第 9 页。

构成的地域之内，因为缺乏比较的机会，并没有客家问题，或说意识不到自我的族群问题。客家问题出现在不同族群之间的边缘地带，或许正由于产生了边缘的感受，才让客家人意识到自身文化传统的危机。[①] 换句话说，族群意识的强化和族群冲突其实成正相关的关系。

在某种意义上说，族群冲突是政治冲突的继续，有时甚至是政治冲突的直接表现形式。在族群关系研究的基础上，对族群冲突进行类型学分析是有其意义的。大致来说，学界对族群冲突分为以下几种类型：某一族群对抗另一个族群专制的国家；少数族群被边缘化，从而引发了对现有结构的不满；一个国家或地区的附属少数族群要求当政者对其权利给予承认时，如果一旦得不到满足，可能会出现分离主义的尝试，并演化成内战；土著和部落族群之间的冲突；发生在政治化的族群之间的族群冲突等。[②] 当族群冲突变得尖锐时，尤其当族群变成暴力主体时，容易替代其他类型的冲突，比如经济冲突、政治冲突和社会冲突，造成灾难性的后果。

尽管对族群冲突的研究颇多，但是学界对于冲突的控制和应对却束手无策。有的学者建议通过重建合理族群关系、肯认差异、重新划定公私领域、建构容纳不同族群观点的公共意见、族群特殊权利与保障等方式消解族群冲突的根源；[③] 有的学者则主张对族群冲突按照其发展的特点进行预防性的阶段性控制。[④] 但是这些措施听起来更像是形而上的空谈，根本就缺乏可操作性。在这种情况下，有的学者持悲观态度，认为在道德约束的口号下根本不可能完全压制住不同族群想象之间论述对抗与冲突的现实。[⑤] 更有学者将希望寄托在将来，认为多元主义的发展将会化解族群冲突带来的严重后果。[⑥] 但是这一条道路看起来好像更加遥不可及。

3. 台湾政治语境中的族群问题

“族群”概念于20世纪60年代引入台湾后，最初用于对台湾原住民的

---

① 陈板：《族群与地域：台湾客家在地化的文化观察》，见徐正光主编：《聚落、宗族与族群关系》，第四届客家学研讨会论文集，台湾“中央研究院”民族学研究所，2000年，第314页。

② 王剑锋：《多维视野中的族群冲突》，民族出版社，2005年，第11页。

③ 赖泽涵前引书。

④ 王剑锋前引书。

⑤ 王甫昌：《当代台湾社会的族群想象》，台湾群学出版有限公司，2003年。

⑥ ［美］哈罗德·伊萨克：《族群》，台湾立绪文化事业有限公司，2004年。

研究。但是不久以后，随着台湾社会转型的推展，族群概念开始被政治学领域借用，形成了政治和政治学语境中的族群概念。台湾学者一般将台湾社会划分为四大族群：闽南、客家、原住民、外省人。① 但是在台湾的政治生活中，对整个政局发展影响最大者，还属省籍族群问题，即基于省籍基础上的本省人和外省人区隔。由于特殊的政治环境与历史发展过程，本来非常普通的省籍区分却在台湾政坛上演化成族群区隔和认同区隔的标尺，一直影响着台湾政治发展和政治生态的变迁，以至于有的学者认为，“当代台湾本土化的进程，已经成为观察台湾政治的一个重要指标”，并从这个基础上发展出了“省籍－族群－本土化”的研究模式。②

族群概念向政治学研究领域渗透的冲动来源于国民党退台后扭曲的政治结构和因此而引发的省籍矛盾。前面多次提到，国民党败退台湾以后，占人口大多数的本省人在整个政治结构中所占的比例和其人口在总人口中的比例很不相称。如果说这种情况在迁台初期尚没有形成太大冲击的话，随着20世纪五六十年代台湾经济的成长，政治系统内在的紧张越来越凸显出来。经济发展导致社会结构的变化，台湾的中产阶级不断扩大。实力的增长使本省政治精英开始用种种办法来突破国民党对政治资源的垄断。党外运动以及民进党成立后的社会动员，基本上都是在这一基点上展开。建立在省籍不平衡基础上的权力分配机制扭曲成为族群区隔的起点，也是反对运动反对体制、进行政治动员的重要着力点。

在两蒋时代，特别是“美丽岛事件”以前，由于台湾当局的权威并没有大规模流失，对社会尚有强力统合的能力，省籍问题和族群问题虽然不断发酵，但是没有造成社会的分裂与对立。而且，上个世纪70年代蒋经国开始的“革新保台”运动以降，国民党当局为了追求新的政治支持基础，对权力分配的扭曲结构进行了一定修正，也在某种程度上缓解了省籍问题产生

① 高格孚：《风和日暖：台湾外省人与国家认同的转变》，台湾允晨文化实业股份有限公司，2004年，第15页。但是在本书中，作者并没有指出这种划分的标准，其实从严格逻辑学的角度上看，其划分标准是混乱的。唯一可以作为这种区分标准的，似乎是“身份认同”，但是这种“身份认同”显然也是建构的产物。

② 陈孔立：《台湾政治的“省籍－族群－本土化”研究模式》，《台湾研究集刊》，2002年第2期。

的压力。所以，虽然反对势力不断进行族群建构的尝试，但是来自当局扩大政治支持的努力却在一定程度上抵消了族群动员的影响。

李登辉上台后，形势丕变。由于李是以相对弱势进入领导者的位置，在整个权力体系中并没有太牢固的基础。出于巩固自己权力的需要，借助于自己的“本省人”身份，李开始鼓吹所谓“本省人”与“外省人”的区隔，以“本土势力”为奥援，打击反对力量。通过一系列运作，李登辉逐步瓦解与分化了怀有敌意的既有统治集团。1993 年，李登辉成功地运用族群动员的方式，以一句“外省人行政院长欺负本省人总统”的政治耳语，将“行政院长”郝伯村赶下了台。随后，李登辉操作通过了“总统”直选方案，将自己权力的基本支持来源建立在所谓的“民意”基础之上。在族群动员的作用下，外省人迅速被排挤出权力核心。

几乎与此同时，民进党族群建构和族群动员的步伐也在加快。民进党族群建构的过程是和以下两个方面的诉求分不开的：一是反对国民党的专制独裁统治，要求实现民主；二是迎合部分人的分离意识而提出的住民自决或台湾独立的主张。① 在这个基础上，民进党发展出了“本土 - 外来”、“本省 - 外省”、“爱台 - 卖台”的省籍族群概念二元架构。民进党的这些做法与李登辉的排外省人努力一起，对外省人政治生存空间产生了直接的压缩效果。

省籍和族群动员的结果，台湾政治结构中外省人迅速边缘化，省籍问题当初形成的基础已经消失。但吊诡的是，族群问题的建构和消费却远没有结束。相反，民进党特别是以陈水扁为代表的政治势力，仍将省籍问题和族群问题作为政治动员的主要工具。对这一问题，台湾学者彭怀恩教授给出了解释。他认为，族群动员一旦形成，就会在独立的循环中自我强化。“当族群认同形成后，台湾人与外省人的分野被政治人物进一步政治化”。② 易言之，政治权力分配结构作为族群和省籍动员的产物出现，而这种结构反过来又强化了已有的族群想象。

在台湾政治生活中，省籍和族群问题的痕迹随处可见。

---

① 徐博东：《透析台湾民进党》，台海出版社，2003 年，第 7 页。

② 彭怀恩：《台湾政治发展的反思》，台湾风云论坛出版有限公司，2000 年，第 315 页。

（1）台湾社会广泛存在的悲情意识就与此有莫大关联。台湾社会本来就存在浓厚的悲情氛围。自乙未割台以后，台湾经历了50年惨痛的日本殖民统治；而1945年台湾光复后，“2·28事件”又加深了大部分台湾民众的悲情心理；国民党退台后，长期扭曲的政治结构形成了悲情进一步发酵的土壤。具体而言，当时的台湾民众中存在的强烈受压迫感与渴望“出头天”的意识。这种意识转化成政治符号和政治语言，就是破除外省族群对本省族群的支配与压迫，让本省人扬眉吐气。其中所隐含的预设就是本省人与外省人的对立与互斥。

（2）在台湾权力分配结构的重构过程中，始终伴随着低烈度的冲突，这种冲突虽然打着“反专制”、“要民主”的幌子，但是背后却是以族群动员和省籍动员为基本支持基础。可以看出，民进党通过制造街头抗争事件和流血冲突的方式，不断冲击体制，扩大政治活动空间，以族群区隔为基础，与街头运动相结合争取支持者的做法，也成为民进党扩大政治版图的重要策略之一。

（3）省籍族群问题同时也是台湾社会国家认同异化的一个重要原因。有学者指出，“岛内省籍族群间社会权威性价值再分配带来的冲击”，是导致台湾民众国家符号迷失和国家认同异化的一个重要方面。强人政治结束以后，“台湾社会权威性价值体系面临再造”，在野政治势力和党内本土势力不约而同地树起了“台湾化”的大旗，从而形成了社会的话语主流，进而形成了外省人的“原罪感”。在这种背景下，台湾民众对中国的符号自然产生了疏离感。① 另一方面，在进行族群政治化的过程中，泛绿阵营又通过将族群问题和经过扭曲的“本土认同”相结合的方式，将“本省人”身份、“爱台湾”、“台湾主体性”、“台湾优先”、“本土政权”等概念进行内涵置换，将本省人与外省人的族群区隔变成了“国家认同”的对立。

简单来说，省籍族群问题是与台湾政治权力分配结构调整相伴生的政治想象和身份区隔。本省政治精英要求得到政治权力是这一过程的起点，也是逻辑归宿。自20世纪90年代以来本省人成为政治权力分配的主导力量之后，这种所谓的“省籍－族群结构”的内涵正在悄然改变，更多表现为岛

① 刘国深：《当代台湾政治分析》，九州出版社，2002年，第81－84页。

内不同集团权力斗争的政治符号和泛绿阵营强化两岸对抗、凝聚“本土认同”的工具。因为从省籍构成上说，国民党早已完成了“本土化”过程。就此而言，毋宁说台湾的“省籍－族群想象”是台湾政治发展对国民党退台时权力分配结构扭曲的矫枉过正。其实，真正从民进党的角度上来说，族群认同的建构和族群动员，不过是国家认同问题上展开对泛蓝攻击的武器而已。

人们不得不面对的现实是，只要人类存在差异，就必然存在族群区隔，族群问题就有可能成为政治动员的工具，具有利用价值。在这样的诱惑面前，任何道德说教都是苍白的，族群精英利用族群认同谋取政治利益的行动只会愈演愈烈。

族群问题的出现，在不同的社会和不同的语境下会有不同的表现形式，即使是在同一社会中，也会以不同的面目表现出来。例如在台湾社会，族群问题可以是以统、“独”进行区分，也可以省籍进行区分，还可以文化进行区分。显然，不同的区分在不同的语境下会产生不同的政治意涵。无论是族群的建构和族群的区隔，均强调区隔与对抗而非融合与合作。从这个角度上来说，台湾的族群问题根本就是一个假命题。所以，消除族群冲突虽然任重道远，但并不意味着无所作为。根本之道，强化融合、去除区隔是最直接的方法，但这也是一个漫长的过程，在这个过程中会社会会付出代价。最理想的结果应该是，经过不断的冲突，社会认知到其危害，最后形成大众的理性，社会更加能够容忍多元的声音，形成族群共存的格局。只有这样，才能不断减弱族群区隔带来的政治冲突。当然，这里也存在着一定的危险性，冲突的烈度如果超出了政治系统能够承受的限度，可能直接造成系统的崩溃，带来更大的政治混乱。

第二节　“台独”话语霸权的建构

众所周知，在上个世纪50—80年代两蒋统治下的威权时代，“台独”作为一种社会政治思潮，一直受到国民党执政当局的严厉打压，在台湾岛内没有生存空间，“台独”人士大都亡命海外，或改头换面从事地下活动。自80年代中期以后，伴随着台湾政治民主化的发展和民进党的成立，特别是李登辉上台主政后，“台独”势力遂开始活跃起来。海外“台独”人士纷纷闯关返台，并与岛内“台独”势力合流。“台独”活动从公开化到合法化，从社会走向政坛，活动重心也从海外转向岛内，并通过各种手段在岛内不遗余力地营造“台独”话语体系。2000年台湾政党轮替、民进党上台执政后，“台独”势力全面掌控了岛内的政治行政资源，更是开始了系统的“台独”话语环境与体系建构，经过多年经营，已在台湾基本上营造起“台独”的话语霸权。影响所及，昔日在台湾“一个中国”、“两岸统一”的社会认知已经被“污名化”乃至“妖魔化”，相反，“台独”诉求与主张则大行其道，俨然成为今日台湾社会的“主流论述”。实际上，这也正是陈水扁何以在2004年台湾地区最高领导人选举中敢于挑衅大陆，把“台独”当做“票房补药”的根本原因。

那么，“台独”话语霸权得以建构的社会历史原因是什么？它又是如何一步步建构起来的？本节试图从以下三个层面对上述问题作一粗浅的剖析与探讨。

1. “台独”话语建构的基本情境

“台独”话语得以冲破政治禁忌，在台湾社会日渐流行，并逐步排挤其他话语而取得主流地位，是和台湾特殊的历史与文化背景分不开的。

（1）异化的国家认同。自国民党1949年败退台湾以后，虽然它所保留的仍是整个“国家”的架构，并且一直坚持自己代表整个中国，但是却无法解决国民党的中国“法统”和其实际统治区域局限于中国东南一隅的现实矛盾。如果说在“反攻复国”的口号下，这个“法统”还可以勉强维持的话，那么随着“反攻复国”的日益无望，国民党当局所坚持的“法统神话”也就越来越难以为继了。而且，20世纪70年代以后，随着“中华民国”在国际上不断被边缘化，也使得“中华民国”认同很难和对整个中国的认同划上等号。“从这样的情感挣扎来看，部分台湾人发生国家认同的异化是必然的”。① 这种基于法理和现实的矛盾，正好为“台独”势力制造“台独”话语提供了可资操作的空间。

（2）民主化与“本土意识”的纠缠。迫于政治民主化的压力和为了扩

① 刘国深：《当代台湾政治分析》，九州出版社，2002年，第74页。

大统治基础、维持执政地位，国民党当局从上个世纪80年代中期开始推行本土化政策，向台湾本省籍精英开放高层政治权力系统，台湾开始由威权统治向民主化方向发展。但是，毕竟台湾本省籍精英进入政治高层的人数有限。同时，由于政治权力系统的有限开放，反而刺激了台湾本省籍精英的政治参与意识，从而形成了对国民党威权体制更大的民主化和本土化压力。在与国民党威权统治抗争的过程中，台湾本省籍精英往往诉诸“本土认同”来争取台湾民众的支持。在这个诉求的下面，“国家认同（即台湾‘独立’）的诉求亦隐伏其中并逐渐取得超越的地位”。① 简言之，已经出现异化的国家认同找到了一个宣泄的渠道，所谓的“台湾认同”被异化成虚幻的“国家认同”，有学者称之为“国家虚像的崇拜”。②

（3）在西方民主政治表象下，强固的中国传统政治文化影响。台湾由于开放度相当高，加上出国留学的人相当多，外来政治文化的影响是十分明显而且是相当强势的，特别是以美国为代表的西方政治文化。不过应该指出的是，在中西政治文化的碰撞与激荡中，西方政治文化虽然在台湾取得了形式上的胜利，即实现了以西方国家为模本的选举制度和权力分配架构，但是中国传统政治文化在台湾仍然保持着相当大的影响，台湾的政治文化中仍随处可见中国传统政治文化的影子。在台湾的选举中，理性的选择并没有占据主导地位，相反却充斥着中国传统政治文化中浓厚的人情化色彩。也正因为如此，在台湾的历次选举中，不仅贿选公行，屡禁不止，而且候选人往往是诉诸情绪的煽动而不是诉诸理性。或者可以判断，在很多情况下，台湾民众并没有系统的、清晰的政策认知，他们中的许多人都是通过情感和利益来进行政治判断。这种情况为“台独”话语霸权的建构提供了必要的社会基础。诚如葛兰西所说：“当一个人没有清晰的理论意识和在口头上表达出的信仰与实际行为不相一致时”，他就会采纳精英阶层的世界观以作为其对现实的抽象理解。③ 原因无他，因为精英阶层的世界观是系统而清晰的。而且，“台独”精英们往往是在“悲情”、“本土”的面纱下推销“台独”理念，

① 沈宗瑞：《国家与社会——中华民国的经验分析》，台湾韦伯文化事业出版社，2001年，第146页。

② 刘国深前引书，第74页。

③ 孙晶：《文化霸权理论研究》，社会科学文献出版社，2004年，第28页。

因而更能迷惑和欺骗相当一部分台湾民众。

（4）理性的缺失。李登辉上台之后，很想沿袭两蒋时代强人政治的传统。但是，随着台湾政治民主化进程的推展，特别是民进党上台后，这种强人政治在台湾政坛上已无法复制。强人统治下社会强力整合模式的消失，加上竞争性选举的扩张，意味着台湾的社会统合模式发生了颠覆性的改变。为了获取选票，政治人物往往千方百计地讨好选民，台湾社会已经失去了强力整合的制度及社会基础。这种情况一般被作为民主化的结果大加褒扬。但问题在于，台湾社会并没有在威权统治崩溃的过程中逐渐形成真正的民主社会所应该具有的社会理性。在台湾的政治变迁过程中，随着政治整合模式的变化，执政当局和广大民众之间的互动模式也发生了重大变化，民众的压力可以直接影响当政者的决策取向。在社会理性缺失的情况下，政策的敌视及多变不可避免。虽然一些头脑清醒的有识之士对此痛心疾首、大声疾呼，试图推动社会理性的发展，但效果不彰。

理性的缺失不可避免地导致了台湾的政治文化向两个方向发展：

其一是利益至上、诚信荡然，培养出的是政客而非政治家。这些政客为了追逐一党一己之私，可以翻云覆雨、昨是今非。例如，民进党在野时期曾经大力抨击执政者滥用资源，而自己上台执政之后有候选人推出募款餐会，却要求“国营事业”热烈响应。“因为个人利害算计而对同样的人事产生双重标准，不是顺应时势或特立独行所能解释，而是在价值观上对社会欺瞒”。① 问题的严重性还在于，这种情况对于政客们的政治生命并没有丝毫的负面影响，泛绿、特别是深绿的支持民众还会一如既往地支持他们。这其实是一种变相的鼓励。

其二是在台湾社会形成了“选择性正义”的现象。民进党和“台独”势力通过挑弄族群议题，在台湾内部人为地制造了一个“我群”与“他群”。在“我群”中，都是“自家人”，所作所为是否符合社会公平与正义一概不重要，只要能维护这个“我群”的利益，符合支持者的情感，就会得到无条件支持。于是民众常常看到，台湾政坛中的某位政治人物即使做了错事，所属群体内部也会有支持者为其辩解。相反，对于对立阵营（即

① 田习如：《台湾七大病灶》，台湾《财讯》，2001年11期，第142页。

“他群”）的言行，则绳之以严格的社会正义标准，一旦被抓住辫子，便遭口诛笔伐，甚至肢体暴力。台湾流行的“只有立场，没有是非”政治俗语，典型地反映了这种社会政治现象。

在“台独”话语建构的过程中，民进党和台联党是建构“台独”话语霸权的核心力量，主要是提供论述和组织支持者营造话语环境。“台独”基本教义派是最忠实的支持者，也是“台独”话语的维护者。他们人数虽然不太多，但是凝聚力很强，情绪亢奋，手段激烈，气势逼人，足以对“他群”构成强大的心理压迫效果。

2. “台独”话语的建构路径

“台独”势力在建构“台独”话语霸权的过程中，提出了一系列的“台独”论述，企图证明“台湾自古以来就不是中国的领土”，台湾“主权独立”是台湾历史和现实发展的结果。这些论述的目的无非是为营造“台独”话语霸权寻求理论依据，使“台独”话语符合逻辑，具有“可信度”。

（1）建构“台独”史观。“台独”势力所建构的“台独”史观，大致包括以下几个方面：①台湾四百年来一直受到外来殖民者的统治，从来没有自己当家做主；②台湾人四百年来的历史发展，已经形成了一个有别于中国人的“命运共同体”——“台湾民族”，并形成了有别于中国传统文化的“台湾本土文化”；③“台湾人”才是台湾这块土地的真正主人，“外省人”是强加在“台湾人”头上的“外来的统治者”。以史明的《台湾人四百年史》为例，该书序言中明确无误地宣扬说：“要站在四百年来从事开拓、建设台湾而备受外来统治的台湾人的立场，来探索台湾民族的历史发展，以及台湾人意识的形成过程，同时也希望透过台湾民族发展的历史过程，寻到一条我们1000万台湾同胞遵循的途径。”①“台独”史观之谬误其实不值一驳。早期开发台湾的大陆移民从来也没有认为自己不是中国人，现在“台独”史观却将其国族认同私加改变，如果这些“台独”分子的祖先泉下有知，不知会做何感想。

“台独”史观的建构者其实也明白这个道理，于是有学者就将焦点集中于所谓台湾“土著化”理论。以陈其南为例。他宣称，“移民社会在经过一

① 史明：《台湾人四百年史》，台湾蓬岛文化公司，1980年，日文版序。

宣称“中华民国是个主权独立国家”，尔后转而宣扬“中华民国在台湾”，及至1999年再抛出“两国论”，下台后则干脆声称“中华民国早已不复存在”，必须尽快“正名”为“台湾共和国”。陈水扁则宣称，“中华民国的主权属于2300万台湾人民，中华民国就是台湾，台湾就是中华民国”，“台湾是个主权独立国家”，“台湾中国，一边一国”等等。李登辉与陈水扁基本上都是依循了这一逻辑与思路。

②本来，“台湾认同”与“中国认同”并不矛盾，就如同“福建认同”与“中国认同”并不矛盾是一样的道理，但是在“台独”势力的刻意扭曲下，台湾与中国大陆被人为地分割开来，并以“台湾认同”来否认“中国认同”，从而将“台湾认同”与“中国认同”对立起来，借以煽动台湾民众对大陆的仇恨情绪。

③制造族群对立，扩大“台独”的社会基础。“台独”势力通过“台湾认同”来博取占人口大多数的闽南族群的支持，同时对其他弱势族群形成强大的社会舆论压力，迫使他们不得不向“台湾认同”移动。具体到实际的政治操作中，就是经常可以看到的“爱台湾”与“不爱台湾”的简单二元划分。这种表述曾经成为台湾最为强势的话语，逼迫台湾的每一个人，不管他是否涉入政坛，都必须做出明确的表态。这种论述事实上执行了极权主义下话语体系的一体化功能，即“拒绝承认事实背后的因素，因而拒绝承认事实、承认历史的内容”，“从而割裂了事实和价值的联系，堕落为单向度的语言”，[①] 成为抹黑、攻击“他群”、宣扬“台独”理念的重要载体。

④证明“住民自决论”的“合理性”。民进党人士历来坚持，“台湾的前途应该由全体台湾人民来决定”，并且不遗余力地推动“公投”。2004年台湾地区最高领导人选举中甚至将“公投”和选举捆绑在一起，运用行政手段强制推动实施，这种做法实际上和“台湾主体意识”的宣传互为表里。这些打着“民主”招牌的政治口号，“实质上都是为其‘住民自决论’张目，都是为了争取岛内民众认同与支持其‘台独意识形态’，以此来扩展社会基础”。[②]

---

① 孙晶前引书，第156页。

② 鞠海涛：《民进党社会基础研究》，九州出版社，2004年，第116－117页。

（3）煽动和制造“大陆打压台湾”的悲情。在“台湾是一个主权独立国家”的思维下，“台独”势力将祖国大陆“反独促统”、为维护国家主权所做的努力，一概抹黑为“打压台湾”。2002年以来，民进党当局一方面在国际上不断出招，蓄意挑战一个中国，除了继续指使少数被其收买的小国每年都向联合国大会提案要求接纳台湾之外，甚至利用奥运会、残奥会制造事端，以营造所谓“大陆打压台湾”的悲情气氛，煽动台湾民众对大陆的仇恨情绪。另方面在两岸政策上，民进党当局则屡屡释出“善意”，以攻代守。例如，民进党执政期间一度主动邀请汪道涵访台，表示“什么问题都可以谈”；陈水扁又在某年的“双十讲话”中表示要在“九二年香港会谈”的基础上来推进两岸协商，并提出人货包机、开放两岸“三通”等主张。但是同时，民进党又故意回避“一中原则”和“九二共识”，显示出民进党当局释出这些“善意”，不过是要把大陆遏制和打击“台独”的举措描绘成对台湾人民的威胁，为进一步营造“台独”话语霸权服务。

3.“台独”话语霸权的推动手段——暴力运用

“台独”势力一方面为“台独”话语制造理论依据，另一方面则利用各种强势手段压制反对“台独”的声音，以推动“台独”话语霸权的建构。这些手段包括了语言暴力、肢体暴力和制度暴力。

（1）语言暴力。这是民进党的一贯做法，上台执政后并没有多大改观。具体来说，语言暴力又可以分为三种类型：①恐吓。如陈文茜脱离民进党后就一直是泛绿支持者最痛恨的对象之一，在2004年的台湾地区最高领导人选举之前，她就不断接到恐吓电话和信件，投票日当天更有人放话要刺杀她，并火烧房屋，致使陈文茜在投票后立即到岛外去避风头，回到台湾后又不得不雇用保镖。②人身攻击和谩骂。台湾中南部的连宋支持者，被骂作“台奸”；著名电影导演侯孝贤因为反对民进党操弄族群议题，网络上就有人攻击他“出卖台湾”；甚至连民进党大老沈富雄，也因为在“陈由豪事件”中不愿替吴淑珍圆谎，而被指责为“施琅”、“民进党的叛徒”。③通过大众传媒控制民众的思想。民进党一向鼓吹“党政军退出媒体”，但上台执政后却采用各种手段“绿化”媒体，甚至利用中南部的地下电台来攻击抹黑对手，向民众灌输“台独”话语。这样做的目的，无非是要“通过选择那些能够产生希望的共同行为的各种象征，和不断重复或是分散注意力的宣传手段”,[①] 来引导民众的思想观念，扩大认同“台独”的社会基础。

（2）肢体暴力。在野时期，民进党就比较擅长街头运动和暴力抗争，执政后，当然更加有恃无恐。2004年最高领导人选举后，亲民党因为采取了较为剧烈的抗争行为，于是办公室就遭到汽油弹的攻击；而李昌钰在台南勘查“3·19枪击案”现场时，围观群众中有人只是表示了一下枪击案可疑，便立即遭到一大群绿营支持者的围殴。凡此种种，不一而足。

美国政治学家罗伯特·达尔说：“种族和宗教亚文化之间的冲突很容易转变成为一种邪恶的、野蛮的‘非我’，他们的威胁刺激了人们的强暴和野蛮行为——这一向是全人类常见的内部集团对外部集团的反应——并证明它们是正当的。”[②] 台湾存在的不是种族和宗教亚文化之间的冲突，而是夹杂着“统独”认同问题的族群认同之间的冲突，“台独”势力及其支持者通过暴力的方式，“干扰被害人的正常作息，使其心生恐惧，不再发表对民进党当局不利的言论”。[③] 从更深的层面来讲，“台独”势力及其支持者事实上是用暴力和野蛮的方式，强行建构“台独”的话语霸权，从而完成对台湾的社会观念价值系统和行为模式的整合。而且，通过民间支持者的非制度性暴力运用，更可以打着“民意”的幌子，为“台独”意识形态的强制提供某种“合理性”。

（3）制度性暴力。与以上所提到的非制度性暴力相比较，制度性暴力所呈现出来的暴力色彩并不是太鲜明。自民进党上台以来，运用制度性暴力建构“台独”话语霸权大致有以下几个方面的做法：

①极力取消有中国意涵的名称和符号。早在民进党在野时期，民进党人就一直称大陆为“中国”，该党中央负责研拟大陆政策的部门称为“中国事务部”，将大陆政策称为“中国政策”，主张把台湾当局的“陆委会”并入“外交部”，设立“中国科”等等。民进党上台执政后，旋即利用刚刚掌握的公权力在各个层面推行“台湾正名”和“去中国化”运动：2000年下半年，民进党当局通令“外交部”各单位，名牌、座位牌、菜单、客单、信

---

① ［美］哈罗德·D. 拉斯韦尔：《政治学》，杨昌裕译，商务印书馆，2000年，第25页。

② ［美］罗伯特·达尔：《多头政体——参与和反对》，谭君久、刘惠荣译，商务印书馆，2003年，第121页。

③ 黄智贤：《战栗的未来》，台湾民主行动联盟出版，2004年，第233页。

纸及柬帖等上面所印制的官方标志避免使用“国徽”，而改用“国旗”替代，实在不行，改用“梅花”标志；2002 年 1 月 13 日，陈水扁在出席“台湾人公共事务协会”年会时宣布已批准在现行“护照”封面上加注英文的“台湾”字样；2004 年台湾最高领导人选举后，先是吕秀莲在出访时宣布“国号”为“台湾中华民国”，接着，游锡堃在出访过境美国时又称“台湾·ROC”。8 月底陈水扁出访中南美时，更公开叫嚣“中华民国最好的简称就是台湾”等。

②推行“文化台独”，强化“台湾主体性”的教育。“文化台独”的核心是把台湾史与中国史分割甚至对立起来。早在 1994 底，台“立法院”即在民进党“立委”的主导下，通过了一个名为“台湾史应成为本国正统历史”的临时提案，要求“教育部”予以贯彻。民进党“立委”在讨论该提案时，极力鼓吹历史教材“应分为台湾史、外国史”，并“以台湾史为主体”，改变过去教科书中把台湾论述成“中国化、正统化、工具化、典范化”的状况，建立“以台湾为主体的历史观”云云。① 民进党上台后，立即着手在这方面大做文章：2001 年台“教育部”所属的“国立编译馆”推出了一套初中一年级新教科书《认识台湾》，宣扬“脱中国化意识”，鼓吹“台湾主体意识”；此后，诸如用通用拼音取代汉语拼音、公务员考试用闽南语出题、将中学历史中明朝以后的历史放进世界史教学等一系列措施相继出台；时任“教育部长”杜正胜更表示，将削减中学历史教学中的中国史比例等等。这些措施都是通过有计划、有目的地在教育领域推动“意识形态台湾化”，培育以“台湾是一个主权独立国家”为核心的“历史观、文化观、民族观与国家观”。

（4）利用各种政治运动，不断宣扬“台独”理念。上个世纪的 90 年代初，前“台独联盟”主席张灿鍙就曾经毫不掩饰地说过：台湾能否独立，不在国民党，不在民进党，也不在中共，而在于台湾民众。因而他主张“多在民间，透过运动，将已经十分普遍的台湾意识转化为支持台湾主权独立的政治意识，为未来进行‘住民自决’铺路”。② 此后，民进党一直都在

① 徐博东：《透析台湾民进党》，台海出版社，2003 年，第 137 页。

② 转引自徐博东：《透析台湾民进党》，台海出版社，2003 年，第 136 页。

不遗余力地推展所谓“新台湾运动”。例如在野时期搞的所谓“人民制宪会议”、征集所谓“新国旗、国号、国歌”、大炒“参加联合国热”等等。特别是每到选举，民进党必定要祭出“统独”议题来宣扬“台独”理念，上台执政后更是变本加厉，丝毫不加掩饰。通过这些运动，利用年复一年、一次又一次规模大小不等的竞选造势活动，民进党不断将“台独意识”和“台独主张”灌输给台湾民众，从而神不知鬼不觉地渐渐改变了台湾社会的话语环境，完成了“台独”话语和“台独”理念的政治社会化过程。从效果来看，这种策略在一定程度上是成功的，即便是泛蓝阵营也没能逃过其影响。后来国民党提出的所谓“新论述”，公然声称“今天的中华民国已经和台湾合为一体，中华民国就是台湾民主、和平的最大保证”；个别国民党的头面人物甚至建议，“国民党两岸政策可考虑将独立选项纳入台湾未来选项之一”等，都多多少少可以认为是国民党受到“台独”话语霸权挤压的结果。

民进党等“台独势力”为营造“台独”话语霸权所采用的手段可以分为软硬两手、意识形态的灌输和所谓“国家正常化”政策相结合，对任何不赞同“台独”的声音逐步形成巨大的无形和有形压力，将其生存空间尽量压缩到最小限度。“台独”势力综合运用以上各种形式的暴力手段，目标所指，就是要在台湾民众中形成一种“集体无意识”，在不自觉中失去鉴别、批判、抵制“台独”的能力，为其推动“台独”的政治路线和目标服务。

不过，“台独”分离主义在中华民族的发展史上毕竟是股逆流，由于它违背海峡两岸同胞特别是台湾人民的根本利益，到头来根本没有任何成功的希望。

第三节　“台独”话语建构中的“文化台独”问题

“文化台独”是“台独”的重要内容，也是建构“台独”话语霸权的重要手段，同时也是“台独”势力建构“台独”理论的重要工作之一。这里对这个问题再作一些补充性说明。

“文化台独”是一种以确立“台湾主体性”为价值取向，以“去中国化”为其显著特征，为“政治台独”制造舆论和理论基础的社会文化思潮。“文化台独”的思潮出现比较早，在上个世纪五六十年代就出现了早期的“台独”理论，主要的代表是史明、廖文毅等人。“文化台独”出现恶性蔓延的势头是在李登辉时期，民进党执政后，更是公开、系统地推进“文化台独”。

李登辉上台后，处心积虑地推行“文化台独”路线和政策。1990 年他公开声称，“台湾文化是海洋文化与大陆文化的结合物”，而不是“中国文化的一部分”。在李登辉的操作下，台湾的大学开始设立“台湾文学系”，中国文学的内容被放逐到“外国文学系”中。1993 年台湾当局宣布要实行“双语”教育，从 1996 年开始，三年级到六年级增设“乡土教学活动”一科，其中包括“乡土语言”教学，通过强化“乡土教育”来淡化中国意识的教育。1997 年 2 月，台湾当局又推出了鼓吹“台独”意识的《认识台湾》教科书。在这本教科书中，台湾当局抹杀祖国大陆与台湾的联系，得出了台湾自古以来就是一个“无主之岛”的结论，与“台湾地位未定论”的论述互为表里，遥相呼应。

民进党上台后，推动“文化台独”更加不遗余力。其所采取的措施大致有以下几个方面：

（1）在汉语拼音上做文章。2000 年 10 月 7 日，台湾“教育部”宣布放弃采用汉语拼音，改为采用吸纳了台湾方言的“通用拼音”作为台湾的语言拼音系统，以示台湾有别于祖国大陆。

（2）全面弱化普通话在台湾的影响力。2003 年，台“教育部国语推行委员会”抛出所谓“语言平等法”草案，把“华语”（即普通话，台湾称“国语”）、Ho－lo 话（即闽南话，“台独”势力称之为“台语”）、客家话、11 种“原住民语”等 14 种语言定为所谓“国家语言”。

（3）利用各种考试推行“去中国化”政策。2003 年 12 月 4 日，台湾“考试院”院会通过修正公务人员考试类科及应试科目表，考试科目取消“中国”字样。将应试科目名称有“中国”文字者，修正为“本国”；名称有“中西”、“中外”文字者，修正为“世界”。2003 年 9 月底，台湾“考试院长”姚嘉文表示，2004 年“外交”人员应试的科目，将以“台湾近代史”取代“中国近代史”。

（4）篡改历史教材，全面灌输“台湾主体性”理念，否定中国认同。民进党当政时修改教科书，增加“台湾史”的比例，就是出于这个目的。杜正胜宣称，“台湾的教育成为中国附属性的教育，学生不了解台湾的历史文化、地理社会，却清楚大陆的史地文化，当然无法体认‘台湾主体性’的重要。”他说要通过教育改革尽力做到让“台湾主体性就像呼吸空气一样自然”。

（5）将海外侨胞分成“华侨”和“台侨”，将加入美国籍的台胞称为“台美人”（台裔美国人），而不称为“华裔美国人”或“美籍华人”，从称谓上造成“台湾是台湾”，“中国是中国”，“台湾有别于中国”的印象。如此等等，不一而足。

从“台独”势力推动“文化台独”的历程来看，“文化台独”的步骤在不断加快，范围在不断扩大，大有从完成从量变到质变，在台湾占据意识形态主流的趋势。为了达到为“台独”张目的目的，“文化台独”论者对“台独”理论进行了系统性建构。归纳起来，大致有以下几个方面：

（1）在历史观上，“台独”势力不顾大陆移民发现、开发台湾，台湾自古以来就是中国领土的事实，鼓吹“台湾自古以来就不是中国的领土”。以史明为例，他写的《台湾人四百年史》中，将中国与荷兰、日本等殖民者相提并论，认为四百年来台湾先后成为荷兰、中国和日本的殖民地，一直受到“外来统治”的压迫。从这个立场出发，他所得到的结论就是台湾应该通过“自决”的方式来完成“独立建国”。

（2）在文化观上，“文化台独”论者无视中华文化始终在台湾占据主导地位的现实，将中国文化视为“外来文化”，声称台湾文化是融合了荷兰文化、日本文化、原住民文化、汉文化、西洋文化等文化要素，共同构成了独立于中国文化之外的“台湾独立文化系统”。从这个基点出发，“文化台独”论者认为，台湾文化是海洋文化，中国文化是大陆文化，二者具有本质的不同。民进党当局并据此提出了“海洋立国”的口号。吕秀莲是“海洋立国”理念最积极的鼓吹者。2002 年 5 月 19 日和 2003 年 1 月 1 日，吕秀莲先后跑到龟山岛和东沙岛，发表所谓“海洋立国宣言”和“海洋战略宣言”。2004 年 2 月，吕秀莲专门出书，宣称“台湾是一个典型的海洋国家，不是从属于中国大陆的边陲小岛；台湾应该搞海洋立国，成为东方瑞士世界岛”。

（3）在民族观上，“文化台独”论者认为台湾已经形成了一个民族，不属于中华民族。早期的“台独”势力廖文毅认为，台湾在几百年的特殊历史经历中，同印尼人、马来人、荷兰人、日本人、高山族人混血杂交，已经形成了一个“混血台湾民族”，与大陆上的中华民族不仅在血统上有别，而且在文化传统、宗教信仰、经济生活上都不相同，根本无法形成共同的认同。史明也认为，“台湾社会与台湾人大体上已经超越了这些跟中国相同的血缘、文化关系，并在与中国不同范畴的社会基础上，发展为一个单独唯一的台湾民族。”“文化台独”论者刻意夸大台湾与大陆的差异，以此来证明台湾已经形成了一个新的民族，也是不能成立的。姑且不说中华民族发展的历史就是民族融合的历史，台湾本身在发展的过程中也一直保留了中华民族的传统，其风俗、语言和宗教信仰都和大陆闽南地区没有什么大的差别，即使经过日本殖民者 50 年的摧残也没有被磨灭。

（4）在台湾定位问题上，“文化台独”论者鼓吹“台湾地位未定论”。“台湾地位未定论”的发端是美国总统杜鲁门 1950 年 6 月 27 日发表的声明：“台湾未来地位的决定须待太平洋安全的恢复，对日和约的签订或经联合国考虑。”1951 年，美国召开旧金山会议，在海峡两岸均未出席，苏联、捷克、波兰拒绝签字的条件下，由美国主导单方面签署了《对日和约》，规定：“日本放弃对台湾及澎湖列岛的一切权利、权利根据及要求。”长期以来，这一句话被鼓吹“台湾地位未定论”的“台独”势力奉为金科玉律，称该条约只规定日本放弃台湾的主权，但是并没有规定要将台湾交还中国，因此台湾地位是“未定”的。对“台独”势力所鼓吹的“台湾地位未定论”，有以下两点需要澄清。①旧金山《对日和约》对中国是没有法律效力的（因为中国没有签字）。②在《开罗宣言》和《波茨坦公告》中，均明确宣告日本占据的中国领土要归还中国，杜鲁门的声明本身就是对这两个宣言的背弃。但是民进党当局在颁布高中历史纲要草案时，杜正胜却把《开罗宣言》说成是一个“没有经过签署的新闻公报”。

（5）在台湾未来走向的问题上，“文化台独”分子鼓吹“台湾住民自决论”。早在 1982 年 9 月，党外人士在《共同政纲》中说，“台湾的前途应尊重台湾地区 1800 万人民的意愿决定”。此后，1986 年民进党成立时，又将它列入了党纲。在此以后，“文化台独”论者不断鼓吹台湾的“住民自决”。在2004年的台湾地区最高领导人选举中，陈水扁甚至将“公投”和最高领导人选举捆绑在一起，用行政权强力推动。虽然其“公投”的题目不是台湾的归属与前途问题，但是陈水扁显然是想取得“公投”的形式，使“公投”成为台湾政治生活的“常态”，为以后的“统独公投”奠定基础。这次“公投”的理论依据就是所谓的“公民自决理论”。但是“台独”势力一直秉持的“住民自决论”如果仔细推敲也是站不住脚的。按照国际法的原则，民族自决的主体应该是被外国奴役的殖民地国家和人民，托管领土和非自治领土上的民族。台湾是中国的一个省，台湾人民是中华民族的一部分，不是一个单独的民族，这是举世公认的事实，所以台湾根本不具备民族自决的资格，就如台北和高雄不能通过举行“公投”宣布脱离台湾一样。

灭国先灭史。“文化台独”论者的目的就是要全面、系统地割断大陆与台湾的联系，抹去台湾人民心中的祖国记忆。通过对“台独”理论建构，“文化台独”理论已经形成了有系统的理论体系。它片面强调台湾的“本土认同”和“台湾主体性”，以“本土认同”这样一个低层次的认同来取代高层次的中国认同，企图以此作为民众国家认同的归依；竭力以“台独”的历史观、文化观、民族观来全面塑造台湾民众的“台独”观念；以“台湾地位未定论”为逻辑起点，以“公投”作为未来决定台湾前途的手段，最终指向就是台湾的“独立建国”。

“文化台独”论者通过鼓吹“文化台独”，期望取得台湾民众的支持，在台湾形成有利于“台独”势力生存和发展的土壤。“文化台独”政策就是强化所谓的“台湾意识”，并将其转化为支持“台独”的民意基础和社会基础。

相比较之下，“文化台独”比“政治台独”具有更大的欺骗性和隐蔽性。它像慢性毒药一样，不断地腐蚀台湾民众的中国认同和中华民族认同，造成了台湾民众在国家认同和民族认同上的混乱，进而形成了民众对民进党当局推行“台独”所可能带来危害的“集体无意识”，并引导民众在不知不觉中接受“台独”的理念。

虽然“台独”势力苦心孤诣推动“文化台独”，但是，海峡两岸同文、同种、同族、同源的历史和现实是谁都改变不了的，中华文化经过几千年的积淀而形成的民族文化心理也不是“文化台独”论者可以轻易抹杀的。

第四章　民进党的大陆政策

第一节　民进党执政八年“台独”路线变迁

2008年3月22日，在台湾地区最高领导人选举中，民进党候选人谢长廷以大幅差距输掉了这场选举，执政八年的民进党谢幕下台。民进党败选后，党内一直没有进行深刻检讨，对“台独”路线的清算也没有展开。但是，路线检讨随着陈水扁的下台一定会浮出水面，因为这于民进党未来的发展生死攸关。本节拟对“台独”路线在民进党执政八年过程中的发展变化及内部矛盾进行简要分析，期待为进一步的分析提供若干思考。

1. 民进党上台后“台独”路线的变迁路径

2000年，民进党在国民党分裂的情况下渔人得利，意外地取得了执政地位，从而实现了台湾历史上的首次政党轮替。民进党的胜利使其“台独”转型暂时停顿下来，党内对“台独”的看法也开始转变。易言之，“台独”由民进党的包袱被认为变得无关紧要。党内的普遍认知是，“民进党未修改‘台独’党纲照样走上执政地位，似乎台湾民众对于‘台独’主张已不再有以往强烈的疑虑和恐惧，修不修‘台独’党纲都无碍大局。”① 此后，民进党内部对“台独”理念和“台独”路线的看法持续转变。

2002年陈水扁的“一边一国论”提出，意味着民进党对“台独”路线的看法完全转向，“台独”无害论的观点已经在党内占据了主流。就陈水扁个人而言，他所抛出的“一边一国”、“公投立法”等一系列言论，“并非信口开河，擦枪走火，而是有着充分考虑和准备的”。尽管事后蔡英文向美国方面通报称这只是“内部政治平衡的需要”，② 但不容置疑的是，陈水扁对

① 林劲：《2000年民进党述评》，《台湾2000》，九州出版社，2001年，第101页。

② 林劲：《2002年民进党评述》，《台湾2002》，九州出版社，2003年，第97页。

于这个政治举动的基本预期是利大于弊。此后，陈水扁的“台独”言论不断出台，2003年9月28日晚，在民进党党庆时抛出2006年“新宪说”，随后，扁又明目张胆地提出，要在“2003年完成公投立法”，“2004年实施公投”，2006年12月10日国际人权日举行新“宪法”公民投票，2008年5月20日开始实施新“宪法”。至此，陈水扁已正式提出“台独时间表”，将两岸关系推到危险的边缘。

为了实施“台独时间表”，陈水扁坚持举行“公投”，甚至是“没有法源也要公投”。并终于依恃权力，强制“行政院院会”决定把“公投”与最高领导人选举捆绑在一起。陈水扁的目的是要突破“公投”的限制，把“公投”变成台湾社会生活的常态，为以后的“台独公投”扫清障碍。

及至2004年台湾地区最高领导人选举前夕，陈水扁鼓吹“台独”、利用“台独”成为民进党的首选选举工具，两岸关系也因此而空前紧张。扁连任后，为了安抚“台独”基本教义派，民进党仍是紧抱“台独”党纲，把“台独”意识形态作为其处理岛内外政治经济问题和两岸关系的出发点，在多个层面推行“渐进式台独”，一次次试探大陆方面的底线，使得台海危机一触即发。① 在2004年“5·20就职”演说中，陈水扁就叫嚣要在2008年卸任之前，“能够交给台湾人民一部合时、合身、合用的新宪法”，“为民主宪政长远的发展及未来人民公投复决国会宪改提案奠定开阔的基石”。② 2004年11月27日上午，陈水扁出席群策会“台湾新宪法”国际研讨会致词时又表示，“2008年5月20日他卸任那天，‘台湾新宪法’要正式实施；这是他连任总统的最大意义，也是他向台湾人民的承诺、对台湾历史的使命”。③

此后，在2005年的县市长选举中，民进党为了转移民众对其弊案问题的关注，再一次将统“独”冲突作为主打议题。虽然最后的效果之差，令绿营人士自己都不敢恭维，但是却反映了民进党的基本心态：“台独”路线和“台独”理念依然是选举动员的补药而不是毒药。2006年自陈水扁家族

---

① 刘国深、杨震：《2004年台湾当局大陆政策综述》，《台湾2004》，九州出版社，2005年，第47页。

② 见2004年5月20日陈水扁“就职演说”。

③ 台湾《中国时报》，2004年11月27日。

的弊案群东窗事发以来，陈水扁当局不顾国际社会和祖国大陆的严厉警告，一再表示要搞“入联公投”，甚至要通过“公投”来“改国号”、“制新宪”。随着台湾当局在“入联公投”问题上炒作越来越卖力，台海局势波谲云诡，暗潮汹涌，新一轮台海危机已隐然浮现。“入联公投”是陈水扁当局系统推翻“四不一没有”承诺的第二个步骤。2006 年，陈水扁废除了“四不一没有”承诺中的“一没有”，开始了在“法理台独”道路上的冒险。而 2007 年以“台湾”名义加入联合国的操作则是要公开废除“国号”。按照陈水扁 8 月 31 日在电视专访中所强调，“入联公投”所诉求者，就是以新的“国家”名义加入联合国。

“公投入联”不管能否举行，台湾也不能以主权国家的面目加入联合国，这是一个常识，陈水扁和民进党当局对此也有清醒的认识。所以，扁当局逆势推动“入联公投”的目的并不是期望以此“入联”，而是要系统废除“四不一没有”并进而完成“台独建国”的制度建构。其目标所指，是要改变两岸现状，实现台湾“主权独立”的突破性进展。

“法理台独”是民进党蓄谋已久的阴谋。民进党上台后，就开始系统地切断两岸政治、经济、文化上的脐带，为“法理台独”营造空间。为此，民进党不遗余力推动“去中国化”运动，拼命打压两岸经济交流并持续制造两岸紧张，拒绝承认一个中国原则，阻碍两岸和平谈判的展开。同时，民进党又通过对台湾民众的系统洗脑运动，以所谓的“台湾主体性”作为“国家认同”来对抗中国认同。“入联公投”反映了民进党在经过了数年的经营之后，妄想全面收割“台独”成果，迈出走向“法理台独”关键一步的企图。

“入联公投”是陈水扁企图冲撞一个中国底线的最大一次冒险，也是长期以来民进党推行的渐进式“台独”政策的高峰。民进党上台以来，利用祖国大陆的善意、台湾人民的忠恕和泛蓝阵营的反制无力，不断推进切香肠式的“台独”，将“台独”目标分解成若干小的步骤，以降低其对两岸关系冲击的强度。通过这种“小步慢跑”的方式，民进党不断将阻碍“台独”发展的外围据点排除。

渐进“台独”不断引发两岸关系间歇性紧张，使台海局势一直在战争的边缘徘徊。陈水扁不但不求降低两岸紧张局势，反而继续在刀尖上跳舞，一方面以“台独无害论”来欺骗台湾民众，另一方面则加快了“台独冒险主义”的步伐。自陈水扁第二任期以来，从“正名”、“制宪”，到“入联公投”，“台独”运动呈现出逐渐加速的轨迹。

渐进式“台独”的一个重要推展路径就是利用选举进行政治动员和“台独”理念的政治社会化教育。对于这种情况，台湾民间多以“选举语言”视之而降低了警惕性。事实证明，这是非常有害的。所谓“选举语言”的说法，一是将民进党的“台独”动员视为手段而非目的，这与实际情况是不相符的；二是预设了两个前提：首先，选举语言不可太当真；其次，选举语言不可能造成太大的危害。结果，民进党在民众的麻痹中将选举期间变相地变成了“台独假期”。及至“废统”与“入联公投”出现，民进党“台独”政策的目的和手段功能已经难以区分，陈水扁的“台独”诉求也图穷匕见，抛弃了“选举语言”的外衣，开始赤裸裸的“台独”冲刺。2008年1月22日的“立委”选举和3月22日的最高领导人选举中，民进党依旧将统“独”议题和族群议题作为主打议题，更是这一心态的基本反映。

总的来说，民进党执政八年来是从两个面向上系统推进“台独”路线。如果说上述民进党当局的举措是在“硬”的方面不断向“台独”推进的话，其在“软”的方面，即建构“台独”意识的社会认同及社会基础方面所推行的措施，对“台独”的发展及误导民众对“台独”的判断和认知影响更大。

民进党自成立之初就是一个有分离主义倾向的政党。在长期的政治斗争中，民进党可以说是统“独”议题炒作的最大受益者。唯其如此，“台独”理念及“台独”路线成为民进党内不能触动的一块“神主牌”，进而形成了超越一切的意识形态。这与民主政治发展的宗旨和原则是相违背的。从世界其他地区的政党政治发展经验来看，虽然每一个党派都有其独一无二的意识形态作为其成立党派的宗旨，但是大多数政党的政治诉求是社会发展理念及民生议题，而不是意识形态。

台湾自上个世纪90年代以来政治发展的过程，其实也是“台独”理念在台湾社会逐步发酵并遭受冲击、“台独”理念的动员力逐步释放的过程。组党初期，民进党的支持主要来源于部分民众对当年党外人士的同情。但是这种支持却产生了类似“效应错位”的结果。由于民进党存在着“台独党纲”，由于“台独”理念一直是其主要政治理念，所以说这种出于同情的支持，在许多情况下都被民进党的政治人物错误理解为基于“台独”理念的支持。这也是民进党在90年代屡次在“台独”路线上出现冒进倾向的重要原因。在经历了十几年的选举政治以后，民众对民进党基于同情的支持已经基本释放完毕，而且该党的“台独”冒进也屡遭挫折，但是民进党却依然抱持对抗性的“台独”路线，不愿将民生议题作为诉求的重点。这种台湾民意与民进党政治理念之间的反方向运动是民进党“台独”困境之最根本性的原因。大陆学者刘国深教授曾说，“如果民进党还是紧紧抱着‘台独’意识形态不放而不向一个更为务实、更为理性的方向去转变，那么民进党的生存的政治空间将越来越狭窄，最终将有可能失去其得之不易的执政地位，可谓是‘成也台独，败也台独’。”① 一语成谶，2008年民进党失去政权。尽管民进党一直不承认这次失败是“台独”路线所致，但是无疑和“台独”路线有密切的关联。

2. “台独”路线的结构性矛盾

在民进党执政的八年中，“台独”路线所遭遇到的挫折是明显的，“台独”运动不仅没有取得突破性进展，反而在不断衰退。“台独”路线所面临的困境是结构性和根本性的。具体来说，有以下几个方面：

（1）“台独”冲动与“台独”难以实现的政治现实之间的矛盾。民进党内部、特别是在民进党高层中间，一度存在着比较普遍的“台独”冲动，这种“台独”冲动往往会间歇性发作，造成两岸关系阶段性紧张。特别是在选举期间，这种情况表现得尤为明显。

但是，谁都知道，“台独”是一条走不通的路，世界上绝大多数国家都承认一个中国，祖国大陆也早已表示，对于分裂祖国的行为，要不惜一切代价进行打击。在2000年2月21日发表的白皮书中，中央政府就指出，如果台湾出现发生分裂国家的重大事变；如果外国侵占台湾；如果台湾当局长期拒绝用和平谈判的方式解决台湾问题，中国政府和中国人民将会用各种措施维护国家主权和领土的统一。这一立场不会改变，也不能改变。在2004年

① 刘国深、杨震：《2004年台湾当局大陆政策综述》，《台湾2004》，九州出版社，2005年，第48页。

的“5・17声明”中，祖国大陆重申了这一立场：“我们将以最大的诚意、尽最大的努力争取祖国和平统一的前景。但是，如果台湾当权者铤而走险，胆敢制造‘台独’重大事变，中国人民将不惜一切代价，坚决彻底地粉碎‘台独’分裂图谋。”对于两岸关系来说，“台独”就意味着战争。在中国人民维护国家统一的决心面前，“台独”路线是注定没有出路的。

2005年3月，《反分裂国家法》的出台更加强化了这一立场，并将祖国大陆反“台独”的决心以法律的形式固定了下来，强化了对“台独”约束的力度和效度。《反分裂国家法》的出台还有一个重要的作用就是使民进党及泛绿阵营内部对“台独”路线的基本判断发生了改变，“北京的宣传说，反分裂法并非在为军事解决铺路，而是要将既有的对台政策规范化，故属和平统一的行动，台北不信，认为反分裂法就是为军事解决铺路。”① 而“独派”人士对于《反分裂国家法》的激烈反应，台湾学者评论说，“反分裂法引起的台湾各界反应，揭穿了早先所谓中共是纸老虎的判断，其实是基本教义派的自我安慰而已”，而“一有蛛丝马迹显示中共不是纸老虎，他们的感受就激烈的不得了”。②

对于“台独”的暗淡前景，民进党显然更有清醒的认识。《反分裂国家法》颁布实施后，就连陈水扁自己都说，要他任期内把国号改为“台湾共和国”，他做不到，不能骗自己、骗别人。“我相信李登辉过去十二年任期没有做到，纵使今天总统给他做，他也做不到。”③ 事实上公开承认了“台独”是一条走不通的死路。

在“台独”无望、从“台独”立场上退却又于心不甘的情况下，“台独”势力中普遍存在对前途的焦虑感，笔者称之为“集体躁郁”，这种情绪一直到现在都在民进党及其支持者中普遍存在。

（2）“台独”路线的硬化与支持率下降之间的矛盾。台湾当局长期以来将“台独”作为一种资产，将其与“本土化”理念相结合，形成了虚幻的“台湾主体认同”镜像。毋庸讳言，这种手法对民进党推倒国民党威权统

① 石之瑜：《台独与道德》，台湾海峡学术出版社，2005年，第5页。
② 石之瑜：《台独与道德》，台湾海峡学术出版社，2005年，第2页。
③ 台湾《中国时报》，2005年3月2日。

治、帮助民进党走上执政之路起到了一定作用。但是，随着民进党取得政权，长期鼓吹“台独”带来的负面影响不可避免地显现出来。

以狭隘的“本土意识”为外包装的长期“台独”宣传的一个直接后果，就是模糊了台湾民众的国家认同，同时培养了一批“台独”死硬分子，这部分人的数量虽然不多，但是能量很大。“台独”成为他们的神主牌，谁也不能触动，即使是对“台独”路线的策略性调整也不允许，否则必视如寇仇，进行大肆攻击。这种情况直接压缩了民进党在两岸政策上调整的空间。即使在岛内外形势发展重大改变，和平发展成为两岸关系的主题之后，民进党也只能死抱着这样僵固的“台独”意识形态不放，这使得民进党渐渐失去了中间选民的支持。

（3）“台独”意识形态挂帅的两岸政策与两岸交流大趋势之间的矛盾。近年来，两岸交流稳步发展，规模不断扩大。但是，民进党当局却不愿正视这一现实，对两岸交流横加阻挠，使台湾失去了许多布局大陆的大好机会。以“三通”为例，针对民进党当局一直奉为圭臬的“货通人不通”做法，台湾著名企业家、鸿海精密董事长郭台铭曾经指出，“两岸直航重点是客机，而不在货机，如果两年内无法开启客运包机，则时机已过，当别人布局完成后，主动权就不在台湾手中了。”① 事实已经证明此言不虚。民进党意识形态挂帅的做法给台湾经济发展带来了相当大的负面影响，导致经济发展增长缓慢，失业率高，民生日蹙，要求进一步开放两岸交流的呼声成为民进党难以承受的巨大压力。2008 年马英九上台后采取加强与大陆经济联结的方式，已经促进了台湾竞争力的大幅提升，再一次从另外一个方面证明了民进党大陆政策的负面影响之大。

在选举决定一切的台湾社会，由于民意往往是以选票这种外化的形式表现出来，民进党虽然一意孤行，却不得不考虑民众的呼声。因此，民进党在执政八年中一直都在所谓的“新中间路线”与激进“台独”路线之间走钢丝，不断在坚持“台独”路线与开放两岸经贸交流中寻找平衡点。对于这种矛盾，民进党的处理方式是将政治和经济分离。具体表现是：在两岸政策方面，一方面提出强化两岸经济交流的建议，陆续出台局部性放宽两岸经济

---

① 新加坡《联合早报》，2005 年 6 月 15 日。

交流的措施，以此来实质消弭民间要求两岸全面沟通的要求，模糊民众的视线。另一方面则以“抑制统战”的说辞来继续攻击祖国大陆，欺骗台湾民众，弱化民间要求缓和两岸紧张局势、加快开启两岸政治谈判进程的呼声。① 因此，在民进党执政八年的过程中，两岸之间的经贸往来虽然持续增加，但是两岸正式的政治协商却鲜有进展。这种有着内在逻辑矛盾的两岸政策在运作过程中漏洞百出，引发了民众越来越多的不满。

（4）民进党当局的“台独”政策与美国的利益冲突。美国的支持一直被“台独”势力视为最后一根救命稻草。“台独”势力之所以如此嚣张，背后是美国这只看得见的手在起作用。但是美国支持“台独”不是无条件的。在美国看来，台湾是遏制大陆崛起的一个战略棋子，是否支持“台独”取决于美国的国家利益和在东亚地区战略布局的需要。因此，美国对“台独”的基本态度是：扶持“台独”，但是要将“台独”约束在可以控制的范围内，为己所用。以此为出发点，美国要求台海两岸维持“不统不独、不战不和”的局面。如此既可以用台湾问题对大陆进行牵制，同时又可以从台湾赚取巨额军火利润及其他政治经济利益。所以说，两岸低度对抗、斗而不破的局面对美国是最有利的。然而，“台独”经常性发作却不断引发台海两岸的紧张，随时有引发两岸战争、将美国拉下水的可能，所以，美国对于“台独”势力冲得太急以至于可能损害美国利益一直心存疑虑。当“台独”冲过头时，美国也会通过各种压力来压制民进党的“台独”发展势头。从这个角度上来说，中美之间就台海两岸维持“两岸现状”有共同的利益诉求，形成了双方台海政策战略目标虽然南辕北辙、战术上却可以短期合作的吊诡局面。

3.《反分裂国家法》对“台独”的压缩效果

大陆《反分裂国家法》和稍前出台的“胡四点”，共同构成了未来一个时期大陆的对台基本方针。它既是自 2004 年“5·17 声明”发表以来中国大陆对台政策的升华和总结，同时也是大陆台海政策的新起点，必将对两岸关系产生重大影响。

首先，新的对台政策对“一个中国”和“两岸现状”的概念进行了准

---

① 陈星：《民进党大陆政策的五大结构性矛盾》，《台湾周刊》，2005 年第 24 期。

确定位。《反分裂国家法》第二条重申，“世界上只有一个中国，大陆和台湾同属一个中国，中国的主权和领土完整不容分割。维护国家主权和领土完整是包括台湾同胞在内的全中国人民的共同义务。”此前胡锦涛主席在对台政策的四点意见也说，“中国是包括2300万台湾同胞在内的13亿中国人民的中国，大陆是包括2300万台湾同胞在内的13亿中国人民的大陆，台湾也是包括2300万台湾同胞在内的13亿中国人民的台湾。”两者结合起来，对“两岸现状”和“一个中国”等概念予以准确地界定，堵死了民进党当局继续利用偷换概念的手法制造“一边一国”的图谋，从而构筑了对台政策的新平台。

其次，展示了大陆解决台湾问题的决心和信心，给“台独”势力以强大的压力。过去一段时间以来，台湾当局屡屡污蔑大陆是“纸老虎”，李登辉甚至说“会叫的狗不咬人”，认为大陆没有能力也没有信心对“台独”势力采取断然措施。《反分裂国家法》将大陆以前的两岸政策上升为国家意志，不仅对“台独”势力形成了强硬的约束力，对大陆的领导人也具有更强的法律约束力，展示了人民反对“台独”的决心和意志，从而压缩了“台独”势力进行“台独”冒险的空间。

再次，为排除外部势力对台湾问题的干扰提供了新的法律依据。台湾问题是中国的内政问题，但是长期以来却一直受到外国势力特别是美国的干扰。美国一直以其国内法——《与台湾关系法》在台海问题上指手画脚，使得台海问题越来越复杂。《反分裂国家法》以国内立法的形式和法律条文的具体规定，再一次强调了台湾问题是中国内战遗留下来的问题，是中国的内政，为对抗外部势力的干涉提供了法理基础。

最后，《反分裂国家法》反映了大陆在处理台湾问题上的广阔视野。坦白地说，对中国而言，解决台湾问题只是国家整个发展战略中的一部分，维持台海现状、抓住来之不易的战略机遇期、全面提升综合国力是大陆的最佳选择。但是，台湾问题对中国的整个国家发展战略，无疑起到了越来越大的牵制作用。《反分裂国家法》的出台，为“台独”势力划出了红线，实际上隐含着这样的信息：祖国大陆不会再和台湾当局在一些细节问题上纠缠，只要台当局不踩线，两岸自然会相安无事，但是一旦踩线就会依法办事。从而可以在一定程度上减弱台湾问题对中国国家发展战略形成的牵制。

另外，在策略上，祖国大陆显然已经改变了以前那种被动因应的局面，而改为主动出招。这从2004年的“5·17声明”到2005年《反分裂国家法》出台的一系列事件中均看得很清楚。据此，笔者认为，祖国大陆的基本战略考量是：在防止台湾独立的前提下，抓住台海问题的主导权，稳定台海局势，推进和平统一，不让台湾问题成为阻碍中国现代化进程的绊脚石。

民进党当局对《反分裂国家法》反弹强烈。如外界所料，台当局将攻击的矛头对准该法第八条，即在“‘台独’分裂势力以任何名义、任何方式造成台湾从中国分裂出去的事实，或者发生将会导致台湾从中国分裂出去的重大事变，或者和平统一的可能性完全丧失”的情况下，采取“非和平手段”解决台湾问题的条款，民进党当局和“台独”势力以此大做文章，力图将整部法律描绘成是“侵略法”。

民进党仍然沿袭了其一贯的做法，利用民粹式的动员来反制《反分裂国家法》。陈水扁3月16日发表“六点声明”，表示“决不接受中共一手棍子，一手胡萝卜的两面手法”，并公开鼓动百万民众3月26日上街游行，进行抗议。同时，为了保持动员的热度，民进党当局高层一直不断放话煽动民众情绪：“陆委会主委”吴钊燮不断向国际媒体控诉“对岸意图以武力片面改变台海现状”；“行政院院长”谢长廷宣称“两岸有发生战争之虞，已达发动防御性公投的条件”；连“国安局长”薛石民都说要去参加“3·26大游行”。

但是，陈水扁此次的表现和以往还是有区别的。与过去经常冲到第一线的形象相比，这次则明显谨慎了许多，没有提到一直被视为两岸关系导火索的“公投”议题。这说明，民进党当局在“台独”立场上面临极大的困境，2004年“立委”选举的结果已经向民进党当局表明，“急独”路线不得人心，所以，民进党如果要实现“永续执政”必须改弦更张。但是，“急独”势力对其又形成强力的拉扯，这从2005年“扁宋会”后“急独”势力的反应就已经看得很清楚。因此，民进党出现了想“独”又不敢“独”，不“独”又不甘心的窘态。

同时，这种情况也反映出民进党当局民粹式的动员方式也面临着瓶颈。正是民进党当局一直以两岸议题和族群议题作为动员的手段，最后搬起石头砸了自己的脚，使“急独”分子对“台独”的期望值越来越高，压缩了自己在两岸议题上向中间路线调整的空间。这次也一样，如果一旦民众的情绪被调动起来，很难容得下理性的声音，民进党当局也很难控制，只有随波逐流，再度走向激进的“台独”诉求。但是由于《反分裂国家法》已经压缩了“台独”的活动空间，如果两岸情势最后到达不能节制的临界点，则陈水扁又会成为“麻烦制造者”，面临来自美国的压力。

《反分裂国家法》颁布后，民进党当局已经在两岸议题上进退失据。大陆通过以统一为唯一选项的《反分裂国家法》，民进党当局不可能坐视，按照他们的话说就是，“咽不下这口气”。但希望留下具体政绩、为自己找到历史定位的陈水扁，也不得不思考下一步的两岸关系该如何走下去。不管从政治或经济角度来看，台湾都无法任由两岸关系长期陷在冰点。

就当时的情形来看，陈水扁一直在观望。一是在观望当年 3 月 26 日的反《反分裂国家法》游行能动员起多少的支持力量，同时也在等待美国进一步的支持态度，但是有一点是肯定的，就是一贯推行战争边缘政策的民进党当局，不敢真的以宣布“台独”的方式来引发两岸战争。

不过，《反分裂国家法》通过后，美国的反应并不如预期中的强烈。白宫发言人麦克莱伦仅说：“我们认为中国通过《反分裂法》是不幸的，这对台海和平与稳定没有助益。”美国国务院发言人包润石说，“他们（大陆和台湾）应该朝着和平对话的方向迈进。”不过，白宫也警告台湾当局要谨慎行事。麦克莱伦指出：“我们不认为，台海任何一方应做出，足以使台海紧张局势升级的单方行动或改变”，并重申：“我们不支持台湾独立。”虽然 16 日美国众议院通过了歪曲《反分裂国家法》立法宗旨的议案，但是参院并没有随即跟上。没有国会两院共识的决议文件，根本就不具法律约束力，对美国官方的政策也影响不大。

毫无疑问，美国和中国在战略上存在着巨大的利益竞争。因为中国的崛起已经对美国构建的东亚秩序和世界格局形成了挑战。① 因此，从政策层面上讲，虽然双方都希望台海局势维持现状，但是，目的却是南辕北辙。美国一直认为，两岸保持“不统不独”的状态最符合其利益。所以，美国所谓的“维护现状”就是“不问统独，只要和平”，并继续将台湾作为牵制大陆

① 当然，中美关系并不仅仅包含这一个内容，合作与相互依存也是重要的一部分。

的一枚棋子。而大陆的“维持现状”则是要保持台海的稳定，为和平统一争取时间。

尽管如此，双方在遏制“台独”的问题上还是具有交集。换句话说，在中国对“台独”势力保持强大压力的情况下，美、中在反对台当局在“台独”的道路上走得太远的问题上具有一致利益。战略上的冲突不影响战术上的合作。从美方对《反分裂国家法》的反应来看，双方似乎已经形成了这种默契。

美国最担心的是大陆因《反分裂国家法》的出台而加大对台动武的可能，以及台湾过头的反应而加大两岸紧张情势，使两岸关系“脱轨”。所以，美国采取了对双方都施加压力的做法，防止出现美国难以控制的局面。

但是，由于《反分裂国家法》强化了“台湾问题是中国内政问题”的刚性，同时也大幅压缩了允许台湾当局游走于统、“独”边缘的灰色地带，台湾当局的“台独”路线极易引发两岸关系的紧张，这也使美国不得不在反对“台独”的立场上更加清晰。后来的事实也说明，美国对民进党因推动“台独”路线引发两岸危机的做法越来越不满。陈水扁执政第二任期内因为推动“台独”路线，不听美国节制，对美国采取阳奉阴违的做法，使布什政府大为光火，台美关系甚至降到了冰点。

4. “台独”路线的挫折及转型

执政八年甚至下台以来，民进党的“台独”路线其实一直在矛盾和摆荡中前行。民进党当局既要坚持“台独”路线，极力阻挠两岸关系的发展，但是对联系日益紧密的两岸经济政治格局又表现出无力感，对两岸逐步走向统一的大趋势充满恐惧。所以，虽然 2005 年连宋访问大陆以后，两岸和解成为大势所趋，和平发展成为两岸关系的主流，民进党以对抗性为基础的闭锁政策日益难以为继，然而该党的“台独”路线不但没有适当调整，却经历了一个反向强化的过程。“台独”理念也日益僵化和固化，“台独”基本教义派掌握了党内的话语权，通过各种操作，极大地压缩了路线调整的可能性。民进党“台独”路线与两岸关系的历史趋势和两岸民意潮流之间的背向运动，直接导致了其执政上的挫折，反过来又加速了“台独”路线的没落，使“台独”运动的前景越来越暗淡。

所以，不管民进党愿不愿意，都不得不面对“台独”路线前景日蹙的现实。而且，随着时间的推移，形势发展给民进党带来的“台独”转型压力也日益增大。

（1）“台独”路线得以生存的政治环境正在逐步改变。在过去的八年中，民进党在“台独”路线的推进上事实上沿着一条“冲突－妥协－巩固－前进”的道路，冲撞大陆及美国的两岸政策底线与疗伤止痛交替进行，即每隔一段时间就会在“台独”议题上刺激大陆，以维持两岸的适度紧张局面。也就是说，民进党“台独”路线功能实现的基本支点，在于培养两岸民众的敌意，特别是台湾民众对大陆的敌意。具体路径是以激进的“台独”动作刺激大陆，迫使大陆做出激烈反应，从而达到将两岸局势的紧张程度适度拉高，以利自己进行政治动员的目的。从这个意义上说，“台独”既是目的，更是手段。

但随着大陆对台政策的调整，和平发展成为两岸关系的主题，大陆在通过《反分裂国家法》将“台独”势力框束在可控范围之后，已经跳脱了与台湾当局在统“独”议题上缠斗不清的窠臼，通过单方面释放善意的方式，直指台湾民心，以强化两岸交流的方式化解台湾民众对大陆的误解和两岸民众之间的敌意。这种局面导致民进党推行“台独”路线的社会基础逐步流失，利用“台独”路线进行政治动员的空间遭到极大压缩。不仅如此，“台独”正在重新变成民进党的包袱。在两岸交流日益扩大、两岸和平发展已经成为民众共识的背景下，如何处理“台独”意识形态与民进党未来问政主轴之间的关系，是民进党必须全面慎重考虑的问题，对民进党未来发展影响深远。

（2）自2005年下半年以来，民进党高层弊案群的出现使得“台独”路线的道德动员力大为减弱，当“台独”路线不得不依靠贪腐的陈水扁集团来承载时，对“台独”运动产生了两方面的结果：①随着民进党政治道德光环的凋落，“台独”路线和“台独”理念也经历了一个去道德化的过程；②台湾民众对“台湾主体性”、“台湾主体认同”和“台独”路线等概念有了全新的解释视角，“台湾主体意识”日益与“台独”路线分离。按照台湾媒体的说法，“从台湾主体意识到独立建国之间，在缺乏清廉执政的背书下，已经成了最遥远的距离。”① 影响所及，台湾政治中民粹主义的色彩大为减弱，理性化程度不断加强。在2006年和2007年的两次重要选举中，台湾民众对民进党极力挑动的统“独”路线表现出相当的冷漠，民进党也因此一路输到溃不成军。

民进党的转型之路必然是漫长而艰难的。一方面，民进党内的检讨一直无法展开。陈水扁在台上八年来形成的利益共生结构，成为阻挡民进党进行道德反省的强大障碍。例如，在2008年4月中旬举行的民进党败选检讨会上，“甚至连社会最诟病的高层贪腐问题和‘排蓝民调’的最简单问题，都没有结论”。② 而大大小小的检讨会扁一般也很少出席。但是无论扁出席与否，与会者都很少谈及他，否则就会遭到猛烈的批判，其在党内影响之深，可见一斑。在无法对政治操守问题进行系统反省的情况下，进一步的路线检讨基本上无从谈起。

另一方面，在许多民进党政治人物和民进党支持者的判断中，民进党近年来选举的重大失利并非是“台独”路线的问题，而是陈水扁集团的贪腐和政治操守的沉沦导致了失败的恶果。林浊水就认为，虽然这两年民进党气氛低迷，却不是没有机会，接连失败的最重要原因在于缺乏改革和对贪腐进行反省的决心。③ 这种思维在民进党内相当流行，也是影响民进党“台独”路线转型速度和方向的最为重要的认知障碍。

从根本上说，由于民进党从“台独”路线的政治动员中得到了太多的政治利益，所以，该党决不会轻易放弃“台独”路线。或者说，民进党死抱“台独”路线的根本原因在于，其对“台独”路线动员功能有效性的迷信及在此基础上形成的路径依赖。此外，在“台独”日益变成“神主牌”的情况下，民进党的政治人物往往会产生一个错觉，即将“台独”理念与党捆绑在一起，用“台独”理念及“台独”路线来表征党的存在。这种情况使得民进党对台湾社会的发展、民意的变化和两岸关系形势的改变越来越不敏感，使民进党的领导者“孤守在权力的屏障内，自陷于意识形态的权

① 台湾《中国时报》，2008年5月5日。
② 台湾《中国时报》，2008年4月23日。
③ 台湾《中国时报》，2008年4月23日。

斗纠葛与胶着，却无力带领民进党走出接二连三败选的困局”，这个党显然已经前进到了无法回返的转折点。[①] 2008 年连续两次大规模的选举失败已经在某种程度上证明了“台独”路线在台湾民意基础的匮乏，但是在既得利益集团的坚持下，这一路线调整依旧是步履蹒跚。

未来民进党“台独”路线检讨和改革的进度和效果取决于两个方面的因素：一是世代交替的速度。只有在主张改革和反省、且与现有利益既得集团没有太多利益纠葛的年轻世代主导了党内大局，才有可能对以陈水扁为代表的“美丽岛律师世代”进行政治道德的清算，路线的改革才有可能提上日程；二是民进党内对“台独”路线的困境要形成一定的共识。当然这也需要经过选举的不断焠炼才有可能实现。所以，在可以预测的将来，民进党还会在“台独”转型的十字路口徘徊相当长时间，才有可能做出改弦易辙的抉择。

第二节　民进党执政时期的大陆政策

1. 民进党大陆政策的调整

在一些研究中，往往将民进党的“台独”路线与大陆政策作为同义语使用。确实，二者在一定程度上是互为镜像的。但从民进党的政策系统来看，两者还是有细微的差别。“台独”路线是民进党政策诉求的总体想法，包括政治、经济、文化等各个方面，也包括岛内政策和大陆政策。同时，“台独”路线强调其政策的理念性和刚性，但是大陆政策则更多强调务实性和弹性。

2000 年台湾政权首次“政党轮替”，标举“台独党纲”的民进党取得了执政地位。但是上台伊始，民进党一方面面临着大陆“听其言，观其行”的强大威慑和岛内“朝小野大”的不利局面，另一方面则又缺乏执政经验，再加上台湾社会对民进党“台独”主张的疑惧，因此民进党不得不淡化“台独”色彩，推行所谓“新中间路线”。从政策层面来分析，民进党的大陆政策经过了精心包装，尽力避免引发两岸关系的紧张，为权力的巩固争取

① 台湾《中国时报》，2008 年 5 月 5 日。

时间。

为此，陈水扁在2000年当选的“就职演说”中，提出了“四不一没有”的承诺，信誓旦旦地保证在他的任期内不会改变台海现状。接着，陈水扁在2001年的元旦祝词中又提出“统合论”，鼓吹两岸建立“政治统合新架构”。台湾“陆委会”解释说，两岸“统合论”提出的基础，“是在表达善意与弹性，这是新政府所跨出的相当大的一步”。[①] 2001年8月，台湾“经发会”经济咨询委员会又达成共识，宣布取消李登辉执政时期延续下来的“戒急用忍”用语，在两岸经贸政策方面改用“积极开放、有效管理”的新提法。

同时，民进党内部关于“台独党纲”的争论再次浮上台面。这些争论主要是牵涉“台独党纲”的处理问题，其实和民进党的统“独”理念和立场并无太多关联。其争论的背景在于，执政之后民进党在大陆政策上陷入了困局，受到“台独党纲”的很大束缚，因此“民进党内部出现了‘第二次政党转型’的呼声”。[②] 2001年10月民进党召开九届二次全代会，通过了《提升决议文位阶等同于党纲案》，并依照“后法优于先法”的解释，确立了《台湾前途决议文》取代“台独党纲”的现有指导地位，在一定程度上起到了为“台独党纲”解套的作用。

但是，民进党从来也没有放弃“台独”主张，拒不接受“一个中国”。2002年1月10日，陈水扁在接见美国大西洋理事会访问团时就宣称：“在台湾的中华民国是一个主权独立的国家”，“我们承认两岸有很多争议特别是政治上的争议无法在短时间内解决，双方唯有搁置争议，加强接触与对话，才能缓和两岸关系，也才能把争议、歧见降低，化解于无形”。[③] 民进党的这种立场和态度，当然不可能化解两岸僵局，而问题的关键，就在于陈水扁并没有改善两岸关系的真正诚意。诚如台湾报人杨宪村所说：民进党一方面以“不独”来缓和北京对台湾即时动武的压力，同时以“不统”来化解台湾内部独派可能的反弹，“基本上维持一种对‘统独暂时妥协’的形

---

① 张同新：《“统合论”是“两国论”的新包装》，《统一论坛》，2001年第2期。

② 范希周：《现阶段民进党大陆政策分析》，《台湾研究集刊》，2002年第4期。

③ 杨宪村、徐博东：《世纪交锋：民进党如何与共产党打交道》，台湾时报文化出版企业股份有限公司，2002年，第63－64页。

式，这种折中妥协的做法，既未引爆两岸僵局，也未化解两岸僵局”。①

应该说，这是陈水扁在权力没有稳固之前的一种权宜之计，随着民进党政权的逐渐巩固，大陆政策也相应做出了调整。

2001 年 8 月，以李登辉为精神领袖的“急独”政党台联党成立。同年 12 月，民进党和台联党在新一届“立委”选战中获胜，民进党在“立法院”的席位首次超过国民党，从而上升为台湾政坛的第一大党，岛内“台独”势力大受鼓舞。2002 年 4 月，民进党召开九届二次临全会，通过了“政党同步”的议案，解决了“总统”与党互不统属、形同两个权力核心的矛盾，从而进一步扩大了陈水扁的政治权力和政治活动空间。陈水扁接任党主席后，党政大权一把抓，接着 7 月份就抛出了“走自己的路”的风向球，声称“《台湾前途决议文》是现阶段民进党中国政策的最高指导原则”，这是陈水扁即将抛弃所谓“新中间路线”、推行“急独”的两岸政策的先兆。果然到了 8 月初，陈水扁就公然抛出了比李登辉的“特殊两国论”还要“独”的“一边一国论”，致使两岸关系迅速恶化。

随后，陈水扁的“台独”言论日益升级，愈演愈烈，在各种不同场合一再宣称：“台湾是一个主权独立的国家，与中华人民共和国互不隶属”，“任何有关独立现状的更动，都必须经由台湾全体住民以公民投票的方式决定”，“民主进步党绝对不接受中国所主张的所谓‘一国两制’及‘一个中国’原则，绝对不能让台湾被矮化、被边缘化、被地方化”等等。②

及至 2004 年台湾最高领导人选战开打以后，民进党的大陆政策更趋激进。先是公然声称即使没有法源也要搞“核四公投”、“加入 WHO 公投”。接着在蓝绿双方的拉锯战中，“公投立法”被提上了议事日程。虽然迫于来自大陆和美国的巨大压力，“公投法”在“立法院”表决时民进党最终未敢支持“急独”的蔡同荣版，而通过了国亲版，然而由于泛蓝阵营的重大失策，该法第 17 条赋予“总统”在所谓“国家遭受外力威胁”时得以发动“公投”的权力，从而为陈水扁提供了可趁之机。“公投法”通过后的次日，陈水扁就不无得意地说：“公投法”只要有这一条，民进党就没有输，并称

---

① 杨宪村、徐博东：《世纪交锋：民进党如何与共产党打交道》，第 69 页。

② 2003 年 3 月 18 日，陈水扁在民进党中常会上的讲话稿。

“那是民进党最想要的公投条文”。[1] 紧接着，他就利用这一条款抛出了所谓“防御性公投”（后改称“和平公投”）议题，并且不顾各方的强烈反对，把“公投”和台湾地区最高领导人选举绑在一起，利用行政手段强力推动，企图以此来拉抬民进党的选情，最终达到胜选连任的目的。最高领导人选举期间，陈水扁民进党和李登辉台联党密切配合，先后组织发动了所谓“台湾正名”大游行、“公投制宪”大游行、“2·28 手护台湾”大游行等等一系列的大规模造势活动，掀起了一波接一波的“台独”攻势。

2004 年台湾最高领导人选举后，在大陆的威慑和美国的压力下，陈水扁在“5·20 就职演说”中被迫由原来的“公投制宪”立场上向后退缩，改称所谓“宪政改造”这种较为模糊、中性的新提法，并称“涉及国家主权、领土及统独的议题，不宜出现在此次宪改的范围内”，但是他仅是“以个人名义建议”，并仍坚持要“公投入宪”等，从而为日后打着“深化民主”、“尊重民意”的旗号推翻上述各项承诺、重归“急独”路线埋下了伏笔。而且，在是否要变更“国号”的问题上，陈水扁也没有明确做出说明。“独派”人士心领神会，说：陈水扁在“就职演说”中，“国号并不在负面表列之内，显示他仍努力做到尊重独派人士感受，并未完全排除在宪改过程中讨论国号问题，也为独派人士未来要求正名留下了空间”。[2]

尽管陈水扁的“5·20 就职演说”通篇隐藏着“一边一国”内涵，然而他有关两岸政策的宣示还是受到了一些“急独”派人士如辜宽敏之流的猛烈攻击。于是陈水扁不得不在 5 月 22 日向他们喊话，强调政治“理想应兼顾现实”，并“恳求大家支持政府，支持 5·20 就职演说”。[3]

为了配合陈水扁的“就职演说”，表达缓和发展两岸关系的“善意”和“诚意”，陈水扁连任之后民进党当局向大陆展开了新一轮的“柔性攻势”。“行政院长”游锡堃 5 月 29 日表示，欢迎大陆海协会会长汪道涵访台，声称大家可以“搁置争议”，“甚至可以谈一中议题，内涵和定义，只要对方愿意谈，不限议题、时间，除了台湾之外，中国也可以选择世界上任何地

---

① 王家安：《第一次公投是阿扁第一战略》，台湾《财讯》，2004 年 2 月。
② 台湾《中国时报》，2004 年 5 月 21 日。
③ 台湾《中国时报》，2004 年 5 月 23 日。

方”。不过他又强调说：“搁置争议不是搁置主权争议，因为台湾主权没有争议。”① 可见，民进党当局仍然顽固坚持“台湾是一个主权独立的国家”的“台独”立场，拒绝在“一个中国”的前提下恢复两岸的接触谈判。因此，前国民党的“陆委会主委”苏起指出：游锡堃的喊话“表明台湾不是中国的一部分，与中国的一中定义明显没有交集”。② 事实上，民进党当局的这种表态既是为了应付美国为首的国际社会的压力，同时也为了消除岛内民众的疑惧，并无缓和发展两岸关系的真正诚意。陈水扁自己说得很明白，他说他的两岸政策目标是：“让多数国人满意，美国肯定，国际社会激赏，中共找不到借口”，这和他四年前的说法如出一辙。

2. 民进党大陆政策的特征

大致来说，民进党上台执政后，其大陆政策表现出以下四个方面的主要特征：

（1）坚持“台独”理念，拒不承认“一个中国”。民进党成立之初即已暴露出浓厚的分离倾向，及至 1991 年将“台独”条款纳入党纲，蜕变为货真价实的“台独党”。此后迫于岛内外的政治现实，为了早日谋取执政地位，在党主席许信良、施明德的引领下曾一度进行“台独”策略转型，但实际上“台独”理念始终都被民进党奉为圭臬而不肯放弃。及至许信良退出民进党、林义雄接任党主席，特别是 2000 年陈水扁上台执政后，民进党的“台独”转型也就夭折了。陈水扁全面承袭了李登辉的“两国论”路线，李登辉时代参与两岸决策的重要人物如蔡英文等人，几乎都被陈水扁延揽至麾下。相较之下，民进党当局比之李登辉时代推行“台独”路线愈加变本加厉，这突出表现在对两岸关系重新定位的企图上。

2001 年，陈水扁成立“跨党派小组”，最终达成所谓“三个认知，四个建议”的共识。“三个认知”指：①两岸现状是历史推展演变的结果；②“中华民国”与“中华人民共和国”互不隶属、互不代表；③人民是国家的主体，国家的目的在于保障人民的安全与福祉。“四个建议”是：①依据“中华民国宪法”增进两岸关系，处理两岸争议及回应对岸一个中国的

① 台湾《中国时报》，2004 年 5 月 30 日。

② 东森网，2004 年 7 月 1 日。

主张。②建立新机制或调整现有机制以持续整合岛内各政党及社会各方对“国家发展”与两岸关系之意见。③呼吁大陆尊重“中华民国”国际尊严与生存空间，放弃武力威胁，共商和平协议。④昭告世界，“中华民国政府”与人民坚持和平、民主、繁荣的信念，贡献国际社会；并基于同一信念，以最大诚意与耐心建构两岸新关系。① 在胜选连任后的“5·20 就职演说”中，陈水扁仍然宣称“中华民国在台澎金马存在、台湾在国际社会存在的事实，不容许任何人以任何方式否定”，② 声称在他卸任之前，“一定要给台湾人民留下一部合时、合身、合用的新宪法”，使台湾成为“正常、民主、伟大的国家”云云。上述事实，无不表达了民进党企图改变两岸原有的法律框架、实现“法理台独”的强烈诉求。

（2）在“中华民国”的名义下“借壳上市”，推进“渐进式台独”。民进党上台执政后，按照 1999 年民进党“全代会”通过的《台湾前途决议文》有关条款（“台湾是个主权独立国家，依照目前宪法，名字叫中华民国”），并未丢弃“中华民国”的招牌，只是将推动“台独”由原来的体制外转入了体制内。陈水扁在多个场合一再宣称“中华民国是一个主权独立的国家”。但与此同时，又不断刻意强化“台湾”这一名词的“国家”意涵。扁的重要幕僚邱义仁更是直截了当地说：“台湾已经是独立的国家”，“对我们来讲，这就是现状的维持，一边一国是事实”。③

对于这种情况，杨宪村曾有过论述：“在现时不急于解决台湾定位的策略考量下，民进党或可全盘接受‘中华民国’这块招牌，政权的合法性基础已获得选民投票认可，那就公开使用‘中华民国’名称，政治上模糊回避一中原则，淡化、避谈却坚持‘台独’的立场主张，推行所谓‘不独而独’的政策理念。这种理念主张也符合大多数台湾民众希望维持现状、回避统独对立和统独选择的主流民意。”④ 换言之，民进党保留了“中华民国”的招牌，然后打着“深化民主”和“改革”的旗号，一方面加紧掏空

① www. chinataiwan. org/web/webportal

② 2004 年 5 月 20 日陈水扁“就职演说”，台湾《中国时报》，2004 年 5 月 21 日。

③ 田习如：《独家深度访谈，阿扁头号军师邱义仁》，台湾《财讯》，2003 年第 2 期，第 86 页。

④ 杨宪村、徐博东：《世纪交锋：民进党如何与共产党打交道》，第 75 页。

其中的内容，另方面则不断在里面填充“台独”的质料，最后“中华民国”只剩下空壳，一旦时机成熟，丢掉这块空壳招牌，换成“台湾共和国”的新招牌，“台独”也就大功告成——此即所谓“渐进式台独”。

（3）以大陆政策来区隔政治对手，服务于民进党政治斗争的需要。在政治斗争中，民进党一向很不负责任地把大陆政策当做煽动民粹、动员民众的政治工具来使用，并将统“独”争议用“卖台”还是“爱台”的简单二分法加以区分。对于主张“台独”的绿营，自谓之“爱台湾”；而对于不赞同他们搞“台独”的蓝营，则诬之为“卖台集团”、“中共同路人”等，进而形成了亲、仇二分的政治思考。影响所及，一方面形成了台湾政坛上“只问立场，不问是非”、“非友即敌”的反常现象，政党不断恶斗，“民主”日趋恶质化；另一方面，由于民进党的大陆政策包含有强烈的“本土化”取向，并且以“民主化”、“主体性”的面目出现，极力标榜其“正当性”和“合法化”，取得了部分本省民众的认同与支持。再加上“卖台”、“爱台”的二元区分，因而在台湾造成了“本省人”与“外省人”之间愈来愈严重的隔阂与对立，以及“非我族类，其心必异”的扭曲心态。

对于煽动民粹、族群动员的严重恶果，民进党当然不会不知，但他们上台来饱尝了执政的甜头，缺乏政绩又要保住得来不易的政权。于是民进党不顾一切，饮鸩止渴，把2004年的“总统”选举称为“割喉战”。据民进党机密民调显示，2004年台湾地区最高领导人选举连宋配刚形成时，陈水扁一度落后14个百分点以上。不过在宋楚瑜提出一中议题，并主导大法官提名延审，以及因亲民党“立委”高明见被大陆推荐为出席WHO代表酿成政坛风波之后，双方民调差距缩小到8%，而在抛出“公投”议题后，双方差距更是基本拉平。① 这更加刺激了民进党进一步推行激进的大陆政策。

民进党将大陆政策工具化，利用统“独”议题进行族群动员的做法，反过来也逼迫蓝营在国家认同和台湾前途等重大原则问题上一步步地向绿营妥协。选战初期，泛蓝阵营也曾一度主张回归所谓“一中屋顶”和“九二共识”，借以谋求两岸关系的改善与发展。然而随着选战的不断白热化，被泛绿阵营刻意煽动起来的民粹情绪不断升温，为了保住基本盘不致松动，连

---

① 杨少骐：《设局诱敌，阿扁吞下胜选威而刚》，台湾《新新闻》，第852期，第45页。

宋再也不敢提“一个中国”和“九二共识”了，更遑论“两岸统一”。国、亲两党原本极力反对“公投立法”，后来也被迫转向，放弃了长期坚持的立场。到了选战后期，泛蓝的主要操盘手“立法院长”王金平甚至公然表态未来“不排除独立选项”；而连宋则在竞选造势现场用“亲吻”台湾土地的方式，以表示自己确实“爱台湾”、“认同台湾”。如此形成恶性循环，台湾的国家认同更加混乱，“台独”的空间不断扩大，民进党挟持“民意”对抗大陆、推动分裂中国的大陆政策更加肆无忌惮。

（4）依靠美国，对抗大陆。美国不愿意看到中国的统一和崛起，台湾海峡维持“不战不和、不统不独”的分裂状态最符合美国的利益。于是民进党当局积极配合美国的亚太战略，心甘情愿地充当美国遏制中国的马前卒，并将其作为对抗大陆的重要筹码。民进党当局虽然搞“台独”不遗余力，但是却声称自己“无意改变两岸现状”，甚至连“5·20就职演说”的讲稿也要交由美国事先审查。连任后民进党当局不断向大陆释出所谓“善意”，目的之一就是要寻求美国的肯定和支持。

另一方面，民进党又极力要把美国绑在自己的“台独”战车上。民进党执政期间台湾“行政院”提出了高达6100多亿新台币的军购案，被台湾媒体讥为“交给美国的军事保险”。民进党当局在积极争取加入美国战略防御体系的同时，也在积极寻求和美国签署自由贸易协定，企图全面强化和美国的关系，作为推行“台独”的后盾。

当然，考查陈水扁民进党执政以来的大陆政策特征，并不止上述几点，例如从推动的策略手法上来看，往往依循“先软后硬，软硬兼施”以及“冲突－妥协－进步”的路径，此处不赘。

3. 民进党大陆政策中的经济政策：以“三通”为例

民进党2000年上台以来，面对两岸经济交流不断扩大的现实和岛内外开放“三通”的强大压力，对两岸经贸政策进行了适应性调整，与此相配合的措施有：

（1）部分放宽台商投资大陆的限制。2001年5月30日，台“财政部”公布了岛内银行赴大陆设立办事处的条件，开放台资银行进入大陆。2001年8月，在岛内各界强烈要求开放业者赴大陆投资的情况下，民进党当局邀请多名经济界人士召开“经发会”，得出了“积极开放，有效管理”取代

“戒急用忍”政策的结论，“行政院”11月7日通过“落实大陆投资积极开放有效管理执行计划”，正式为“戒急用忍”政策松绑。2002年2月，“财政部”又发布新规定，局部开放岛内银行与大陆银行进行直接通汇。3月，台当局同意两家“8英寸晶圆厂赴大陆投资案”。2002年9月25日，“行政院”通过“台湾地区与大陆地区人民关系条例部分条文修正草案”，整个“条例”的架构从立法之初的“原则禁止、例外许可”转为“原则许可，例外禁止”，修正范围包括两岸协商、人员往来、两岸通航、经贸交流等各个方面。2003年1月，台“证期会”代“财政部”发布“修正台湾地区与大陆地区证券及期货业务往来许可办法”，开放证券商、证券投资信托事业、证券投资顾问事业、期货业申请直接赴大陆设立办事处，以增强其竞争力，扩大业务范围。2003年10月，台“立法院”通过“两岸关系条例”修正案，将台商登陆投资规范简化为“禁止类”及“一般类”。在开放陆资方面，则准用“外汇条例”，对于两岸直航，则改采“许可管理并行制”，授权行政部门订定管理办法。12月31日，“陆委会”又通过多项“两岸经贸法规”草案，这些法规草案主要内容包括：逐步放宽大陆人士赴台从事商务活动的范围，允许台湾民众携带少量（6000元）人民币进出台湾，台湾可直接引进大陆产业技术，并放宽了引进技术和产业项目的范围，放宽大陆科技人员留台年限，并允许大陆籍专业人士在台银行开户，参加健保，取得居留证。2004年1月2日，台湾“经济部”再次修正“大陆地区从事投资或技术合作审查原则”，对20万美元以下的赴大陆投资案采取事前登记的方式予以放行。但是从整体上说，民进党当局干扰两岸经贸和各项交流的主要障碍没有取消。

（2）放宽对大陆产品的进口限制。台“行政院”2002年1月16日通过决议，开放两岸贸易商直接交易、分阶段扩大开放大陆产品进口、调整大陆产品进口审查机制、强化大陆产品进口防御机制等两岸贸易调整事项。在此指导思想下，台当局宣布，从2月15日起开放大陆农工产品2126项。2月15日，台“经济部”公告，开放2058项大陆产品，如果加上已经开放的大陆产品，开放比例达到7成。2003年8月又开放173种钢产品和数位摄录机等9类产品。投资方面，2003年10月20日，台“立法院”通过的“台湾地区与大陆地区人民关系条例修正案”，准备有限度地开放大陆资金进入岛内投资房地产。但是，民进党当局对大陆产品和资本的开放是有限的，许多大陆有竞争力的产品都被排斥在外，大陆资本进入台湾也仍然存在巨大的障碍。

（3）通航方面。2000 年 10 月 2 日，台“陆委会”完成两岸“小三通”评估及规划方向报告。12 月 11 日，台湾“行政院”审查通过“试办金门、马祖与大陆地区通航实施办法”草案，允许福建省民众可申请到金门、马祖旅游，开放金门 - 厦门、马祖 - 福州的客货直航；开放两地之间的货物贸易等。2001 年 1 月 1 日，福建沿海的厦门港、马尾港与金门、马祖实现“变相海上直航”。此后，民进党当局不断扩大“小三通”的规模和适用范围。2002 年 6 月 19 日，“陆委会”通过提案，开放台湾本岛的“人”与“物”经“小三通”有限度地中转大陆。2004 年 2 月 19 日，台“陆委会”召开会议，通过“两岸关系条例”的四项修正子法，其中之一就是宣布自 3 月 1 日起调整实施金马“小三通”的适用范围，最引人注目的内容是允许在大陆各地的台商通过“小三通”往来两岸，并简化了相关证件手续，还将澎湖的大陆配偶及福建籍荣民及眷属纳入“小三通”的范畴，大大放宽了“小三通”原来的限制。2004 年 9 月 28 日，吴钊燮又宣布，将进一步扩大“小三通”，包括开放岛内大学前往金马开设 EMBA 及推广教育课程，除供台商进修外，并开放福建台企之大陆籍干部前往修课。其次，试办马祖旅台人士透过“小三通”渠道进出大陆。其三，研拟开放两岸专业交流与社会交流得透过“小三通”往来。

除了“小三通”以外，海运方面，根据台湾当局的政策，自 2001 年 8 月 6 日起，两岸试点直航的中转货物可以实行海空联运，大陆货物运抵高雄港后可以通过桃园国际机场转出口至国际市场。2002 年 9 月，台湾当局原则同意对未开放进口的大陆产品准许经由台湾通商口岸转口或转运出口。2003 年 4 月 19 日，台“经济部”公布新修正的“台湾地区与大陆地区贸易许可办法”，准许所有大陆产品经台湾从事三角贸易，转运至他地。在两岸航运界的长期合作中，摸索出了一种“转单不转运”的准直航模式，两岸间接通航只需绕航第三地而不必换船的口岸也不断增加。空运方面，当时两岸连接的主要方式“台澳中转”和“台港中转一机到底”模式已被称为空中的“准直航”。2003 年春节，台湾当局同意在“单向、绕通、特殊方式”

的前提下，开放包机载运大陆地区台商返台过节。

（4）由于台湾当局的阻挠，两岸直航迟迟没有进展。随着两岸经贸交流的持续扩大，“三通”问题越来越触碰到其核心——直航问题，岛内要求直航的呼声也越来越高。因此，2003 年 8 月 13 日，陈水扁向媒体抛出“两岸直航三阶段”说法，宣称两岸直航分“准备、协商、实现”三个阶段，允诺在 2004 年底前推动落实。台“行政院”配合陈水扁的讲话，随即公布了“两岸直航评估报告”，一方面有意制造台当局推动直航的“诚意”，纾缓岛内工商界要求尽快“三通”的压力，另一方面又夸大直航的负面影响并提出大陆无法接受的协商谈判条件，拖延直航进程。2003 年 9 月 25 日，台“陆委会”公布实施“两岸间接货运包机措施”。在没有和大陆协商的情况下要单方面飞大陆，遭到大陆的拒绝。随后，台湾当局又于 2004 年推出了海运方面的“两岸海运便捷化”措施。但是与“两岸间接货运包机便捷化措施”一样，因其有将两岸航线变成国际航线的企图，失去了可行性。此后，台湾当局虽然一再在直航问题上做文章，要求两岸就这一问题进行谈判，但是，陈水扁当局却一再要求，在直航问题上的谈判“不能预设任何立场”，以政治立场阻挠直航谈判，致使两岸在直航问题上的协商一直无法启动。

民进党在两岸“三通”问题上的策略一直是非常清晰的，概括起来主要有以下几个方面的内容：

（1）坚持“一边一国”的政治立场。民进党当局的“三通”政策调整以不危及其政治安全为底线。从民进党当局执政期间所做出的政策调整来看，只限于技术层面而非政治层面。在政治立场上，民进党当局一直相当顽固。陈水扁说，“三通是台湾的最后一张牌，不到最后关头不能轻易打出来。”显而易见，台湾当局所要的是“一边一国”立场下的“三通”和直航，具体表现为：

①在两岸协商问题上坚持公权力介入。陈水扁当局不断向大陆喊话，要求两岸展开“三通”协商，但是对于具体的协商方式则要求必须有两岸“政府对政府”的正式协商，并声称两岸“三通”问题“涉及公权力，不是民间协商可以取代的”。2003 年 10 月，民进党当局确定了“复委托条款”，该条款规定，某些事务性协商“必须由陆委会和主管机关授权”，以此来保

证公权力的介入。[1] 2004 年 7 月 1 日邱太三说，“政府已在修订两岸条例时权衡两岸现状，纳入复委托的弹性方式，三通中的事务性、技术性问题，只要不涉及公权力，我们不排除授权民间团体来谈。但是，任何涉及公权力事项，则都须先经过立法院同意。”

②鼓吹两岸谈判不设前提。陈水扁在 2005 年 8 月 17 日接见工商建研会代表的时候，提出只要将两岸“三通”定位为“两岸航线”，“三通”随时可以通。2005 年 11 月 10 日陈水扁的“十点裁示”抛出后，民进党当局仍是对春节包机坚持“不设政治立场”的谈判原则，致使春节包机波澜迭起。通过这样的手段，民进党当局将两岸协商“不设前提”变成了前提，即要否定祖国大陆所提出的一中前提，在谈判中实现其“一边一国”的主张。

③在民进党内，一直有一种声音，即如果泛绿阵营全面执政，大陆不得不面对这个事实，在立场上可能会向后退缩，寻求妥协的方法来缓解两岸关系的紧张，当然也包括对“现状”的承认。所以陈水扁 2004 年 10 月下旬说，他有信心泛绿年底“立委”选举过半，“加上美国已完成总统大选，两岸在明年或后年将比较有机会复谈，因此，明年春暖花开时候，将有很好的复谈契机，可能会改写两岸关系的历史甚至是创造历史。”“立委”选举以后，泛绿抢攻“立法院”的目标没有达成，但是却没有在“台独”立场上退缩的迹象。12 月 16 日，吴钊燮也因此对记者表示，他对该年的春节包机持比较悲观的态度。[2]

（2）民进党当局采取“政治上阻挠、经济上有限开放”的策略，最大程度获取经济上的利益。执政以来，民进党当局出台过一些允许两岸交流的相关政策和法规，虽然有一定的限制性，但是客观上却使两岸的经贸交流不断扩大。2003 年两岸间接贸易总额一举突破 500 亿美元，祖国大陆首次取代美国成为台湾最大的贸易伙伴。截止到 2004 年 6 月底，两岸累计贸易总额达到 3403 亿美元，祖国大陆是台湾最大的顺差来源和贸易伙伴。在投资方面，截止 2004 年 3 月底，大陆累计批准台资企业 61100 多个，合同利用

① 刘国奋：《陈水扁当局两岸三通政策的调整与策略运用》，《台湾研究》，2004 年第 5 期。

② 台湾中央社，台北 2004 年 12 月 16 日电。

台资723亿美元，实际使用台资372亿美元。台商投资祖国大陆已经遍布各地并形成了珠江三角洲、长江三角洲两个投资集中地，投资规模越来越大，投资领域不断扩大、深入。两岸经济交流的实质性扩大，对台湾的经济发展起到了输血的作用，这也是台湾当局不断放宽局部“三通”之目的所在。

（3）以局部“三通”来缓解社会压力。台湾当局在“三通”问题上的压力来自以下几个方面：①台商的压力。从经济利益来考量，两岸“三通”不通使台商承受了一定程度的损失，他们对台湾当局的“三通”政策早有微词，不管蓝、绿台商均是如此，即使是绿色台商色彩浓厚的许文龙，也是积极鼓吹两岸“三通”。②外资的压力。无论是欧洲商会还是美国商会，均对台湾当局的两岸“三通”政策表现出不耐烦。美国商会会长王吴小珍更是以台湾当局如果不能“三通”，则可能撤资相要挟，这对陈水扁的压力是相当大的。③岛内对台湾经济边缘化的担忧。当前，亚洲经济区域化加速进行，在这个进程中，中国扮演了重要的角色。中国与东盟十国的《中国与东盟全面经济合作框架协议》已经于2003年7月1日生效，东盟与中日韩于2002年底在金边举办第六届“东盟加三”会议，发表共同声明，以13国为成员的“东亚共同体”之合作内容，除了经济、金融合作外，扩及政治、安全、环境、能源、文教等各个方面。2003年中国又与东盟签署了“中国东盟和平与繁荣战略伙伴关系宣言”，“东亚共同体”建构的步伐越来越快。① 而这种政府主导型的区域经济合作组织必然会将台湾排斥在外，在这种背景下，台湾“外交”上难以突破，“南进政策”又屡屡受挫，实质开放“三通”，以大陆为腹地求得经济的发展是其唯一的选择。

在这种情况下，民进党当局通过局部“三通”，一方面获取两岸交流的利益，另一方面则以这种间接的和局部的“三通”，使岛内企业和外资对其“三通”政策留有想象的空间，缓解来自社会的压力。当然，更重要的是还可以避免因全面“三通”而形成的两岸交流扩大对“台独”生存社会基础的威胁，在经济上加强与大陆联系的同时在政治上与大陆渐行渐远。

（4）不断打“善意”牌，欺骗台湾民众，将“三通”不通的责任推给

---

① 林涛、林长华：《台湾与东盟经济关系变化趋势》，《台湾研究集刊》，2004年第3期。

祖国大陆。陈水扁当局在两岸“三通”问题上的重要一招，是不断推出“善意”建议，但是却没有开展谈判的诚意。2002年5月，陈水扁在金门发表“大胆讲话”，表示“三通”是必由之路，要授权民间谈“三通”事宜等等。随后台湾“陆委会”提出要在“强化统合机制、在既有协商经验的基础上，弹性动用民间协助和立法监督”等四个前提，可考虑民间参与协商两岸“三通”事宜。① 但是，在“台独”基本教义派的压力下，陈水扁随即表示“三通不是万灵丹”，全盘否定了前面的立场。陈水扁连任以后，2004年6月中旬，民进党当局提出“如果大陆回到钱其琛立场，可以重启两岸三通谈判”的建议后，6月30日国台办对此做出了正面回应，然而台湾当局立即向后退缩，吴钊燮表示，两岸“三通”谈判“还不到坐下来谈的时候”。随后，台湾当局提出两岸谈判“不应该预设任何政治前提”，即鼓吹“无条件的谈判”。2004年11月，陈水扁在“国安会议”上所作的“十项裁示”中提出，现阶段可以“台港航线协商模式”，立即与对岸就“双向、对飞、不中停第三地”等问题协商货运包机及春节包机的营运，为两岸直航开启契机。随后“陆委会”主委吴钊燮指出，“台港模式”主要有三个层面，并以二十四字作为此模式的内涵，“第一，搁置争议，不设前提；第二，相互尊重，实事求是；第三，政府主导、民间协助。”

但是，陈水扁当局数次抛出的“三通”协商建议均回避了一个中国原则，并要求公权力介入，根本没有实现的可行性。说穿了，民进党当局的做法，主要是想在两岸“三通”问题上和大陆争夺舆论上的战略制高点。即知道大陆不可能放弃立场与之进行“三通”谈判，却仍是坚持“台独”立场不放松，而且将戏演得很逼真，这样做，一方面可以用激进的“台独”立场来取得“台独”基本教义派的支持，另一方面则借此在岛内制造“大陆打压台湾”的舆论，博取同情。所以，一直到民进党下台，在“三通”问题上都无法有实质性的突破。而当国民党上台以后努力推动“三通”时，民进党又不断进行阻挠。及至两岸“三通”实现，民进党依然持“逢中必反”的基本立场。2009年和2010年民进党就两岸ECFA的签署问题进行了多次杯葛，成为两岸交流与合作的重大阻力。

---

① http：//www.fzbz.com.cn/user/sfun/Article_Show.asp？ArticleID=272

4. 影响民进党大陆政策的因素分析

民进党的大陆政策自2000年上台以来几经反复，从开始时的“四不一没有”到后来的“统合论”，再到后来的“一边一国论”，及至2004年最高领导人选举中推动“公投立法”、以3·20“公投”来为日后的“公投制宪”制造法源依据和公投先例等等，使两岸关系再度走向紧张。陈水扁连任以后，迫于各方压力，民进党的激进态度表面上有所收敛，暂时避免了台海的立即危机，但由于陈水扁并未放弃“台独”立场和“台独”路线，在大陆政策上依然采取对抗模式，两岸关系依然严峻，2006年和2007年有几次都将两岸关系推向了战争的边缘。

民进党推行的大陆政策受到多方面因素的制约和影响，总括起来主要有以下几个方面：

（1）台湾社会的政治文化发展对民进党大陆政策的影响。在台湾的政治变迁过程中，台湾社会充斥着一片“出头天”的声音，然而“出头天”之后台湾社会究竟向何处去？绝大多数的民众并不清楚而任由政客们摆布。在这种情况下，真正的民主理念难以找到生存的土壤。前文已经述及，虽然部分有良知的学者呼吁社会理性，可是真正能着力的地方很少。更何况还有一大批的社会精英为了自保而选择“沉默”，甚至还有不少人为了自身的利益“卖身求荣”，投靠新的权贵，为虎作伥，使台湾社会理性缺乏的情况更加严重，对民进党的非理性大陆政策提供了支撑点。这种异化了的“出头天”意识，加上在过去几十年中两岸长期隔绝的情况下，国民党所灌输给台湾民众的“反共”、“恐共”、“仇共”的意识形态根深蒂固，不可能在短期内消除，于是反映到台湾民众的两岸关系认知上，就是对祖国大陆存在着相当程度的疑虑甚至敌意。再加上李登辉执政十二年的刻意误导，特别是民进党上台后一方面利用公权力推行以“去中国化”为基本目标的“文化台独”政策，另一方面又千方百计地加强对大陆进行扭曲性的宣传，逐渐把“一个中国”、“一国两制”、“两岸统一”等一概加以罪恶化、妖魔化，使不少台湾民众对大陆的认识出现了很大的偏差。这些扭曲的概念和意象，通过台湾频繁的选举所展现出的政治社会化功能不断被强化，使得台湾民众很难用理性的态度去审视两岸关系。“由于两岸关系恶化，对中国的仇恨在台湾社会被高度动员，这样的区分渐渐在主流舆论上经常出现，甚至出现在一般人民的工作场所、社交生活。"① 这是民进党能够挟持台湾民意，以强硬的大陆政策骗取相当一部分台湾民众支持的一个重要原因。

（2）民进党大陆政策的变化和民进党选举考量密切相关。民进党大陆政策的变化，在很大程度上"不是取决于两岸关系的实际发展状况，而是根据岛内政治发展的需要而调整"。② 2004 年台湾地区最高领导人选举开跑以后，由于陈水扁当局的政绩乏善可陈，因此支持率远远低于连宋。但是因为 20 世纪 90 年代中期民进党曾因为强烈的"台独"色彩而在选举中遭到沉重的打击，殷鉴不远，陈水扁并不敢贸然挑动统"独"的议题。然而随着形势的发展，民进党却越来越发现"台独"议题所能动员的能量。特别是 2003 年 9 月 6 日李登辉主导下的所谓"台湾正名"运动，其所积聚的人气令民进党为之一振，并成为陈水扁决定挑衅大陆，抛出"急独时间表"，推动"公投立法"、"公投制宪"的重要转折，也因此才会有下达动员令支持 10 月 25 日"公投"大游行的决策。③

（3）岛内"急独"势力对民进党大陆政策的影响。"台独"势力内部并不是铁板一块，应该说，属于"理念性台独"的死硬分子（又称"台独"基本教义派）只是极少数，而绝大部分的"台独"势力都属于"工具性台独"（又称务实"台独"派）。然则"理念性台独"分子人数虽然不多，能量却很大，对民进党大陆政策的影响不能低估。他们以极为激进的立场，主张"唯有建立独立的国家，台湾才有前途"，极力宣传"台独无害论"。④毋庸讳言的是，随着民进党执政四年来台湾话语环境的急速丕变，"急独"势力日趋嚣张，在台湾民众中得到的同情与支持也在缓慢上升。民调显示，在政党轮替三年后，倾向于"台湾独立"的民众上升到 22%。⑤

为了稳固政权，民进党在施政过程中不能不顾及"理念性台独"的情绪。道理很简单：失去"急独"势力的支持就意味着失去相当一部分传统

---

① 陶仪芬：《不恨中国，台湾就没有主体性?》，台湾《新新闻》，第 872 期，第 65 页。

② 范希周：《现阶段民进党大陆政策分析》，《台湾研究集刊》，2002 年第 4 期。

③ 张雁婷：《阿扁直探美中台敏感地带》，台湾《财讯》，2003 年 11 月，第 146 页。

④ 台湾《自由时报》，2004 年 7 月 2 日。

⑤ 唐德中、王安：《中间选民统独倾向评析》，《台湾研究》，2004 年第 1 期。不过这里需要提及的是，"台独"基本教义派的数量远远少于这个数字，根据一般的估算，大致在 10% 以下。

的支持者，民进党政权的社会基础就有动摇之虞，而这也正是陈水扁民进党不会轻易松动“台独”立场、放弃“台独”路线的根本原因之一。

（4）反对势力对民进党大陆政策的强力制衡。与“急独”势力相反，岛内反对势力从“统独光谱”的另一端对陈水扁民进党的大陆政策发挥重要的制衡作用。

所谓“反对势力”，主要是指国、亲、新三个在野党（泛蓝阵营）以及从民进党中分化出来的以许信良为代表的反扁势力，当然，也包括传统的以“中国统一联盟”为代表的“统派”人士等。上述各派虽然在台湾前途、两岸关系定位等许多方面理念并不完全一致，但他们的共同之处是与陈水扁、李登辉有矛盾，程度不同地反对“台独”，主张改善发展两岸关系。这些政治力量对民进党“台独”路线的牵制作用是明显的，2005 年以来连宋访问大陆，开创了两岸关系发展的新篇章，2008 年马英九上台以后推行的两岸和解与强化交流政策，已经对民进党的大陆政策产生了巨大压力。

（5）大陆强大的威慑力是牵制民进党大陆政策的关键因素。毋庸置疑，综合国力日益强大的祖国大陆是“台独”无法逾越的巨大障碍，同时也是牵制陈水扁民进党大陆政策的关键因素。

2004 年陈水扁胜选连任之后，大陆深入总结对台工作的经验教训，在继续坚持“和平统一、一国两制”基本方针和江泽民同志提出的“八项主张”的基础上，适时调整了对台工作重心以及某些不合时宜的具体政策和策略。此后，大陆一方面主动出击，加大了遏制“台独”的强度和力度，对台工作更加扎实有效；另方面继续推动开放两岸“三通”，进一步促进两岸经济文化交流，努力做好争取台湾民众的“民心工程”等等。在大陆的强大压力下，陈水扁的“台独”气焰有所收敛，在 2004 年的“5・20 就职演说”中，陈水扁两岸政策宣示尽管埋下了许多伏笔，但也不得不暂时藏起了他的“急独时间表”。事实证明，“台独”势力毕竟不能为所欲为，陈水扁民进党在制定和推动大陆政策的过程中，不能不把大陆方面的可能反应作为最主要的考虑因素。

（6）美国对台政策的双重影响。民进党一向拒不承认“一个中国”，把大陆政策说成“中国政策”，视大陆政策为其“外交政策”的一部分，积极开拓所谓的“国际生存空间”，宣称“两岸关系与务实外交俱为国家政策的工具，并没有孰轻孰重、孰高孰低之分；为了开拓台湾的生存空间，两岸关系与务实外交互为杠杆”。① 而在“务实外交”中，美国显然是最重要的国家，因为台湾最主要的国际支持来自于美国，而民进党当局的大陆政策自然受美国的影响也就最大也最为关键。总的来说，美国对陈水扁民进党大陆政策的影响具有双重性：既有支持、纵容的一面，同时又有牵制、控制的一面；支持与纵容是因为需要利用“台独”，打“台湾牌”来遏制中国大陆，而牵制与控制则是不能让“台独”走得太快太远，以致引发台海战争把美国拉下水。总的原则是服务于美国的国家利益。关于这方面的问题前文已有述及，这里从略。

① 陈水扁：《台湾之子》，台湾晨星出版有限公司，1999 年，第 121 页。

第五章　简论民进党的价值系统

第一节　民进党的政治伦理观

对政治伦理建构和政治伦理观的研究，自古以来就受到政治家的重视。政治伦理观决定了个人、政治组织（如政党等）甚至社会的价值观和道德观，在最基础的层面上对政治行为产生约束和支配作用。就民进党而言，政治伦理观的变化对该党的发展路径影响很大。

1. 政治伦理与政治伦理观

政治伦理是一个古老的政治哲学命题。政治伦理学的研究题域涉及政治学和伦理学两个学科，属于交叉和边缘学科，其所研究的问题是政治行为和制度中的伦理问题，与政治学和伦理学均有所区别。就政治学而言，主要研究题域是公共权力的形成及运作规律。① 而伦理学的主要研究对象是道德问题。伦理学大致可以被定义为有关善恶、义务的科学，也是道德原则、道德评价和道德行为的科学。它从主客观两个方面对道德现象进行分析归类描述和解释。② 政治伦理学研究依其关注对象的不同，形成了不同的研究取向，一是以政治学视角关注伦理，表现为“政治的伦理论”，即强调政治学研究中必须关注规范层面的研究；二是“伦理的政治论”，这种致思取向倾向于伦理学能为政治学提供目标、方向和方法，期望把伦理精神转化为一种政治理念和政治规范，在政治理论、政治实践中体现伦理追求和伦理的原则、规

---

① 杨光斌：《政治学导论》，中国人民大学出版社，2004 年，第 5 页、14 页。这里的“政治”被定义为“人们围绕公共权力而展开的活动以及政府运用公共权力而进行的资源的权威性分配的过程”。

② ［美］弗兰克·梯利著，何意译：《伦理学导论》，广西师范大学出版社，2002 年，第 7－8 页。

范。① 但是无论是哪一种研究取向，政治伦理学的核心都集中在以下几个方面：政治本身应该体现的价值、政治行为应该遵守的道德规范、政治行为主体应该具有的道德品质等。

政治伦理强调对政治生活和政治行为主体的价值要求和道德要求。从这个意义上说，政治伦理可以简化为一套可以为大众所接受的行为规范。不过，在不同的时代和不同的地区，政治伦理的具体内涵是不一样的。恩格斯说，对同样的或差不多的经济发展阶段来说，道德必然是或多或少地互相一致的。“从动产的私有制发展起来的时候，在一切都存在着这种私有制的社会里，道德戒律一定是共同的：切勿偷盗。”但是，“这个戒律是否因此成为永恒的道德戒律呢？绝对不会。”② 也就是说，不同的社会系统对政治行为主体的伦理要求也是不一样的。总的来说，政治伦理观念的发展和变化总是与该地区的社会、经济和政治发展密切相关，并受制于当时的社会伦理。进而言之，具体时代和特定地区的政治伦理内涵在很大程度上对当时当地社会普遍认同的伦理标准具有从属性，会随着社会伦理标准的变迁而调整。因此，在现代社会，无论是作为整体的政党还是作为个体的政治人物，一旦决定转向民众寻求合法性基础，就必须在政治伦理上符合民众和社会所设定的伦理规范，而他的所有活动，也被要求在这个伦理规范的范围内展开。③ 因此，政治伦理对政治人物产生的可能是看不见的、但却是至关重要的约束和影响。

政治伦理在不同时期的功能是有差异的。在传统社会中，政治伦理更多地呈现出工具理性的特征，即经过统治者的建构与系统化、理论化之后形成一系列的道德规约，对整个社会产生约束作用。在这种背景下，政治伦理是统治者进行政治统治的一个重要手段，也是维持统治合法性的重要基础。例如，在中国历史上长达2000多年的封建社会中形成并发展起来的儒家伦理，

---

① 戴木才：《政治伦理的现代视域》，《哲学动态》，2004年第1期。

② 恩格斯：《反杜林论》，《马克思恩格斯选集（第三卷）》，中央编译局编，人民出版社，1995年，第434－435页。

③ 当然，政治伦理会对社会伦理产生反向的影响，社会伦理与政治伦理何者为先的问题，显然是一个“鸡生蛋、蛋生鸡”的问题。本文无力也无意厘清这个问题。这里所强调者，是特定时代的政治人物其政治伦理观不能超越时代和地区的历史和文化背景。

以其特有的等级观念，成为中国封建社会得以长期维持的精神支柱。也可以说，在传统社会，政治伦理的建构及其运作在相当大程度上是一种驭民之术。进入现代公民社会以后，虽然政治伦理仍具有工具理性特征，但是它已经不是单纯为某个或某些人谋利的工具，也不再主要以“术”、“势”的方式存在。政治伦理在现代社会中既作为手段而存在，也作为目的而存在。它本身就是一种价值，一种值得社会所有成员追求的至高善。① 也就是说，政治伦理在现代社会主要表现为价值理性，这是与传统社会政治伦理的不同之处。

政治伦理观是对政治伦理的基本认知，这种认知同样也是历史的、具体的。恩格斯认为，观念本身是历史的产物，“观念的形成，需要一定的历史条件，而这种历史条件本身又以长期以往的历史为前提。”② 在西方思想史上，从亚里士多德的“共同体（城邦）追求的一定是至善”③，到马基雅维利的“基于自己意志让人感到畏惧的为君之道”④，政治伦理观发生了颠覆性的改变，中国历史上长期以来则是儒家的政治伦理观影响着政治发展进程。但是不管如何变化，政治伦理观作为核心的价值基础，对个体和政治组织的行为都会产生一定的约束作用。总的来说，政治伦理观的功能指向是对政治行为主体进行道德层面的行为约束。根据不同的情况，政治伦理观又可以分为主体伦理观和制度伦理观两个层面。所谓主体伦理观，就是对行为主体的道德期待与道德认知，而制度伦理观则是在制度的设计和执行中倾注的伦理观念。

2. 民进党的政治伦理观

民进党的政治伦理观是民进党据以指引政治行为的内在伦理认知系统，对民进党的政治行为具有重要影响，也是民进党在台湾社会据以营造行为正当性的基础。当然，民进党的政治伦理观并不是所有民进党个体政治伦理观的加总，它体现为群体的伦理观，主要在民进党的群体行为中表现出来。

---

① 戴素芳：《传统家训的伦理之维》，湖南人民出版社，2008 年，第 220 页。

② 同恩格斯前引文，第 448 页。

③ 亚里士多德著，颜一、秦典华等译：《政治学》，中国人民大学出版社，2003 年，第 1 页。

④ Niccolo Machiavelli, The Prince, *The University of Chicago Press*, 1985, p. 68.

概括起来讲，民进党的政治伦理观主要包括如下几个方面的内容：

（1）以“民主”、“清廉”诉求为基础的政治价值观。这是民进党在长期与国民党当局的政治斗争中发展起来的政治价值诉求。在与国民党的斗争中，民进党（早期是党外）利用西方的人权、民主等基本价值观念，以反对国民党专制独裁作为政治动员的基本诉求，得到了不少群众的支持，在推动台湾政治民主化的同时，该党的政治版图也不断扩大。“清廉”是指民进党在政治动员过程中针对国民党的“黑金”问题展开攻击，通过揭露国民党的政治腐败否定其执政的正当性，借以拔高自己的道德高度，争取民众的支持。在相当长的时间内，清廉与民主成为民进党反国民党的主要价值基础。

民主的政治价值观除推动了台湾的民主化进程之外，还对民进党自身的发展产生了重大影响。一方面，在追求程序性民主目标的驱动下，民进党与国民党的斗争逐步由体制外转为体制内，该党“逐渐走出反体制的街头运动，向拥抱数十年的体制外革命路线告别”。[①] 另一方面，民进党在党内的制度设计中，形成了反权威的制度特征。按照民进党党纲规定，在组织上采取了少数服从多数，上级权力组织由下级组织的代表组成，党中央实行常委合议制，而党主席则没有任何特别的权利等原则。这种制度设计在民进党发展初期既成功地阻止了党内独裁的出现，同时又为派系的形成和派系共治局面的形成提供了条件。

民进党上台后，因为党内贪腐现象的增多和权力运作机制的变化，“民主”与“清廉”的政治价值观在政治运作中逐渐遭到破坏。[②] 不过由于这两个诉求的“普世价值”色彩，“民主”和“清廉”的诉求依然会是民进党政治伦理观中的核心部分，不过不同的是，该党会采取对自己有利的方式来重新诠释这些概念。

---

① 郭正亮：《民进党转型之痛》，台湾天下远见股份有限公司，1998 年，第 59 页。

② 民进党在“清廉”的诉求上丧失主动权是显而易见的，这里仅对其“民主”价值的失落略做说明。民进党执政后，该党的基本制度并没有太大的改变，诸如合议制等政治制度还依然存在，但是由于党主席的权威加重，所以制度已经无法像以前那样运作，民进党的民主机制因而遭到较大的破坏。这也说明，制度的功效与其运行的结构环境是密切相关的，结构一旦改变，制度的功能与运作模式均会发生或大或小的改变。

（2）加赋了道德色彩的“主体意识”观。“主体意识”是民进党政治伦理观的一个重要内容，民进党的许多政策和诉求都是在这个基点上展开的，包括族群政策、对“台湾主体意识”的建构等均是如此。民进党以“本土身份”为起点，强调省籍区隔，强调本省人在台湾的主体地位，力图在感情上培养起本省人群体对民进党的认同感。可以看出，在大多数情况下，民进党所讲的“台湾主体意识”其实是“本省人主体意识”，外省人是被排斥在外的。按照民进党的政治设想，只要争取到占台湾人口超过半数的闽南人的支持，就可以形成稳定多数，可以实现民进党的“永续执政”。所以，在族群议题上做文章长期以来一直是民进党的基本策略。① 经过长期灌输之后，“台湾主体意识”现在已经在台湾成为一种较为普遍的意识形态。

民进党“主体意识”观带有强烈的道德色彩。其实，在民进党“台湾主体意识”的政治设计中，本省人身份被先定地加赋了比外省人“更爱台湾”的意涵。所以，不管外省人怎么表示自己“爱台湾”，在民进党的语境中，都无法消除对他们“不爱台湾”和“卖台”的嫌疑。带有道德色彩的“台湾主体意识”，在逻辑上为民进党提供了攻击外省人（有时是祖国大陆）的“道德”正当性，民进党在撕裂族群的时候才敢有恃无恐，因为这种行为总能得到部分绿营民众、尤其是部分本省籍民众的支持。

（3）权力与道德分离的政治道德观。一般来说，对于政党而言，获得权力是其最为重要的目标之一。② 在争夺政治权力的斗争中，如何能够找到道德与权力的平衡点，是政治伦理学一直争论不休的问题。亚里士多德认为政治与伦理是统一的，但是到了马基雅维利那里，政治开始与伦理分离。不过，无论争论多么激烈，显而易见的是，以现实的政治实践来看，要想在政治活动中完全实现理想中的道德目标几乎是不可能的。所以，有的学者认

① 吴乃德：《自由主义和族群认同：搜寻台湾民族主义的意识形态基础》，台湾《台湾政治学刊》，1996年7月。

② 关于政党的定义很多，比较具有代表性的说法有：政党是实现某种主义的团体；是选举的工具，是一种政治权力的组织机构；是人们谋求公职的工具；是人民控制政府的团体；是利益表达和聚合的结构等。见王浦劬：《政治学基础》，北京大学出版社，1995年，第263－264页。但是无论哪种定义，取得权力都是政党的基本目标之一。

为，对于政治而言，很难用一般的道德标准去衡量其行为是否正当。[①] 在民进党的政治伦理观中，这种将政治权力斗争与伦理分离的道德观比较明显。谢长廷就公开说，"如果政治只是要干净的话，那选桌子就好，桌子可以不做事就很干净"。[②] 马永成也认为，政治有其游戏规则，必须"按照规则来玩，看谁玩得高明、玩得好而已，能达到目的就可以了。"[③] 在民进党中，类似这样的认知非常普遍，对处于权力核心的高层人物尤其如此。在平时的政治运作中，民进党将权力与道德分离的原则也贯彻得非常彻底。民进党在初选机制确立以后，有派系和组织依托的政治山头，迅速挤垮了曾经坐过牢或曾经流亡海外的理想派。民进党高层取得名位以后，"利用选票规避受贿贪污的监督，通过名位封赏奴仆家臣"，甚至展示自己玩法弄权之得意的情况屡见不鲜。[④] 而在诸多高层人物贪腐问题东窗事发之后，民进党不但不愿进行道德反省，甚至还有人提出"为什么国民党在台上的时候可以贪，到了我却不可以"之类的反诘，就非常典型地反映出民进党政治与道德分离的政治道德观。

（4）寡头侍从体制[⑤]下的人际伦理观。民进党发展和执政的过程中形成的寡头侍从体制，对民进党的人际伦理观影响很大。这其实是在中国传统"人情"文化背景下形成的人际关系模式，在民进党政治伦理观上的直接反映。在民进党的权力运作过程中，特别是该党上台以后，建立起了以政治资源分配为基本联结纽带的人际关系模式。民进党内的诸多高层人物拜当权者所赐获得政治资源，在政治结构上对赐予者具有依附性；他们又成为"次级寡头"，成为"子弟兵"的赐予者。依序递进，形成了金字塔式的人际关系网络。通俗的说，这些侍从者欠政治寡头"人情"，而这个"人情"会带

① 祖旭华：《政治人物与道德：政治黑手的两难》，台湾思想编委会编：《民主社会如何可能?》，台湾联经出版事业股份有限公司，2009 年。

② 同祖旭华前引文。

③ 何荣幸：《学运世代——众声喧哗的十年》，台湾时报文化出版企业股份有限公司，2001 年，第 43 页。

④ 石之瑜：《台独与道德》，台湾海峡学术出版社，2005 年，第 92 - 93 页。

⑤ 此处的"寡头侍从体制"系指以行政权力职位和政治资源的分配为手段，换取政治人物向寡头统治者效忠的政治运作模式。见陈星：《论民进党新世代的接班困境》，《台湾研究》，2007 年第 6 期。

来沉重的道德压力，直接影响了民进党内对“何为正当”之道德判断标准的认知。

第二节 “台独”论述与民进党的价值系统

1. “台独”运动对民进党政治伦理观的影响

民进党的政治伦理观并不是一成不变的，在该党发展的不同时期，政治伦理观呈现出的基本样态是有差异的。在民进党成立初期以及更早的党外时期，民进党政治伦理观的主要诉求重点是“民主”和“清廉”、“本土”等价值论述。执政以后，民进党较为强调对“本土”等价值进行改造。及至贪腐案件东窗事发后，又不断提及“转型正义”等价值诉求，以求脱困。可以看出，民进党政治伦理观的变化与该伦理观的化成语境密切相关，政治伦理观表述重点则与该党的具体需求有关。在民进党政治伦理观的变化过程中，“台独”运动产生的影响是明显的，解析“台独”运动与政治伦理观的关系，是解读民进党政治伦理观的关键节点。

“台独”理论和实践对民进党的政治伦理观的影响，主要在于将“台独”诉求泛道德化，并以此作为民进党政治伦理观的一部分。民进党在建立之前和建立之后比较短的一段时间内，并不主要以“台独”口号进行政治动员，而是以反国民党当局作为号召。至于“台独”立场逐渐明确，则经历了建党以后逐步发展的过程。在“台独”理论建构过程中，“独派”学者将台湾独立的诉求与西方传统价值如民主、人权等观念扭结到一起，并宣称将其作为“台独”理论的基本价值基础，从而发展出类似“台湾民族论”、“外来政权论”、“主权自决论”等“台独”理论。① 经过这个建构的过程，“台独”理论其实是以“民主”和“人权”的价值面目出现在台湾民众面前，它不仅是一项政治诉求，同时也具备了道德诉求的色彩。

另一方面，民进党在政治动员过程中，将“台独”诉求与“本土”身

---

① 相关理论主要见于以下著作：施正锋：《台湾民族主义》，台湾前卫出版社，2003 年；张京媛：《后殖民理论与文化认同》，台湾麦田出版，1995 年；庄万寿主编：《台湾独立的理论与历史》，台湾前卫出版社，2002 年。

份认同结合起来，为“本土”身份加赋了道德色彩。于是，以前主要应用于人类学和社会学理论分析的“本土”概念被加赋了政治和道德意涵。这种伦理建构主要体现在“台湾主体意识”① 的想象及其与台湾“主权”的连接上。民进党主席蔡英文认为，“台湾主体意识已经成为这个社会的共识”，可以用包容性的本土观与主权联结，在包容性的本土观下，台湾是一个生命共同体，“这个生命共同体的主权是我们自己的。”②“台独”理论家刻意忽略两岸在历史上与在现实法理上的主权联接，以“本土”认同的情感方面为基本支撑点，将“认同台湾”与“维护台湾的主权”等同起来，将对台湾的情感认同与对中国的感情认同对立起来，并通过政治社会化活动不断向民众灌输，为“台独”理论和实践寻求道德的正当性基础。在这种情况下，“台独”理论由于杂糅了“本土”的情感、民主价值的成分而变得越来越复杂。民进党通过这个过程，力求达到将“台独”诉求道德化的目标，并将这种重新建构的道德和价值诉求，作为其政治伦理观的重要组成部分。

从逻辑上说，民进党的政治伦理观的各个部分其实是相互冲突的。“民主”作为一种伦理关怀来说显然比“本土”有更为普遍的道德正当性，而“本土”则主要强调对自己所属族群的道德关怀。这两者本来是不矛盾的，但是问题在于民进党将“台独”等同于“民主”与“本土”，并将“本土”垄断性地解释为本省人的专利，③ 从而将外省人置于“非本土”的地位，并想当然地认为本省人自然更爱台湾，从而使外省人不得不经常遭受“是否受台湾”的道德质问。在这样的逻辑预设下，不支持“台独”的民众不管是本省籍还是外省籍，也经常被定性为“不爱台湾”，必须要遭受来自民进党的“道德”拷问。这也是民进党政治伦理观中非常吊诡的一个面向：“民

---

① 关于“台湾主体意识”的概念非常复杂，不同的政治势力有不同的解读。本文限于篇幅，无法进行详细论述。一般来说，持“台独”态度的学者和政治势力一度提出的“台湾生命共同体”、“新台湾主义”等口号，均是要培养“台湾主体意识”，即“经由全民意志所凝聚的国家生命共同体意识”。见黄嘉树：《两岸风云冷眼观》，言实出版社，1997 年，第 307 页。

② 蔡英文：《以新本土观捍卫台湾》，台湾《中国时报》，2009 年 3 月 22 日。

③ 一些“台独”理论家不是这种解释，如施正锋、陈芳明等。施正锋就认为，台湾如果要独立，一定要得到绝大多数人的支持，其中包括本省人和外省人。但是他们不是泛绿阵营的主流，也不能阻止民进党政治人物进行族群和身份认同的政治操作。

主”的价值诉求下产生的却是强烈的“道德压迫”和对不同政见的不尊重，而这一切均肇祸于将“台独”诉求泛道德化。

“台独”诉求的泛道德化使以“台独”为中心的政治伦理在民进党那里具备了高于社会伦理和制度伦理的地位，即为了“台独”的实现，可以牺牲社会伦理与制度伦理。也就是说，“台独”被当做民进党生命当中最根本的价值。“任何影响台独前途的法律都是不道德的，为了法律的某些规定而调整台独，被视为是犯了本末倒置的错误”。至于制度伦理更是遭到民进党漠视。台湾学者石之瑜认为，“人们之所以感到台湾民主不能步入常轨，是因为台湾政治人物似乎带头违法乱纪，毫无顾忌，以至从任何法条几乎都可得出任何符合主事者偏好的解释，法律遭政治化的情况达到空前，法制规范失其基础。”① 另一方面，一旦民进党在道德上遭遇困境，就会以“台独”为避难所，躲避来自社会伦理和制度伦理的拷问。陈水扁在贪腐弊案被揭露出来后，就一度辩称这些钱是供“台独建国”的基金，非常典型地反映出“台独”势力将“台独”道德凌驾于制度伦理之上的思维。

民进党的“台独”政治伦理观也为该党你死我活式的政治斗争模式提供了道德支持。在民进党与泛蓝的选举斗争中，经常可以看到类似“割喉割到断”的血淋淋宣示，而在面对祖国大陆时，也不时出现高强度对抗的场景。民进党面对泛蓝时强调“本省人”的身份，强调“本省人”对于“外省人”在政治道德上的天然优越性；而在面对祖国大陆时，民进党则又强调“台湾人”的“主体意识”，即将“台湾人”作为一个整体与大陆的区隔，强调“台湾人”对于大陆的“主体性”。民进党这种做法的目的，无非是在面对泛蓝时保持“爱台湾”的道德高度，而面对大陆时，则挟持着泛蓝，以“主体性”诉求寻求“台独”运动和与大陆对抗的“正当性”。所以，从民进党的政治操作中，可以看出，民进党对付大陆与对付泛蓝时所依据的都是敌我矛盾的基本逻辑。所以，“独”派政客在台南推倒张铭清和泛绿支持者在街上追打泛蓝支持者，虽然表现形式不一样，但是背后所依循的逻辑都是一样的，都同样能得到“台独”基本教义派的喝彩。

由于民进党政治伦理观自身的内部冲突及其与台湾社会伦理的矛盾，在

① 石之瑜前引书，第79－80页。

民进党的政治行为中，民主与“台独”、“本土化”与“台湾人民福祉”等范畴之间何者为目的、何者为手段早已经是模糊不清，以“台独”理论为基本支撑的政治伦理观也成为民进党纵容执政者政治操守沉沦的根源。而政治人物的败德，又反过来破坏了民主与清廉的价值，在整体上削弱了“台独”理论的正当性基础。同时，寡头侍从体制下形成的人际伦理观又阻止了民进党对政治伦理观进行检讨。所以说，民进党的政治伦理观，已经与台湾的社会伦理观和全球民主化过程中应有的价值伦理相去甚远。

民进党的政治伦理观经历了长期的形成过程。该党的政治伦理观已经给民进党带来诸多深层次的困境，诸如价值流失、道德失范等。从根本上说，民进党的政治伦理观过度强调“台独”的道德性，漠视制度伦理，甚至与台湾的社会伦理也产生了尖锐的冲突，这是导致民进党深陷道德困境的重要原因。鲍曼认为，道德认同是指个人的行为中不仅要接受一个在一份规范目录意义上的，由各种单一、彼此孤立的规范组成的，补充性的规范集的约束，而且其个人规范也是具有内在联系的规范秩序的组成部分，该规范秩序既包括了具体的和特定的行为规范，也包括了作为“基础规范”的特定的普遍原则。① 这个原则对群体的道德认同同样适用。英国思想家休谟也说，如果我们发现任何根据现象而采纳的虚妄意见在流行，只要更进一步的观念和更健全的推理给予我们关于人类事务更合理的概念，我们就将收回我们最初的情感，重新调整道德的善和恶的概念。② 易言之，无论是政党还是政治人物个体的政治伦理观，均不能超越社会伦理的“基础规范”而存在。因此，民进党如何处理矛盾重重的政治伦理观，是该党未来发展面临的一个挑战。

2. 组党以来的价值诉求变迁

自2005年高捷弊案爆发以来，陈水扁及亲信所涉及的一系列丑闻不断浮出水面，让民众震惊之余，民进党对贪腐的集体失语与对陈水扁的极力袒护，更是多为诟病。这些事件引发的思考是：民进党在二十年的发展中，发

---

① ［德］米歇尔·鲍曼著，肖君等译：《道德的市场》，中国社会科学出版社，2003年，第487页。

② ［英］休谟著，曾小平译：《道德原则研究》，商务印书馆，2001年，第32页。

生了哪些重大变化，使得一个一贯以“清廉”、“民主”自居的政党落入如此尴尬的泥淖之中难以自拔？

上文已经提到，民进党在发展过程中，一直标举着“清廉”、“民主”、“本土”的旗帜进行政治动员。但是二十年的发展历程展现出与民进党道德宣示截然不同的结果。民进党的各个核心价值要么不断流失，要么出现了相当大程度的异化。

2000年以前，民进党鼓吹“政治清廉”最为卖力，其在2000年的台湾地区最高领导人选举中，更是将“反黑金”作为竞选文宣的主打议题，极力突显“清廉、改革”的形象。但是在民进党上台后的短短几年时间内，陈水扁当局的“黑金化”程度比之国民党时期有过之而无不及，速度则远远超过了国民党。从后来爆出的弊案来看，牵涉数额触目惊心，寻租手法匪夷所思，在在显示民进党所谓的“清廉”诉求已经基本破产，其所蕴含的道德约束力在陈水扁身上已经荡然无存。

同时，民进党的另外两个核心价值“民主”和“本土”则扭结在一起，以异化的方式表现出来。民进党一贯以“本土政党”自居，族群动员是其政治动员的主要手段之一。为了达到胜选的目的，民进党割裂台湾社会，扩大原本并不明显的族群隔阂，制造族群的对立与对抗。结果，本土化的价值被狭隘的族群意识所取代，成为打击异己的工具。

民进党的民主诉求也已经和民主的终极价值关怀南辕北辙。民进党组党初期，其诉求主要是反对国民党的专制统治，改变本省人在整个权力分配体制中边缘化的局面，所以其民主诉求在当时尚具有普遍关怀的意涵。但是在经过了李登辉十二年的操作，特别是2000年民进党上台后，外省人在台湾的政治舞台上已经边缘化。在这种情况下，民进党的民主诉求没有向实践民主普世价值的方向转化，即加强对“人”的观照，反而蜕化成为维护权力的工具。最典型的例子是：民间因陈水扁的贪腐问题而要求其下台的呼声甚高，但扁却坚持一定要做到底，并以“阿扁是台湾过半数人选出来的总统”作为挡箭牌。

民进党核心价值的流失在客观上对民进党形成了筛选机制，一批坚持基本价值的核心人物，如许信良、施明德、林义雄等先后退出民进党，从而加快了民进党世俗化的速度。这一趋势又反向加速了民进党的核心价值流失。

2006年的“倒扁运动”对民进党来说是一次痛苦的抉择。民进党在“本土”和道德之间选择了前者。在民主价值和清廉诉求逐渐被剥离后，民进党现在只能固守具有强烈“台独”意涵的“本土化”诉求。但是“本土化”诉求经过贪腐问题的冲击后，道德动员力已经明显下降。如何重建价值的问题，成为民进党发展的一大瓶颈。

民进党组党二十年来，不断建构“本土化”论述。在某种程度上来说，民进党是“本土”论述的最大获益者，但是也因此而形成了民进党发展的另一个瓶颈。

本土认同本来无可厚非，但是台湾的非正常之处在于“本土认同”在部分政客的炒作下取代了国家认同。民进党利用“本土认同”的建构，以“爱台湾”与“不爱台湾”的简单二分动员起了泛绿民众纯朴的情感支持，使民进党的发展空间不断扩大。可以说，民进党真正能动员起泛绿民众的口号是“本土”，而不是“台独”，虽然两者有极强的关联性。

但是，成也萧何，败也萧何。经过民进党“本土性建构”之长期、有差别的价值观念引导，台湾社会的历史记忆已经被刻意地筛选和过滤。同时，经过无数次选举的政治社会化作用，台湾民众、特别是泛绿民众，对若干政治问题已经有了无须反省的刻板认知。于是在民进党与基本支持者之间形成了互相绑架的局面，进而形成了共犯结构。对泛绿民众来说，陈水扁已经不单纯是一个执政者，而是“本土”政治的一个符号，是已经超越了政治道德而必须维护的政治图腾。这种结构是影响民进党自身反省和内部政治生态调整的最大阻碍力量。

可以看到，在2005年以来弊案与罢免的惊涛骇浪里，陈水扁诉求的重点也主要是“本土性”和与此相对应的“台湾主体性”。这传达出的政治信息是，陈水扁对民进党长期以来“本土性”建构的信心和对“本土性”理念的依赖。在“本土”认同的护卫下，甚至绿营大老如施明德者也失去了对“本土”政权批判的正当性。从国民党发动的“罢免案”到泛绿阵营中亲绿学者的“倒扁”运动，再到施明德“倒扁”号召，这些追求社会正义与政治清明的运动，均遭到来自泛绿阵营的猛烈攻击。就形势而论，无论是谁，都难以有效掌控对民进党批判的话语权。深绿选民的“本土”认同形成了一个厚厚的硬壳，成为陈水扁和民进党在关键时刻的避难所。

在民进党的发展过程中，“本土”认同经过包装，成为“台独”路线的外显形式。民进党所追求的“本土化”，是以排除大陆13亿人民对台湾的主权为基本前提，以“公投”的形式民主为基本诉求，目标是实现台湾独立。这是民进党在“台独”转型问题上屡兴屡废的根本原因，而且，所谓民进党的“台独”转型，也并不是放弃“台独”路线，只是在如何实现“台独”的问题上有所调整而已。所以说，“本土化”论述的建构是影响两岸关系和台湾政局发展的暗流，更是民进党作茧自缚、限制其政策调整的重要因素。

第六章　在贪腐阴影中沉浮

第一节　风雨已来：2006 年的民进党

2006 年对民进党来说是备受煎熬的一年。2005 年以来爆发的弊案风波，在 2006 年进一步发酵，给民进党造成巨大的冲击。在野的泛蓝阵营借此掀起持续不断的“倒扁”攻势，不少泛绿大老则怀着对民进党振衰起弊的责任感，或与陈水扁切割，或者干脆发起了声势浩大的“倒扁”浪潮。虽然陈水扁最后有惊无险地渡过难关，但是弊案风波已经对民进党的发展产生了很大的影响；随着 2008 年的临近，在“总统候选人”尚未确定的情况下，民进党内部的卡位斗争在弊案风波催化下变得更加激烈；同时，民进党政经分离的二元大陆政策又有发展。陈水扁不断在大陆政策上向激进“台独”的方向推进，而苏贞昌却继续对两岸关系进行小幅和有限度的开放；2006 年底的北高市长选举结果，特别是高雄市长选举的胜利对民进党暂时纾缓压力产生了一定的效果，但从长期来看，对该党的发展却未必是好事。

1. 党、政互动模式的调整与变化

在弊案的冲击下，民进党的党、政互动模式悄然发生变化。自 2001 年以来，民进党的党政关系一直是沿着“以党辅政”的方向向前推展。2002 年陈水扁兼任党主席的“党务改造”更是强化了这一趋势，决策中心越来越向“总统府”靠拢。民进党中央在整个党政系统中的地位相当低。有台湾媒体评论说，“检视民进党现行中常会的结构，在民意正当性上恐怕比行政、立法间的党政协调机制还要低许多。”① 在陈水扁兼任党主席的情况下，“党主席只剩象征意义，党内上下都以总统一人为依归”。② 也就是说，“党

① 台湾《中国时报》，2006 年 7 月 22 日。
② 台湾《中国时报》，2006 年 7 月 26 日。

务改造”的结果就是陈水扁以“总统”的身份加强了对党中央的控制。尽管2004年陈水扁因“立委”选举没有达到过半目标而辞去党主席职务，但是他对党务系统的控制却没有放松。2005年以来，虽然在弊案冲击下，陈水扁的政治权威开始弱化，但是党、政关系的基本结构并没有发生太大改变。

2005年底民进党县市长选举惨败之后，党主席苏贞昌辞职以示负责。2006年1月中旬，民进党进行了第二次党主席补选。这次选举的投票率仅有19.96%，不到两成。亲陈水扁的游锡堃战胜林义雄支持的翁金珠和“独派”大老蔡同荣，获25397票，以54.44%的过半得票率出任党主席。这说明陈水扁对党机器的控制仍然相当强固。

为了纾缓弊案带来的压力，5月31日，陈水扁召开“党政高层会议”宣称，经过“反省、彻底思考”，决定“除了宪法赋予总统职权外，其余党政权力彻底下放、完全交付”。他未来将“不涉入任何党务运作、亦不参与选举活动”。这一举动一度被认为是民进党党政关系发展的一个重要转折点。此后，党主席游锡堃曾提出了“党政合议”的建议，企图建立“集体领导体制”。7月22日，民进党“全代会”粉墨登场，党务系统主导联署发表“让改革力量启动”的联合声明，并提案重新架构制度化的集体领导，推动“修宪”恢复“阁揆同意权”。党务系统在“全代会”前后围绕着党政关系架构的各种设想，是民进党在陈水扁的政治权威开始弱化的情况下调整党政关系、加强党中央在决策系统中的位阶之大胆尝试。但是“全代会”的结果却再一次说明，民进党中央根本无力扭转自身对“总统府”的依附地位。有关集体领导机制的问题不了了之，而派系解散案闯关成功反倒加强了扁对民进党的控制。

在整个2006年的政治惊涛骇浪里，民进党中央一直扮演了“总统府”“保皇中心”的角色，形成了扁的基本支持结构。2006年由国民党提出的几次“总统罢免案”，均是因为民进党“立委”集体抵制而流产；民进党前主席施明德发动的百万人“倒扁”运动，也没能把陈水扁拉下台来，随着运动力量不断耗散，“倒扁”运动最后注定无果而终。而且，在“倒扁运动”中，民进党部分“立委”展开了对施的全面攻击，而民进党中央并没有制止；将近年底时发生的民进党重量级“立委”林浊水和李文忠辞去“立委”

职务以及李远哲发表呼吁陈水扁“慎重考虑去留”的公开信等事件，也都没有改变民进党对陈水扁的支持。相反，通过“倒扁运动”的压力，民进党中央对“总统府”的支持反而得到了强化。

民进党党政关系演变至此，概括起来说主要原因有以下几点：

（1）由于距离2008“总统”选举尚有一段时日，民进党的“总统候选人”产生前，党内难以形成新的权力中心。在这种情况下，陈水扁能够维持党内对自己有利的权力平衡。陈水扁通过“下放”若干权力的方法，与苏贞昌达成妥协，并取得以党主席游锡堃为首的民进党高层的支持。就基本权力结构而言，陈水扁的支持结构是相对稳定的。而在高层已经表态“挺扁”的情况下，民进党基层根本不能形成“倒扁”的共识，更遑论形成有效的“倒扁”动员。

（2）民进党执政六年来，陈水扁与民进党一直是捆绑在一起的，民众对扁的态度在很大程度上已经内化为对民进党的态度。骤然与扁进行切割，对民进党形象的挽回有多大作用，党内高层一直存在着相当的疑问。另外，从现实角度考虑，在体制内的检调与司法手段尚不能办到陈水扁以及美国并没有表态“倒扁”之前，党内如果贸然发动“倒扁”，将会引起混乱和内斗，未蒙其利，先受其害，这是民进党所不愿看到的。

（3）“挺扁”最力的王世坚、王幸男、林国庆等人，大都来自深绿选区，“保扁”行动充满着自身利益的考量。趁机造势，拉抬自己的地位，哗众而取“台独”基本教义派之宠，争取在未来的选举中有更大的发展空间是其最基本的出发点。这批人数量不多，但能量很大，在一定程度上挟持了民进党，使得理性的声音难以顺畅表达。

（4）部分“台独”大老们对一个跛脚的陈水扁还是心存期待，希望利用对陈水扁的支持来换取其在“台独”立场上有所突破。所以，“台独”基本教义派早已将“护扁”与“护台湾”等同起来。与此相呼应，民进党也将“倒扁”行动定调为“倒台湾”行为，即按照民进党一贯的思维模式，将陈水扁与“台湾”、“本土政权”捆绑在一起。于是，本来是因陈水扁及其心腹的政治操守问题而引发的“倒扁”运动，却被人为地歪曲成一场蓝绿之争，再次回到蓝绿对抗的恶性循环。

2. 权力斗争与党内政治生态的改变

2006年民进党内权力斗争基本上还是围绕着谁能代表民进党出战2008年最高领导人选举这个中心。1月19日，陈水扁召开记者会，宣布苏贞昌取代谢长廷出任“行政院长”，意味着民进党内的权力斗争进入了一个新的阶段。苏贞昌在失去了党权之后，却取得了行政资源，有了争取2008年出线的平台。再加上苏贞昌得到新潮流系的支持，所以优势相当明显。而谢则失去了所有的官职，舞台渐失。5月底陈水扁“权力下放”后，苏贞昌的声势进一步向上拉抬，民进党的权力斗争也进一步激化。扁明言将“宪法”赋予“总统”以外的权力下放给“行政院长”，虽然这种放权最后证明只是陈水扁的缓兵之计，但是却使苏贞昌俨然成为民进党“实质接班人”。这一举动同时也“架空”了吕秀莲，更将毫无官职的谢长廷全然排除在形势之外。而苏在扁“放权”后也积极展示了企图心。按照亲扁人士的话说，此后“行政院”处理各项人事，从来不事前照会，都是事后告知。而且，在弊案不断延烧的情况下，苏又不断做出与扁区隔的动作。最让扁觉得脊背发凉的是苏贞昌对与扁关系密切的中信金、台新金的查抄，带有明显清算二次金改的意味。①

苏的声势上升引起其他各个“天王”的危机感，他们各出奇招，强化自身的政治地位。吕秀莲提出所谓的“蓝海战略”，要与王金平联手邀请朝野五大政党领袖，与正副“总统”和现任四“院”“院长”聚头喝“蓝海咖啡”，针对时局共商对策。继而，针对越烧越旺的弊案问题，吕也不时提出对扁的批评，以显示与贪腐切割的态度；谢长廷则发起“新台湾运动”，以宣布“走自己的路”的方式，暗示自己在“总统”候选人的争夺中还没有出局；游锡堃则将自己涂上铁杆“保皇派”的色彩，与陈水扁捆绑在一起，希望能在“总统”候选人的争夺中得到扁的支持。尽管如此，其他三位“天王”还是没有办法和苏的声势相比。

民进党内权力斗争的阶段性结果通过7月份召开的“全代会”固定下来。在这次会议中，各方经过激烈的角逐，形成新的权力核心。如果依传统派系分布来划分的话，中执委的分布态势如下：苏系当选五席：吴秉叡、林

---

① 台湾《中国时报》，2006年10月20日。

锡耀、许金钝、萧美琴、曹启鸿；新系五席：杨秋兴、刘世芳、段宜康、柯金德、颜晓菁；“绿色友谊联机”六席：陈胜宏、黄昹秀、林美玲、黄露慧、何明杰、黄庆林。谢系四席：谢长廷、李俊毅、林耀文、管碧玲。正义联机七席：余政宪、陈明文、黄昭辉、邱议莹、陈水涂、沈国荣、叶菊兰。中常委部分，分别为：苏系的吴秉叡，新系的杨秋兴、刘世芳，“绿色友谊联机”的陈胜宏、黄庆林，正义联机支持的余政宪、陈明文及叶菊兰，“主流联盟”蔡同荣及谢系的谢长廷。再加上五席当然中常委：游锡堃、吕秀莲、苏贞昌、陈唐山及柯建铭，组成了民进党最新的权力结构。在这次权力改组中，苏贞昌在与原来比较友好的新系之外，又将政治联盟的范围扩及党员大户“绿色友谊联机”，使实力进一步得到了扩充，掌握了过半的中执委席次和中常委席次，在对党权的控制上占据了相当的优势。

在年底的北高市长选举中，民进党内的权力斗争再次引爆。各大天王亲自操盘，介入选举甚深，甚至有以权力分配政治来取代党内民主程序、改变党内精英甄补方式的趋势。

北市由于是传统的蓝军的大本营，而且民进党在弊案冲击下士气低落，从而使得2006年的北市选举只能是以卵击石。陈水扁出于权力平衡的需要，力挺谢长廷，而对此前有意参选的沈富雄进行强力劝退。对沈富雄的围堵先是发动基层连署劝退，继而，在开放初选之后，陈水扁又强力介入，最后逼得沈富雄黯然而退。沈富雄而外，民进党的资深大老尤清也被劝退。但是谢却不愿甘当炮灰，以参选台北市长为条件，力拱高雄市代市长叶菊兰出战高雄市长选举，以抗衡陈菊以及陈菊所属新潮流系支持的政治明星苏贞昌。可以说，台北市长候选人的产生本身就是扁谢、扁苏、苏谢之间全面较量的结果。

高雄市的斗争远比台北激烈。谢长廷先是派出嫡系人马管碧玲参选高雄市长，与陈菊抗衡。但是无论是资历还是经验，管都无法与陈菊竞争，尽管有谢长廷在高雄长期经营的人脉支持，仍难以保证管碧玲能胜出。在这种情况下，谢长廷又将目光转向叶菊兰，企图借助于叶的清廉形象与现任市长的行政资源的优势来抗衡陈菊。为了达到这个目的，在初选登记已过的情况下，谢长廷甚至不惜策划越过所有既定制度和程序，推动民调取代初选，完全舍弃党员投票，而完全以民调决胜负。谢本来是寄希望于叶的民间声望击败陈菊，牵制苏贞昌。最后这些操作因为反弹过大而没有成功，但是谢苏之间斗争的激烈已经可见一斑。

民进党内权力斗争激烈，但是谁也不能占据绝对优势。即使是声势最盛的苏贞昌也不例外。陈水扁还依然控制整个权力大盘。这样的平衡局面对扁是最有利的，他成功地使民进党四大天王都成为“保皇派”。9 月 30 日，在民进党的二十周年党庆晚会上，四大天王聚齐全力挺扁，并为陷入低迷已久的民进党拉抬声势，从而使曾任党主席的“倒扁”总指挥施明德不得不喟叹“民进党竟然堕落至此，党庆已沦为‘保皇大会’”。①

3. 大陆政策：政经二元分离政策的发展与深化

民进党的大陆政策在苏贞昌上台后出现了若干变化，政治与经济的二元分离政策进一步得到了贯彻。具体来说，就是陈水扁不断推动“台独”路线，继续在“宪改”等问题上做文章，宣称“一边一国”，使两岸关系保持适度紧张；而与此同时，苏贞昌则在两岸交流方面做出了开放的姿态，在两岸交流方面继续做出小步幅开放。

2006 年甫一开始，陈水扁就在“元旦文告”中表示要推动“新宪公投”和紧缩两岸经贸政策，将原来“积极开放、有效管理”的政策，改变为“积极管理、有效开放”，从政治和经济两大层面全面冲击渐趋稳定的海峡两岸关系。随后，在大年初一陈水扁又提出年内的三项“法理台独”诉求：认真思考废除“国统会”及“国统纲领”的适当时机；认真考虑以台湾为名称重新申请加入联合国；将“台湾新宪法”定稿，并于明年举办“新宪公投”。陈水扁在两岸问题上的表态引发了两岸民众的关切和美国的反弹。尽管如此，陈水扁仍逆势操作，在 2 月 27 日台湾当局召开的“国家安全会议”上，宣布终止“国统会”的运作。这是扁以实际行动系统推翻其“四不一没有”承诺的开始。

9 月 24 日，陈水扁在民进党“宪政改造研讨会”中再度抛出“准制宪”议题。他宣称，现行“宪法”中以“固有疆域”来界定领土范围，“已对现实问题产生冲击”，对于这个问题，“应该认真思考，予以必要的处理”。在陈水扁的支持下，民进党中央也准备于 10 月 4 日向中执会提出触及

① 台湾《中国时报》，2006 年 10 月 1 日。

更改“国号”以及“领土”的“台湾新宪”版本，后因引发了美国国务院的强烈反弹而胎死腹中。

10月15日，陈水扁出席“独派”大老辜宽敏八十寿宴时，引用辜宽敏曾经提过的“第二共和”之说，表示“希望大家用以共同思考如何建立台湾人自己国家的途径”。① 10月17日，媒体则传出民进党内部有所谓核心人士透露，“第二共和宪法”模式的“修宪版本”拟将冻结“宪法总纲”，搁置主权争议的部分，而另在“宪法”前言阐述现况，“说明未来在哪些条件下，恢复适用原本宪法总纲的条文”。② 说穿了，这种方式其实就是“冻宪”，陈水扁企图通过这种方式来完成“新宪”的创制。但是这个议案成功的可能性也极小，即使是辜宽敏本人，也认为在陈水扁任内根本无法完成这个任务。③

陈水扁明知“新宪”的创制基本上是不可能的，但还是一次次冲撞这个底线，其目的有三：(1) 与李登辉争夺“台独”教主的位置，为自己后来的政治前途铺路；(2) 通过“宪改”的议题，加强对“本土化”意识的灌输，从台联党手中抢回“本土正统”的资格。2006年7月，陈水扁在约见民进党部分党籍“立委”时非常直白地说，“民进党是靠本土意识起家，才能获得那么多信仰本土的南部民众支持，尤其是‘台湾主体意识’这块神主牌，那是民进党的饭碗，不能给人抢走。”④ 非常明显，这才是陈水扁推动“宪改”和“台独路线”的真正目的所在；(3) 摆脱政治困境，即通过对“本土”的诠释，将自己与“本土”捆绑，缓解弊案的压力。与陈水扁的“台独”宣示相配合，民进党中央也不断为“台独路线”背书。游锡堃甚至喊出“只有承认一边一国，才是台湾人”的口号。

另一方面，民进党当局在两岸政策的技术层面又不断做出开放的姿态。苏贞昌接任“行政院长”后，明确表示对两岸经贸政策持开放立场。4月13日，“陆委会”宣称，两岸包机直航6个月内将完成协商，实际落实；开

---

① 所谓“第二共和”，即冻结现行“中华民国宪法”，由台湾人制定自己的“宪法”，名称叫什么都没关系。如果未来有办法实行过去的“中华民国宪法”，再将它恢复。

② 台湾《中国时报》，2006年10月30日。

③ 台湾《中国时报》，2006年10月17日。

④ 台湾《中国时报》，2006年7月24日。

放大陆观光客来台政策，不再坚持“政府对政府”协商，甚至宣示无须经第三地。年中召开的“经续会”则又做出了“松绑投资大陆40%净值上限”（台商投入大陆金额不得超过公司净资产的40%）的规定，并形成了“优先放宽在大陆从事商务活动的人员来台及资格限制，且持续推动大陆旅客来台观光政策”等共识。

苏贞昌所代表的是新潮流系较为“务实开放”的两岸政策。即：在坚持“台湾主体性”的前提下，对两岸关系采取所谓“自信开放”态度。也就是说，通过技术层面的处理，减少因两岸交流不断扩大对民进党“台独”意识形态所造成的冲击，甚至期望以两岸交流的适度开放，来补强其对“台独”意识形态的坚持。这显然是一种处理两岸关系的新思维和新模式。它一方面放弃了六年来陈水扁以“台独”意识形态捆绑两岸政策的僵化思维，逐步将意识形态与两岸经济交流区隔开来，同时又设法在坚持“台独”基本路线与开放两岸交流之间寻找平衡点，在不放弃基本意识形态的情况下，谋求最大的经济与政治利益。①

陈水扁与苏贞昌在两岸政策问题上的不同表现是一种分进合击、各取所需的策略。其政策目标只有一个：一方面要最大限度地攫取两岸交流和大陆经济发展带来的好处，另一方面则强化对“台湾主体性”坚持，为“台独”路线寻求新的生存空间。对于台湾民众来说，“台湾主体性”更多的并不是诉诸政治理想，而是诉诸利益和地缘情感。所以，未来的“台独”理念和路线，将会更多的通过所谓“台湾主体性”的模糊概念折射出来。这种政治上对抗与经济上开放的并行不悖，构筑起民进党政治与经济分离的两岸关系处理模式的基础。

第二节　全面危机：2008年的民进党

2008年民进党面临着发展环境的重大调整。“立委”及最高领导人选举的失败使民进党彻底成为在野党；陈水扁家族贪腐弊案逐渐浮出水面，使民进党面临着日益严重的价值危机。要想摆脱困境，全面改革已经迫在眉睫，但是由

① 徐博东、陈星：《未来两年民进党大陆政策前瞻》，香港《中国评论》，2006年7月号。

于党内各种政治势力盘根错节，权力斗争错综复杂，改革却根本无法展开。

民进党的困境根源于自2000年上台以来形成的内部结构，这个结构包括扁系独大的派系结构、以“总统府”为决策中心的党政运作结构、以陈水扁为中心的寡头化精英甄补机制等。在民进党执政的八年中，这些结构经历了形成、发展和硬化的过程。下台以后的民进党其实是在为其执政八年的政治作为埋单。

1. 两次选举均遭重大挫败

2008年1月和3月分别举行的“立委”选举和“总统”选举中，民进党遭遇到了建党以来最惨重的挫败。“立委”选举部分，民进党区域“立委”得票数为377万多票，得票率38.17%；不分区获361万多票，得票率为36.91%。国民党的区域“立委”得票数为529万多票，得票率53.49%；不分区获501万多票，得票率51.23%。① 绿营即使在传统的“票仓”地区都出现崩盘的现象，南部嘉义以南7县市得票率大幅下降，台北市8席则全部失守。在“单一选区两票制”的制度效应下，民进党的“立委”席次严重缩水到只有27席，占总议席的24%弱。“总统”选举部分，民进党候选人谢长廷、苏贞昌获得5445239票，得票率为41.55%，马英九、萧万长囊括7658724票，得票率为58.45%，双方差距达到2213485票，约为总投票选民比例的16.89%。② 马英九也创下了台湾历史上最高领导人选举得票率的新高。

民进党选举失败的原因是多方面的，概括起来说主要有以下诸端：

（1）执政八年政绩不彰引发民怨。民进党上台以来，虽然一直高喊“拼经济”，却一直置政治议题于民生议题之上，以选举的心态执政，经济政策形式大于内容，使经济发展长期低迷不振。同时，党内权斗激烈，政治分赃吃相难看，完全丧失了执政前对民众的承诺。两岸关系上，民进党无视两岸经济联系越来越紧密的现实，执意阻挠两岸关系的发展，给台湾经济发展带来了相当负面的影响。所以，经历了民进党八年执政，民众日益看清了该党执政无能的事实，民间要求换人做做看的呼声越来越高。

---

① 台湾《中国时报》，2008年1月13日。

② 台湾《中国时报》，2008年3月23日。

（2）陈水扁等民进党高层人物因官箴败坏遭到民众唾弃。自2006年陈水扁及民进党诸多高层人物的弊案曝光后，民进党的道德形象就开始崩塌。此后，这些弊案进一步发展，民众日益看清了陈水扁和部分民进党高层政治人物利用自己的政治地位搞钱的真面目，对执政当局愈加失望，陈水扁由原来的“人气天王”变成了选举的“票房毒药”。按绿营学者陈芳明的说法，“事实已经证明，凡是有阿扁助选的地方，就注定是败选。”① 2008年的两次选举结果其实反映了台湾民众对陈水扁执政八年官箴败坏的厌恶。

（3）挑动族群对立导致民众不满。虽然一直遭到台湾大多数人的反对，但是挑动族群矛盾一直是民进党争取选票的一个重要手段。在这两次选举中也不例外。不过不同的是，由于“爱台湾”与“不爱台湾”的二元对立已经臭名昭著，所以民进党采用了隐性语言进行族群分化。相较而言，显性族群语言如“外省猪”、“大陆妹”，有直接判断标准，也易遭致民众反对。但是隐性族群语言不直接用负面、污辱性字眼，而以诉求象征意义的解释增加历史情感差异，如“正名”、增废重大纪念日、社会福利及“重返国际社会”的鼓动等，欺骗性更强，却丝毫不改民进党族群诉求的对抗性。这种分化与对抗的诉求，与马英九的族群和解共荣的诉求正好形成鲜明对比。

（4）挑动两岸关系的做法被选民否定。这两次选举中，民进党依然在两岸议题上大做文章，将“公投”与选举捆绑。这样做的意图显而易见，“对内先把‘公投独家代理权’牢牢抓在手上，再把反对公投的国民党打成反民主；对外则将公投认定为向中国呛声表态的最佳工具”，挑动中国大陆的神经，制造台海紧张。②“立委”选举中民进党捆绑的是“讨党产”公投，国民党则针锋相对地提出了“反贪腐”公投；“总统”选举中捆绑的是“入联”公投，国民党则策略性地提出“返联”公投。民众对民进党这种操弄“台独”意识形态、置民生议题于不顾的做法早已厌倦，投票结果，“讨党产”和“反贪腐”公投的投票率仅为26.3%和26%；“入联公投”的投票率为35.82%、“返联公投”的投票率为35.74%，距离具投票权人数的半数相去甚远，均遭否决。民进党以挑动两岸关系的方式凝聚政治支持的企图基本破产。

---

① 台湾《中国时报》，2008年3月23日。

② 台湾《联合报》，2008年3月23日。

（5）民进党内部斗争导致选举失败。陈水扁与谢长廷之间一直存在的“扁长情结”，在这两次选举期间继续发酵。“立委”选举期间，谢刻意保持低调，对“立委”选战不甚热心，一度激起了陈水扁的不满；“总统”选举部分，谢长廷虽然是民进党的候选人，但是却不能完全主导选战，从副手的选定到选举主轴的确定，都不得不接受陈水扁的强行干预。所以，民进党在这两次选举中矛盾重重，政出多门，战斗力自然会被削弱。同时，选举过程中也夹杂着扁系排挤异己势力的斗争，该系利用党机器对“十一寇”的打击即是显例。可以说，民进党的内耗是其选举失败的关键因素之一。

2008 年民进党遭遇重大挫败，其实反映了该党执政八年之后台湾社会的深层变迁。首先，民众对族群问题、统独问题的认知越来越趋于理性，“台独”势力生存的空间遭到压缩；其次，民生议题渐渐超越其他议题成为民众关注的焦点，台湾社会过高的政治激情正在消退，政治生活逐步恢复常态；再次，民进党经历了八年的结构性蜕化后，组织日益僵化，思维渐趋保守，活力慢慢消退，如果不进行全面改革，该党在台湾政治生活中边缘化的可能性增加。

2. 共犯结构下的切割难题

2006 年陈水扁家族和亲信的弊案首度被曝光，在台湾政坛引起了大地震。此后，随着检调部门查弊工作的深入，扁已经成为民进党的包袱。但是，面对如此不堪的领导人，民进党却一直无法切割，相反，扁下台以后还不断有人“情义相挺”。蔡英文当选党主席后，党内曾期望她能带领民进党振衰起敝，系统检讨民进党自身的痼疾沉疴。但是事实证明，蔡英文在推动党的改革与检讨方面面临着重重困难。

最关键的原因在于，陈水扁在执政八年的过程中以他为中心形成了一个强固的利益共生结构。① 扁利用手中掌握的庞大资源，对民进党进行全面收编，致使党中央的政治影响力不断减退。所以，当扁在台上的时候，民进党挺扁的原因不问可知。该党台面上的人物，政治生命取决于陈水扁，为了权

① 本文用了“利益共生结构”和“共犯结构”两个概念，前者更强调民进党在台上时进行政治资源分配的过程，而后者则更强调面对司法调查时陈水扁和民进党诸多高层人物的关系（见陈星：《试论民进党的利益共生结构》，《台湾研究》，2006 年第 6 期）。但是在讨论民进党目前所面临的困境时，这两个概念其实是可以通用的。

力争夺，各怀心机，倘若公然反扁，不但将会遭致陈水扁反制，其他竞争者也势必会落井下石，徒然使自己提早出局而已。① 故而，虽然陈水扁贪腐事证确凿，但是，民进党内的大部分政治人物依然挺扁，成为扁的“铁卫军”。

陈水扁下台后，曾经以他为中心的政治结构并没有随之在民进党内消失。扁系人马，或者是曾经受过扁恩惠的政治人物依然充斥党内，还具有很大能量。陈水扁家族“海外秘账案”曝光后，“台独”人士相当震惊，“独派”大老黄昭堂甚至要求陈水扁“从台湾消失”。民进党高层对此也无言以对，基层甚至出现了对陈水扁家族的口诛笔伐。但是不过一个星期以后，民进党高层似乎就已“从震惊中逐渐恢复，甚至完成了自我治疗，民进党中常会里弥漫一片护党、呛马及阴谋论的声音，让人有不知今夕是何夕之叹”。② 由此可见，尽管陈水扁在“海外秘账案”曝光之后在民进党高层的劝退之下宣布退出民进党，但是他的影响力却远远没有消退。

陈水扁与民进党的共犯结构是扁可以将民进党与自己绑在一起并对党中央予取予求的终极武器。由于民进党诸多高层人物与扁的贪腐行为是“利益均沾”的关系，故而扁的贪腐弊案牵涉面广，波及的人数庞大。“扁家洗钱丑闻爆发后，民进党对其处理低调，显示党内共犯结构产生寒蝉效应，不敢对其发表激烈表态，以防陈水扁咬出更多黑幕，造成同归于尽的悲惨局面。”③ 对民进党中央来说，一旦把党内贪腐的盖子揭开，党内高层那些臭不可闻的糗事曝于光天化日之下，民进党将会面临崩盘的危险，没有几个人可以自诩清白、置身事外。这对该党来说将会是一场灾难。换个角度来看，这些政治人物因为曾经受惠于陈水扁，也就有了把柄在扁手中，所以很少有人敢先跳出来对陈水扁“落井下石”。

对蔡英文来说，即使她自己没有卷入陈水扁的共犯结构，为了避免成为“光杆司令”，她也不可能奢求以道德的高标准去要求党内高层。所以，蔡英文只能采取守势，与陈水扁进行渐进式切割。面对党内基层和支持者与陈

① 吴能远：《论民进党之危机》，《台湾研究集刊》，2006年4期。

② 台湾《中国时报》，2008年8月21日。

③ 台湾《中国时报》，2008年8月21日。

水扁切割的呼声，蔡在一封公开信中声称，“政治无法归零，更不可能一刀两断干净切割”，她代表的“不只是现在的民进党，更是过去的民进党”。这多少反映出蔡在面对党内强大的共犯结构时的无奈。

陈水扁当然知道这种利益共生结构对他自保的重要性。“海外秘账案”爆发之初，陈水扁面对党内千夫所指，就把这个武器拿出来试了一下，由其女出面将民进党高层一起拉下水，结果发现效果很好，民进党内的大部分人都立即噤声。既然如此，陈水扁未来拉“同志”出来“救难”就是天经地义了。

陈水扁竭尽全力与民进党争夺话语权。一旦陈水扁抢到了话语制高点，民进党必然面临基本支持流失的危险。所以说，民进党与陈水扁的切割并不仅仅是在与一个贪腐的前领导人的切割那么简单，在于必须与陈水扁争夺对“台独”、民主、法治、道德、廉耻、正义以及对民进党之本质与形象的诠释权。[①] 因此，扁与民进党之间的矛盾与冲突必然是长期的。不过，由于当时扁还可以轻易将手伸进民进党的决策核心，所以双方的矛盾短期内难以激化，但是民进党不可能长期护扁，将自己与一个贪腐的前领导人捆绑在一起显然是没有出路的。随着民进党内扁系势力的消退，这种矛盾会凸显出来。

3. 权力生态和运作机制的变化

2008年是民进党内权力生态变动最为剧烈的年份。经历了“立委”选举与“总统”选举两场惨重的失败，民进党内世代交替及改革的呼声越来越高，这些因素均影响了民进党内权力生态和运作机制的调整。

5月份举行的党主席选举是民进党权力调整的一个重大步骤。在这次选举中，蔡英文、蔡同荣、辜宽敏参加了角逐。从代表性上看，蔡英文代表了党内比较理性的声音，蔡同荣和辜宽敏代表了党内的深绿势力。由于蔡同荣与辜宽敏票源重叠严重，后来蔡宣布退选全力支持辜，形成了民进党内浅绿与深绿对决的态势。选举结果，尽管蔡同荣与辜宽敏绞尽脑汁，尽量将选举的焦点引向派系斗争，但最后蔡英文仍以微弱优势胜出。

蔡英文出任民进党主席其实是党内各种政治势力相互妥协的结果。对于民进党的基层党员来说，蔡英文理性的清新形象给他们带来改革的希望，他

---

① 台湾《联合报》，2008年10月1日。

们期望蔡英文能够提出新的论述，能够对民进党的路线进行系统检讨，带领民进党走出困境；对高层人物而言，蔡英文的派系色彩比较淡，是各个政治山头都比较能够接受的人物。同时，由于蔡英文在民进党内的资历较浅，对于政治山头的领袖如陈水扁、谢长廷等人来说，在短期内比较不容易撼动他们在党内的支持结构，是比较可以放心的政治人物。所以，蔡英文的当选，其实是承载了两种截然不同的政治期待，其当选以后的政治道路之艰难，可想而知。

蔡英文当选主席后进行的权力改组也显示出了这种妥协的痕迹。这次调整的整体布局呈现出“青壮派上场，各派系参与”的特点。扁系前“总统府副秘书长”陈其迈接任首席副秘书长，前“国安会咨询委员”林成蔚任国际事务部主任，蔡英文本来还请出谢长廷力劝其子弟兵卓荣泰出任副秘书长，最后未果。此外，秘书长王拓、党主席特助姚人多、秘书处主任高幸雪、财务委员会主委柯建铭的任命，也是各个政治山头协调的结果。

7 月下旬举行的民进党“全代会”所进行的权力改组，同样也不脱山头平衡的色彩。会议选出了 30 名中执委，分别为：陈明文、洪智坤、李昆泽、徐佳青、林宜瑾、吴思瑶、林锡耀、段宜康、郭国文、罗文嘉、陈其迈、许添财、余政宪、邱莉莉、陈亭妃、康裕成、林永坚、苏治芬、潘孟安、蔡宪浩、许金钝、方升茂、林右昌、林佳龙、陈胜宏、吴富亭、周中元、蔡同荣、江昭仪与王世坚。在十席票选中常委中，现任中常委蔡同荣和陈胜宏连任，嘉义县长陈明文亦顺利连任；正义联机力拱台南市长许添财、前“客委会主委”罗文嘉，在陈水扁亲自压阵下，二人均顺利出线；前新系由前“立委”段宜康、台北市议员徐佳青代表；云林县长苏治芬在“谢系”支持下出线；苏贞昌系统护送子弟兵蔡宪浩当选；游锡堃系统则选出前台中县议员方升茂一席常委。由于“全代会”通过《党章修正案》，增列“直辖市长”为当然中常委，因此，除了十席票选中常委，再加上党主席蔡英文，“立法院”党团三长柯建铭、赖清德、张花冠，县市长互推的杨秋兴以及高雄市长陈菊，新的中常会共由十六席常委组成，其中新系成员占优势。①

由于 2009 年县市长选举取消党内初选，所以中常会和中执会就成为决

① 台湾《中国时报》，2008 年 7 月 21 日。

定县市长提名的要津。各个政治山头的斗争也异常激烈。陈水扁不失时机重出江湖，一一打电话给党代表为子弟兵罗文嘉护盘，并劝退余政宪，稳住许添财，扁系最后拿下十席票选中常委中的二席。而苏贞昌、谢长廷与前新系等人则通力合作，全力阻击陈水扁伸进民进党决策中心的权力之手。

在民进党的制度性调整中，改变提名制度对该党影响较大。7 月召开的“全代会”接受了蔡英文的主张，授权党中央将县市长提名从初选方式改为全面征召。9 月下旬，民进党通过新的提名办法，规定候选人要先接受党中央“选战策略小组”的征询与协调，如果协调顺利，由选战小组提报主席核可再由主席正式向中执会报告，中执会讨论并通过后才算取得党内代表资格。不过，党中央原则上优先处理执政六县市，如果有部分县市僵持不下，另由选战策略小组综合评估，协调各候选人可以接受的方案（如民调或其他方式）。这一提名制度虽然表面上看是提高了党主席的地位，增加了其在提名决策中的分量，但是在内部山头势力盘根错节的情况下，蔡英文很难摆平如此多的矛盾。

其实，新的提名制度中真正重要者并不是党主席，而是选战策略小组。这个小组的组成已经被证明是各政治山头力量妥协的大拼盘：苏嘉全负责操盘，嘉义县长陈明文，台南县长苏焕智及台南市长许添财等“地方首长”负责协调与督导。其他还有“立院党团总召”柯建铭，前新潮流大老吴乃仁，“苏系”要角、前“政务委员”林锡耀，“游系”首席智囊、前“行政院秘书长”叶国兴，“谢系”“立委”管碧玲、正义连线“立委”蔡煌琅，“扁系”马永成，政策会执行长庄硕汉，党副秘书长洪耀福担任选战小组执行秘书。新的提名制度其实更注重的是协调。正因为这样，蔡英文显然不愿过多负责，而是将所有的压力全都转移到策略小组方面。这也激起了一定的不满情绪，段宜康就认为，蔡英文对县市长人选要有主导性，但她似乎客气过头，“至今没展现主席意志”。全代会授权党中央征召候选人，她却把很多事情都推给党内公决，“看起来无辜，只会辜负大家期待”。[①] 但这是由民进党内的政治生态决定的，蔡英文无法改变，也没有意愿去改变。

① 台湾《联合报》，2008 年 9 月 29 日。

4. 世代交替与派系①重组

陈水扁的沉沦其实是以他为代表的“美丽岛律师世代”的衰落。谢长廷、苏贞昌等均是“美丽岛律师世代”的代表人物，他们在为“美丽岛事件”受刑人辩护中发迹，到上个世纪 90 年代末全面掌控了民进党，使民进党的政治版图不断扩大，2000 年更是带领民进党实现了第一次“政党轮替”。也正是在这个过程中，陈水扁经营起了庞大的政治关系网络，谢长廷、苏贞昌、游锡堃等人也为自己为中心形成了政治派系，声势盛极一时。

“律师世代”的没落为民进党加速世代交替提供了可能。“律师世代”由于与扁在利益上的密切勾连，退出领导核心已是势所必然，即使不退出权力核心，其影响力的消退也是可以预见的。所以，有一段时间谢长廷感到意犹未尽，还想“拔剑再战”，但是立即招致党内外的反对声音；而陈水扁抛出的“2012 年再选台湾最高领导人”的说法则成为一个政治笑话在政坛流传。随着这些“天王”势力的式微，相应的政治山头会逐渐萎缩，民进党内的派系和政治山头重组是必然现象。

民进党自 2006 年以来所推行的派系解散政策反映了以陈水扁为中心的权力格局。2008 年最高领导人选举之后，这种局面已经被打破，派系运作的主客观限制也相对放宽。政治斗争的需要会使原先处于地下运作的派系重新集结。在陈水扁贪腐问题引发的冲击波引发“律师世代”政治势力衰减的同时，派系重组已经是暗潮涌动了。

新潮流系重组拉开了民进党内派系洗牌的大幕。在民进党权力改组后一周，新潮流就在台北市召开会议进行改组，废弃了新潮流的名称，换上“台湾新社会智库”的新招牌重新披挂上阵。② 在这次改组中，原新潮流系元老李文忠、邱义仁均未获邀请，而另一个大老陈菊则因为其子弟兵萧裕正等人未获邀请，愤而离席。新系这一次改组最显著的特征就是要划一行动、加强纪律，重新集结成为一个有战斗力的派系。据说陈菊的高雄市府团队遭

① 本文交替使用了“派系”和“政治山头”两个概念。笔者认为，在民进党中，只有新潮流是比较政治的派系，而其他“派系”则属于政治山头的性质。但是由于学术界研究和表述的习惯一直都将这些政治山头当做派系来对待，本文依旧称其为“派系政治”。

② 不过新系并没有像以前一样组织起比较严密的组织动作结构，所以重整后的新系和原来的新系还是有差别的。这个问题前面已经述及，这里不再作过多说明。

到新系排斥，主要是因为该团队在这次党内改选中独立于新系之外运作，配票支持“苏系”的高雄市议员林宛蓉、“扁系”罗文嘉及嘉义县长陈明文，借以扩大党内支持。这与新系过去强调纪律的派性完全背道而驰，因此新系改名后的“台湾新社会智库”筹备会议，除了对高雄市长陈菊“予以尊重”，发给邀请函之外，陈菊的子弟兵都没收到邀请函。此外，新系重组时将长期作为陈水扁核心幕僚的邱义仁也排除在外，与扁区隔的意味非常明显。

民进党的派系重组与世代交替和权力斗争等问题相互扭结，增加了问题的复杂性。

从世代交替的角度来看，“律师世代”显然并不甘心退出权力核心。民进党已经过气的“天王”们一定会想尽办法，维持自己在党内的政治地位，并通过各种方法来维持自己的政治山头。退而言之，即使扁谢等党内要角愿意淡出政坛，退出领导核心，而他们周边的派系人物从自己的利益出发，会为山头领袖“抬轿子”，竭力维持派系的存在。2008 年 7 月，民进党“立委”郭玟成和王幸男就宣称将在“全代会”上提案，建议征召陈水扁、吕秀莲与历任“行政院长”游锡堃、张俊雄、苏贞昌、谢长廷等人，参选 2009 年县市长。这个政治闹剧的背后，其实就是维持原有派系格局的用心。陈水扁当时虽然口头说“爱我就不要害我”，“我们希望能再次政党轮替，应该让年轻人、让新人、让女性有出头的机会”，① 但是在 9 月份党内切割声浪日益急促的情况下，扁却出言恫吓，公开向蔡英文叫板，声称民进党如果要与他切割的话，“将会亡党”，其对未来政治地位的态度，一望可知。

民进党派系政治的显著特点是：除了组织严密的新潮流外，其他派系均是以个别政治领袖为中心、以政治资源的分配为纽带联结起来的松散联盟。所以说，民进党内的派系斗争在多数时候都显示出各个派系围剿新系的斗争。甚至在民进党败选下台以后举行的党主席选举中，仍然在操弄派系斗争的议题。在这种情况下，新系在民进党中越来越低调，2008 年 5 月，民进党内青壮派人士提出增设副主席、增加中常委和中评委名额、党公职分流、设置区党部等八项党务革新主张，共获得 43 位跨派系成员连署，将送 7 月

① 台湾《中国时报》，2008 年 7 月 17 日。

党代表大会讨论，新潮流就没有参与连署。

5. 动员方式的调整及困境

2008 年民进党的挫败对该党的动员模式式产生了重大影响，蔡英文就任民进党主席后曾明确表示，“如果有需要，我会走上街头。”① 这意味着民进党在所谓的“议会路线”之外，逐渐倾向于利用街头运动来拉抬人气，而下半年民进党通过街头运动所进行的大规模政治动员，从 2009 年 10 月份举行的大规模游行到随后针对海协、海基会台北会谈的大规模暴力杯葛举动，已经越来越清晰地将该党的动员模式取向勾勒出来。

民进党所谓的“街头路线”，是指通过动员群众走上街头，以游行、示威甚至是暴力冲突的方式制造对执政当局的巨大压力，并迫使行政当局和执政党让步。在民进党刚刚崛起于台湾政坛的时候，这种动员手法曾经是取得政治支持的利器，对该党扩大政治版图发挥了重要作用。

民进党在困顿之中提出重返街头的意图是相当明显的：其一，在士气跌到谷底的情况下，民进党需要用大规模的群众动员来凝聚士气；其二，通过激烈的群众运动模糊焦点，减少陈水扁家族贪腐弊案对民进党造成的冲击；其三，主导议题。民进党当时已经无牌可出，只有不断凸显塞进“台独”内容的“本土牌”，通过街头抗争强化统“独”对立，为自己的贪腐行为寻求“正当性”。

民进党重返街头路线其实反映出该党的街头路线迷思和党内对未来发展前途的焦虑。在基本价值崩盘的情况下，民进党已经沦落到不知为何而战、不知为谁而战的尴尬境地。

在时空环境已经改变的情况下，民进党重返街头根本不能获得类似当年的政治效果。经过了长期发展以后，台湾社会已经失去了原有的对立与对抗的刚性结构。没有了政治压迫与对抗的背景，街头群众运动不可能有正当性，也不可能取得大多数民众的支持。正如谢长廷批评蔡英文说，在三十年前的政治结构下，民进党处于弱势，所以要通过“自残、被打来唤起国际的关心”，但是现在却还在“做三十年前的事情，已无挑战性”。②

① 台湾《中国时报》，2008 年 6 月 8 日。

② 台湾《联合报》，2008 年 11 月 15 日。

不仅如此，在台湾民众要求安定的共识下，作为最大在野党的民进党如果一味醉心于街头运动，不但不能激起他们想要的悲情意识，反而会被冠以“暴力党”的名声，对该党的未来发展产生消极影响。其实，年底陈云林会长访问台湾期间民进党不断升高暴力，对两会会谈进行强力杯葛的做法，已经引起大部分台湾民众的不满。这说明街头路线在目前的台湾已经没有什么生命力了，民进党要想靠这种动员方式摆脱困境，是根本不可能的。

6. 艰难的价值重建

民进党无法与扁的贪腐形象进行有效切割，当然更无法进行道德清算。这种情况导致民进党价值判断混乱的情况有增无已。在民进党内，公然为贪腐辩护早已经不是什么新闻。尽管有李文忠等人认为民进党应该进行“自清”,① 但是这种声音在党内根本不能形成主流。

在“民主”和“清廉”诉求逐渐丧失动员力后，民进党只能固守具有强烈“台独”意涵的“本土化”诉求。陈水扁在弊案缠身的情况下，总是将具有“台独”内涵的“本土化”诉求当成救命稻草。“海外秘账案”曝光后，扁依然按照这个模式进行操作。9 月初陈水扁在向南部寻求温暖的过程中，再度对泛绿群众声称，他就是“主张台独”，而马英九就是“主张统一”，力图将民众注视的焦点再度拉到“统”、“独”对立上来。

但是“本土化”诉求经过贪腐问题的冲击后，政治动员能力也已经明显下降。民进党贪腐行为的曝光，对台湾民众政治认知系统产生了巨大冲击，其中最为显著者，就是再一次明白显示“本土”和“爱台湾”是不能划等号的。在台湾经济发展每况愈下、民生日蹙的情况下，民进党中央负债累累，陈水扁居然可以将十数亿新台币的资金汇往海外，这在普通百姓看来是不可思议的事情。这种情形足以使广大中间选民对民进党能否代表“本土”产生怀疑。“独派”学者陈芳明认为，民进党的“本土论述已经与台湾社会有了严重区隔”，有时甚至沦为党内斗争的工具②，早已削弱了“本土”论述的道德正当性。

未来民进党如何面对“价值危机”，重新构建核心论述，按照蔡英文的

① 台湾《联合报》，2008 年 8 月 20 日。
② 台湾《中国时报》，2008 年 5 月 19 日。

话说就是“如何找到可以让人民感动的力量”，是该党必须要解决的问题。但是民进党显然没良方可以妙手回春。蔡英文一度表示，民进党会以台湾认同作基础，整合台湾社会内的各族群，消弭因为过去政治对抗带来的族群与社会紧张。但是在民进党对抗性思维根深蒂固的情形下，实现这样的理想殊为不易。未来还会有民进党政客不断通过强化区隔与对抗来谋求政治利益，所谓的“台湾认同”，依然会落入族群二分的架构而难以自拔。

民进党已经进入发展瓶颈期。该党无论是在动员模式、政治路线、政治诉求还是运作机制等方面都面临着困境，进行结构性调整的要求会越来越迫切。然而由于党内各个政治山头互相掣肘，全面改革短期内无法展开。这其实反映出该党在长期的发展之后结构硬化和适应性渐退的事实。

民进党必须面对现实的变化。台湾岛内和两岸关系的政治情势已经出现了根本性转变。台湾岛内，族群的和解共生渐渐成为民众共识，特别是经历了 2004 年及其后选举中族群撕裂的惨痛历史经验后尤其如此；两岸关系方面，两岸和平发展渐渐成为两岸人民和国际社会的共识。在这种背景下，民进党的对抗性路线基本上已经没有了生存的空间。所以，民进党能否顺应形势发展，进行彻底改革，是对该党的最大考验。

第七章　2005 年以来选举失利对民进党的影响

民进党素来以“会选举”著称于台湾政坛。但是自 2005 年以来，民进党却经历了“选举噩梦”，在选举中屡战屡败，直到 2010 年的五市选举才初步恢复了元气。本章选取了民进党的三次选举，尝试剖析民进党基本生态与选举成败的关联。

第一节　噩梦开始：2005 年县市长选举

2005 年 12 月 3 日，台湾的“三合一”选举落下大幕。在众人瞩目的县市长选举部分，国民党共取得了 23 个席位中的 14 席，加上新党 1 席、亲民党 1 席和无党籍 1 席，泛蓝的席次达到 17 席，而民进党则只取得 6 席，比 2001 年减少 4 席。从蓝绿当选县市的分布来看，泛蓝几乎垄断了北部的发达地区，在具有指标性意义的台北县，泛蓝在丢失执政权 16 年后，终于由周锡伟击败民进党罗文嘉，重新夺回这个台湾第一大县的执政权。

这次选举基本被认为是陈水扁连任后的“期中考”，也是国民党新任党主席马英九上任后的第一次大考。因此，本次选举结果对蓝绿双方阵营都有指标性意义，从一定程度上说，它是一系列连锁反应的开始。

1. 选举结果分析

这次选举虽然是一场地方层级的选举，但是在选举中出现了与以前地方性选举、甚至全岛性选举明显不同；这次选举中所展现出的台湾社会政治文化和政治心理特质值得关注。

让许多民进党人跌破眼镜的是，在号称“民主圣地”的宜兰县和嘉义市，国民党候选人击败民进党候选人，在丢失执政权 24 年后，使这两个县市“蓝天重现”。而且，宜兰县的民进党候选人就是当年成功当选县长的前台湾“法务部长”陈定南，这次重新回炉参选县长，却以微弱的劣势输给国民党候选人吕国华。同样具有指标意义的是，在陈水扁的老家台南县，民进党候选人苏焕智仅以1万多票的微弱优势击败国民党候选人郭添财。而在其他民进党胜选的县市中，除杨秋兴以10万票的优势胜出外，其他县市均以相对较小的优势获胜。

在一定程度上说，这次选举的失败是陈水扁的失败。高捷弊案的浮出水面，成为压垮骆驼的最后一根稻草，甚至可以说，是高捷弊案直接导致了民进党的败选。高捷弊案的冲击作用，突出表现陈水扁道德形象的崩塌。几乎所有的证据都将这个弊案指向陈水扁。高捷弊案对陈水扁的打击远比执政五年来的经济发展倒退形成的负面影响要严重得多。原因很简单，从陈水扁崛起的方式上来看，其诉求的主要内容并不是执政能力，而是以族群区隔和“主体性”建构进行的政治动员。其中所谓的“省籍”和“族群”的分野，均含有强烈的道德区隔意涵。因此，如果说陈水扁执政能力不好，对其影响并不是太大，因为在基本支持者的心目中，其还具有道德榜样的形象。但是高捷弊案的出现则在陈水扁执政五年多来诚信荡然之外，又揭示出其政治操守出了问题，在道德形象崩塌之外，和执政不力的影响力相互交乘，使民进党损失了不少选票。

民进党的弊案问题在相当程度上产生了聚焦作用，使以前屡试不爽的选举招数失效。这次选举的选风之败坏，达到台湾几十年选举的一个高潮。诸如：民进党当局不顾“行政中立”的规定，全面动员行政资源为政党进行辅选；陈水扁不断挑动两岸议题，企图以其惯用的“抹红”手法来转移焦点，以伤害两岸关系的方式来达到增加民进党人支持度的目的；候选人之间则不断以弊案、贿选传闻相互攻讦，力图在道德上彻底摧毁对手；尽管遭到了唾弃，“非常光碟”还是如期出现，对国民党候选人朱立伦、胡志强和台北市长马英九进行攻击；最为恶劣的是，台中市十几个医生不顾医界道德，将胡志强的病历拿出来，变成选举工具……，凡此种种，不一而足。但是，这种恶质选风不再得到民众的认同，也没能挽救民进党失败的命运。尽管说这种恶质选风在台湾政坛不再奏效还为时过早，但是在客观上讲，经过这次选举，确实在某种程度上净化了选风。

反观蓝营，这次选举国民党之所以能够大胜，重要的原因在于马英九的超人气转化成了支持国民党的选票，同时，在选举后期，马英九所采用的“如果不能过半，就要辞职”的选举策略则发挥了固票和催票的效果。另一方面，国民党的胜利还在于其整合成功。以台北县为例，其基本支持者本来就是蓝大绿小的格局，前几届县长选举均是因为国民党不能成功整合使民进党渔翁得利。这次泛蓝在台北县整合成功，能赢回执政权并不奇怪。

然而，对台湾这次选举的观察应该超越选举本身，延伸观察的范围，扩展观察的视角，如此或许可以得到更为一般性的结论。就笔者浅见，应该在下列问题上进行辩证的思考：

（1）在一定程度上，应该将陈水扁与民进党切割开来进行观察。虽然陈水扁和民进党有很大的关联性，但是绝不能划等号，而且越来越不能划等号。其中包括两个方面的意涵：①从这次选举结果来看，虽然国民党拿下了超过半数的席次，但是双方的基本盘并没有太大的变化。虽然同期陈水扁的支持度低于 10%，但是民进党总体得票率仍维持了 41.95%，没有太多下滑，国民党也不过只获得 50.96% 的选票。这一组数据是最关键的节点，它从根本上决定了未来台湾政局及两岸关系的走向。这说明，虽然陈水扁的道德形象有很大问题，但是对于民进党来说，支持依然存在，无论是“含泪投票”也好，“先打自己嘴巴再去投票”也好，问题是，民进党的实际支持度没有太大的动摇。②民进党未来的走向与陈水扁的未来走向产生了落差。陈水扁由于没有选举的压力，所以其考虑的重点并不是如何在 2008 年使民进党胜选的问题。但是民进党如果要发展则必须考虑到其路线的问题，考虑争取中间选民。因而，2006 年陈水扁抛出“废统”论后，苏贞昌并没有随即跟上，从此可以窥见一斑。

（2）在“台独”基本教义派民众中，“台独”道德与对政治操守的道德要求之间存在着差序现象。在台湾社会，“台独”意识形态和政治操守之间是可以区隔对待的，二者虽然均有选举上的动员功能，但显然不是一个层面。相对于政治操守来说，“台独”意识形态的动员功能显然是深层次的、功效也更为长久。在台湾社会，“台独”道德化的倾向越来越明显，而且“台独”道德在基本教义派的群众中具有超越一般道德而居于优先的地位。越向统“独”光谱之“独”的一端移动，这种趋势就越来越明显。

台湾社会对陈水扁的反应，在选举以后经历的几次大的变化，也一再验证了这一判断。选举过后所进行的民调显示，陈水扁的满意度屡创新低，最低时甚至降到了6%；但是在陈水扁“元旦文告”对两岸关系做出类似文字游戏式的调整、放出紧缩两岸关系的信号后，其支持度立即有小幅上升；而等到陈水扁释放出“元旦文告”和春节讲话，提出“废统”之后，其支持度一度冲高到24%。也就是说，陈水扁未来决策的基本支持来源，仍是“台独”基本教义派的群众。这将对陈水扁的决策方向产生决定性的影响。

（3）族群议题的操弄在这场选举中没有显示作用，但不意味着这个问题退出历史舞台。笔者认为，在这次选举中两岸关系没有成为主打议题的原因主要有三个方面：①地方层级的选举与最高领导人的选举是不同的，因而族群动员在选举中的作用也是不一样的。在地方层级的选举中，主要靠的是候选人的魅力和在地方服务的表现，以及在地方上经营的程度（有时还有地方桩脚的作用），所以难以将选举的焦点拉抬到本省人与外省人对决的境地。②自连宋访问大陆以来形成的两岸缓和局势，以及大陆在对台策略调整，使两岸关系的话语主导权不在陈水扁手中，而是在大陆和泛蓝手中。③族群问题作为台湾政坛一个最深层次的问题，并没有解决，其所累积起来的政治动员功能，也并没有完全释放完毕。这种情况和蓝绿对立的政治生态相互作用，同时又由于民进党对这个问题的刻意操作和扩大化，族群问题随着2008年选举的临近，又重新被揭出来，不过表现形式以前不一样而已，笔者将其称为隐性族群语言。[1]

2. 选举结果对泛蓝的影响

泛蓝在这次选举中大胜，并跨过浊水溪，开始在南台湾扩展。这一结果一方面巩固了马英九代表泛蓝出战2008的地位，另一方面提振了蓝营的士气。同时，马英九可以挟丰沛地方行政资源的优势进入选战，相对来说选战要好打得多。

此次选举的成功，同时也为未来泛蓝的整合开启了新的契机。在选举之前，马英九在对亲民党的态度上相当强硬，坚决不愿同其进行政治交换，所以，这次选举同时也是对亲民党实力的一次大考。选举结果，亲民党仅在连江县取得一席，一度被宋楚瑜看好的刘文雄也难免败选。所以，在未来的泛

① 陈星：《隐性族群语言：民进党的选举新花招》，《环球》，2007年第24期。

蓝整合过程中，亲民党的泡沫化已经是可以预见，而2007年的“立委”选举将是其实力削减的另一个重要拐点。在新的选举规则下，亲民党的“立委”大量反水投进国民党的可能性大大增加，宋楚瑜的政治生命必将每况愈下。从一定程度上说，台湾已经不存在泛蓝整合问题，亲民党已经没有和国民党讨价还价的本钱。

在国民党内部，马英九在未来的国民党改革中更加强势。国民党的改革之所以困难重重，难以贯彻下去，是因为其中有太多的既得利益者，这些利益盘根错节，对于改革的阻力不言而喻。但是自马英九当选党主席后，这种情况已经发生了重大变化。马英九的权力合法性来源是党员，而不是党机器，这对于增加马英九在党内的权威无疑有着重要的作用。而且，在党主席选举中，党机器的运作功能和动员功能已经被证明是失败的。在这种情况下，马英九不必与党机器进行过多纠缠。从他的做法来看，他的政策和诉求也是直指台湾民众，而不是党的机器。从一定程度上说，国民党的党机器已经成为马英九的包袱，但是马英九又不可能让别人来利用这个选举工具。所以，逐步弱化国民党的党机器，减少党机器在其权力获取过程中的负面影响，是未来国民党改革的一个极有可能方向。

马英九的强势改革产生的可能结果，是压缩所谓“本土派”的王金平和亲民党宋楚瑜的生存空间，从而引发其反弹，甚至引发新一轮的泛蓝分裂。但是这种分裂对马英九产生的影响是正面还是负面要进行辩证的分析。如果王拉走一批“立委”投入绿营，则国民党可能变成少数党，但是泛蓝的支持基础却没有变化，反而可能增加。因此，在经过又一次的选举洗牌，特别是2007年的“立委”选举，马英九可以重新利用民意夺回多数的优势，如果这种情况出现，则意味着离开蓝营政治人物的彻底边缘化。而他们在绿营内由于只是中途投靠，也不可能等到好的位子。所以，其政治命运的最大可能就是泡沫化。对此，王金平等人自然看得清楚。

也正是基于这种考量，马英九已经表明了与“黑金”及贪腐势不两立的态势。具体来看，是对王金平的态度及对国民党内出现的贪渎问题决不妥协。从一定程度上讲，马英九并不惧怕泛蓝分裂，因此在谢长廷辞职后，陈水扁放出由王金平“组阁”的风向球时，马英九表明了坚决反对的态度。笔者认为，也正是这样的态度和强势作风，才能从根本上防止国民党的分裂。原因在于，王金平如果没有马英九及国民党的加持，离开国民党等于政治自杀；而留在党内，虽会被边缘化但是政治前途还可能有一定程度的保证。

马英九强势作风的根本出发点在于其要挟强大的民意支持，经历2007年底的“立委”选举，完全确立其泛蓝新共主地位。

这次选举结果对泛蓝来说，从另一个角度来看是一次严峻考验的开始。应该说，国民党的胜选与马英九的清廉形象及民众对国民党的改革期盼是分不开的。但是问题是，国民党在在野时期可以拼命鼓噪，以吹毛求疵的态度去寻找执政党的操守问题，并以此作为攻击执政党的工具。随着国民党在选举中的不断胜利和对权力的重新染指，在取得权力后要保持清廉的形象，避免成为别人攻击的靶子，对泛蓝来说是一个重大考验。国民党刚当选的台北县长周锡伟在上任前后爆出的花巨额费用装修办公室的议题，一度吵得沸沸扬扬，已经给国民党敲响了警钟。

3. 民进党选后的发展趋势

这次选举成为民进党内部重新盘整的起点。党主席苏贞昌辞职，为这次败选负责；而在陈水扁的强力主导下，“行政院长”谢长廷以极其难堪的方式下台。俗云：蜀中无大将，廖化做先锋。陈水扁将苏贞昌推上了“行政院长”的位子，民进党内部权力重新洗牌的大幕就此拉开。

对苏贞昌来说，这次选举的失败并没有使他失去太多的政治资本。苏没有涉入高捷弊案，同时，苏在败选后提出辞呈，显示出了“敢担当”的气度，对他的未来发展还会有加分作用。在选后的“行政院”调整中，苏被陈水扁指定为接替谢的人选。然而，这种情况却是对苏的一个重大考验。因为从经验来看，基本上每届“行政院长”都没有太好的结局，也可以说，“行政院长”基本上只是陈水扁的一个橡皮图章，同时兼具为陈水扁挡子弹的功能。所以，苏能否在这个位置上做出成绩，以及能否利用“行政院长”的资源为自己未来的“总统”之路加分，关键看他能在多大程度上保持自主性，而不只是陈水扁的橡皮图章。否则的话，他的结果也必然是和前几任“行政院长”一样。就当时“内阁”人事安排来看，似乎没有看出苏贞昌有大的主动权或主导权，这些权力基本上还在陈水扁手中。也就是说，苏贞昌能不能出线，关键还是要看陈水扁，除非陈水扁日益淡出权力核心，或者民进党内的党意发生了重大改变，苏能挟党意的基础而反对陈水扁，成为泛绿新共主。但是这种可能性却是相当小的。

在民进党所谓的“三王一后”中，此次权力调整中受挫最大的是谢长廷。这表面上是因为使民进党和陈水扁受创甚重的高捷弊案与谢长廷关系非常密切，而谢长廷也必须为败选负责；但背后却是陈水扁与谢长廷在诸多问题上的不和及在权力斗争中的潜在竞争关系，使陈水扁受威胁的感觉越来越强烈。因此，陈水扁在高捷弊案问题上倒打一耙，向谢推卸责任，使其在权力结构中的处境越来越艰难。在选后权力结构的调整中，谢长廷被从“行政院长”的位子上挤下来，已经基本上处于悬空状态，政治生涯顿然失去了着力点，处境也越来越困难。

选举后权力调整的另一个重要的观察点是党主席的选举。失败气氛笼罩下的民进党主席选举，投票率之低已经创下了纪录，这基本反映出党员信心的丧失和对执政当局的政治冷漠。选举结果，被外界认为亲陈水扁的游锡堃当选。更令人跌破眼镜的是，由前党主席、民进党内有“圣人”之称的林义雄支持的候选人翁金珠得票仅有一成。这是一个信号，再度说明在近六年的权力浸润下，已经形成了以陈水扁为中心的权力分配格局，这个格局在民进党中的影响力一时还相当强固。这也是在对待陈水扁态度上“党意”与“民意”之间出现落差的原因。相比之下，所谓的“台独”理想已经越来越边缘化。“台独”沦为选举工具的趋势也越来越明显，民进党内的“台独”诉求越来越模糊。相应地，类似林义雄这类“圣人”型的理想主义者的号召力越来越弱。这也是林义雄宣布退出民进党的一个重要原因。

就民进党未来的发展问题，影响最大的因素是陈水扁与民进党的关系如何处理。如上文所述，民进党的发展方向与陈水扁未来的政策方向，其实有某种程度的内在紧张。未来两年中，陈水扁考虑最多的两件事情，一是如何在 2008 年下台后继续维持其政治生命；二是如何在下台后不会遭到清算。对于前者，陈水扁有可能步李登辉之后尘，接过“台独”基本教义派的大旗，形成现实的政治力量以求自保，有学者谓之陈水扁的“李登辉化”。而从后来陈水扁对两岸关系的“积极管理、有效开放”及“废统”等一系列大动作，已经看出了端倪；对于后者，陈水扁把苏贞昌推上“行政院长”位子，并不是要为苏在 2008 年最高领导人选举出线加分，而是要使苏成为其代理人，提高苏在党内的地位，保证扁下台后的安全。

陈水扁这种做法有其局限性。在巩固了“台独”基本教义派的同时，也使民进党的政策更难向中间靠拢。在蓝绿分野依然存在的台湾社会，这种做法会失去中间选民的支持，这对民进党未来的发展是不利的。陈水扁现在基本上是以其所掌控的权力分配体系来维持党内的支持，利用“台独”路线取得部分民众的支持。

应该注意到的是，民进党一度是一个自省能力相当强的政党，对在选举中出现的问题保持着高度的敏感，这种能力在陈水扁当政期间因为其权威的加强而一度弱化，但是在选举的需求面前，陈水扁显然不能阻挡住党内检讨的声浪。其实，早在选举之前，民进党内部就有新生代掀起了“新民进党运动”，要求重整民进党的理想。这股势力虽然暂时被压制下去，但是却不意味着这个运动从此销声匿迹。未来陈水扁与民进党的关系发展，是一个值得持续关注的问题。

4. 县市长选举后的两岸关系

从这次选举结果民进党的得票率及选后陈水扁依然对局势有所掌控的角度而言，台湾岛内政治局势的变化并没有外界所宣称的那样大。它只是从某种意义上说陈水扁当局的处境更加艰难而已。然而恰恰是这种情况，将对两岸关系产生相当巨大的影响。

这次选举结果说明了大陆在过去一年多的对台工作中，政策基本是符合台湾民心的，成功地降低了两岸的紧张局势，降低了台湾部分民众对大陆的敌意。然而，不能就此而将这次选举民进党的失败和对台政策的成功划等号。这次民进党败选的原因主要是高捷弊案的炒作，两岸因素的影响固然有，但决不是起决定性作用的因素。

如果说两岸政策对台湾政局有影响的话，可能主要表现在以下两个方面：

（1）大陆对台政策的作用在于压缩了两岸议题被操弄的空间。笔者一直认为，两岸关系适度紧张对民进党来说是有利的。两岸关系的缓和则会更多的将民众的视线转移到岛内的公共政策及民进党的政治操守上来，这正是民进党的弱点所在。自连宋访问大陆以来形成的两岸缓和局面恰好形成了这种效果。

（2）大陆对台政策的一个重要转变，就是对台湾当局的“台独”言论不再过度反应，这使得民进党操弄两岸议题顿时失去了着力点。

客观地讲，大陆对台政策的调整从根本上说是压缩了民进党在统“独”问题上的回旋余地。大陆通过《反分裂国家法》的颁布，划定了“台独”的红线，基本上框束了“台独”的发展空间；相反，对于陈水扁的“台独”言论的宣示则不作过多纠缠。在这种情况下，“台独”议题的动员能力因为失去了大陆的激烈反应这一支点，而呈现出越来越手足无措的趋势。陈水扁若要继续利用“台独”议题，则必须在两岸议题上加大力度，向实质性的“台独”迈开步伐，以期激起大陆的激烈反应，达到其所想要的效果。两岸关系如果按照这样一个逻辑发展的话，将很快走向高度紧张，甚至再走到战争的边缘。陈水扁的“废统”举动就是一个明显的例子。

从这次选举后绿营的反映来看，对于这次选举的失败出现了两种不同的解读，一种认为由于民进党囿于“台独”意识形态，不能解决两岸问题，从而使得民间对民进党的失望增加；一种认为由于民进党不能彻底贯彻“台独”理想，从而使泛绿选民失望。两种不同的声音，基本上反映了民进党内对于民进党发展的不同道路及对两岸关系未来发展走向的不同选择。而失败并没有使“台独”基本教义派的气焰减弱，相反，却使其声音更强。

就陈水扁个人而言，未来在政治操作中如果要占据主动的话，大概只有两个议题可以操作：

（1）裂解泛蓝，继续以团结的泛绿与分裂的泛蓝缠斗。但是这个举措不会现在就出手，否则的话就是帮了马英九的忙。他会选择在 2008 年台湾最高领导人选举之前不久出手，那时泛蓝裂解产生的效应远大于现在。

（2）消费两岸关系。这是陈水扁两岸政策的一贯特征。一般来说，陈水扁的权力基本稳定时，对于两岸关系基本是相对温和的态度，而在权力危机感加重的时候，则会把适度升高两岸对立作为转移焦点、减轻压力的一个重要工具。

在两岸关系上做文章，对陈水扁来说可以收到一石数鸟之效。可以对“独派”交代；期望挑起大陆的激烈反应，进行内部动员；可以凝聚泛绿内部的共识，稳固自己的地位；可以主导民进党的发展方向，防止自己提前跛脚；可以挟持国民党，使其随自己的脚步起舞；等等。

在诸多的变动中，特别要注意的是国民党的发展动向。国民党在《自由时报》上发表的政治广告中所谓的不排除“台独”选项的宣示，决不是一时的疏忽，而是经过深思熟虑的结果。而且，其所发表的时间与陈水扁“废统”出台前后时间的巧合，也令人深思。笔者认为，这是马英九在2008年选举之前将种种论述全都抛出来，测试民众的反应再进行选择。

从另一个向度上讲，在未来的两岸关系发展中，大陆将会面临越来越严重的两难抉择，即面对陈水扁可能越来越实质性的“台独”冲动，大陆反“独”的难度也会不断加大。其中最主要的问题就是在“台独”不断加紧向前推展的情况下，大陆如何具体化“台独”的底线，如何坚持反“台独”的底线。

第二节　痛苦挣扎：2006年北高市长选举

2006年北高市长选举结束，郝龙斌以绝对优势赢得台北市长选举的胜利，而陈菊则险胜黄俊英1000多票，赢得高雄市长选举的胜利。这次选举值得重视的地方是：本次选举是在民进党经历了长期的弊案的冲击后，气势下跌到谷底，对选情产生巨大影响的情况下进行的，但是民进党在逆势中却依然在高雄取得胜利。在台北就得票率而言，谢长廷也比李应元在上次市长选举中多出了5个多百分点，选票冲高到40%以上。从这个意义上来分析，民进党在台北也取得了胜利。对于这次选举结果的可能影响因素，已经有许多相关的评论，这里不作过多铺陈，仅对选举本身的政治意涵及其对未来台湾政治发展可能产生的影响作一归纳。

1. 选举结果的政治效应

与此前台湾媒体所进行的许多民调相比，本次北高市长选举结果是大型的民意测验，忠实地反映出台湾政治板块的大致分布情况。这种局面的出现既是过去相当长时间来台湾政局发展的必然结果，同时，它也作为起点，对未来的台湾政局发展产生一定的影响。具体体现在：选举本身所蕴含的民意结构会对政策和政党的发展方向产生导向性作用，影响政党和政治人物的决策。概括起来说，这种情况主要表现在以下几个方面：

（1）对民进党而言，政治道德对其政治人物的约束作用不断下降，甚至对整个泛绿阵营均是如此。从2005年以来，民进党的政治弊案风波和随后出现的“倒扁运动”，在台湾政坛上掀起一波又一波的政治风暴，将民进党道德缺失的阴暗面淋漓尽致地暴露在台湾民众面前。按照政治学的一般理论，民进党一定会为这种贪腐行为付出代价，但是结果令人跌破眼镜。这只能说明一个问题，在未来的台湾选举过程中，政策取向依然处于相当边缘的位置。影响所及：它会对泛绿高层起一种坏的示范作用，从而使其在未来的从政生涯中，更加不用顾忌和理会政治道德的束缚。当然，这种情况仅是对泛绿而言有效，对泛蓝而言却正好相反。

（2）民进党所鼓吹的“本土性建构”挽救了泛绿及民进党。民进党成立后，就一直致力于所谓的“本土性建构”，并将其与国家认同等同起来。甚至可以说，民进党其实是将“本土性认同”当做“国家认同”来经营，这是“台独”精细化的一个重要外在表现。民进党上台后，“本土性建构”的步伐在加速，对中国认同形成了强大的压迫。甚至不能否认的是，“本土性认同”已经取代中国认同成为台湾社会的主流认同。当然从概念上说，“本土性认同”与“台独认同”是有差别的，但是民进党的操作方式是以下层宣扬“本土性认同”来达到强化上层“台独认同”的目的，所以说，仅仅争辩概念是没有意义的。

“本土性认同”的泛滥在许多关键的时候挽救了民进党和泛绿阵营。从根本上说，其所经营的“本土性认同”与民进党所自我标榜的“本土政党”定位是相吻合的。在许多关键时刻，都是台湾的“本土性”诉求发挥了关键作用。而陈水扁在将近一年的“倒扁”声浪中，也一直诉求于其“本土性”。

（3）不同层面的政治手段之动员力存在着一定的差别，而“本土性认同”的动员力则类似于民族主义的动员力，在各个政治动员方式中是最强的。它甚至超越了政治道德尺度，并在此基础上形成了新的道德约束。与此相反的是，当民进党将“本土性认同”作为主流诉求的时候，国民党和泛蓝阵营却提不出相应的主流认同来应对，处于被动挨打的境地的情况不会在短期内有所改观。也就是说，以双方主流论述动员力的强弱来比较，也预示着泛绿的政治力量还会进一步发展。泛绿基本盘的稳固也是因为这个原因。简单来说，“本土认同”是一种对乡土的情感认同，但是经过一系列概念置换，已经被泛绿政客和“台独”路线和诉求捆绑在一起。

（4）台湾政坛的政治板块已经开始悄然整合。这次台北市选举中民进党得票率的冲高，部分是因为谢长廷知名度比郝龙斌大，但是也反映出民进党在台北政治力量的回升。在高雄，如上文所述，民进党在弊案冲击下仍能胜出，其实反映的真实情况应该是蓝消绿长。所以，就整体而言，整个政治板块在向着绿缓慢成长而蓝却不断下滑的方向移动。未来国民党想在南部冲出重围可以说是困难重重。

2. 选举结果对泛蓝的影响

（1）泛蓝整合问题已经不存在了，亲民党已经展示了彻底泡沫化的倾向。这次北市选举，亲仅当选市议员 2 人，尚不及新党的 4 席，而宋楚瑜的得票也不过 4 万多票，得票率已经在 5% 以下，政治影响力越来越小。宋楚瑜愤而退出政坛的宣示，更是决定了亲民党这个在台湾政坛上曾经举足轻重的政党已经风光不再。可以说，本次北高市长的选举已经是对亲民党的最后一击，马英九对泛蓝整合的实践已经收到了实效。在泛蓝内部，已经很难形成同国民党讨价还价的政治牵制力量。所以说，本次选举结果也是马英九泛蓝整合模式的成功。

（2）但是，这并不意味着马英九可以高枕无忧，他现在所面临的最大问题是党内整合的问题。马英九当时在党内面临的最大对手是王金平。从王的战略选择来看，他不会离开国民党，而是要在党内利用其本土派龙头的地位与马英九一较短长。所以，马英九与王的整合，与国民党与亲民党的整合相比，是完全不同的两种类型。从方式上来看，马英九所依靠的基本支持来源是基层党员。在政治学上，他基本上可以归为魅力型政治领袖之列。马对国民党内部的整合，也是想依靠强力的民间支持完成对党内政治势力的洗牌，从而完成对反马势力的清洗。与马相反，王依靠的是其经营了多年的地方桩脚，在看重传统文化和传统行为模式的台湾社会，王的势力发展有其局限性，但是也不会萎缩得太快。所以说，王马之间其实代表了两种政治发展方向，马以形象和魅力来争取人心，而王则利用人情纽带来构建支持网络。这两种文化如何整合，直接影响到国民党的未来发展方向。

（3）就马英九对国民党改造模式的思路来看，改造的最后结果，就是要使国民党变成和民进党一样的选举型政党，成为选举的机器，而不是在党国一体时将国民党作为资源和政治利益分配的机制。这种改造首先面对的就是党内盘根错节的既得利益者，其中王金平是一个代表。也正是因为这样，所以马英九在党内并没有得到多数人的承认，反而在关键时刻处处掣肘。从这次特别费风波看，马在国民党内依然处于孤立的地位。从马对党改造的基本目标来看，他在党内注定是要孤独的。而且从利益分配的角度看，马不能失败。一旦失败，则会面临甚至党内同志都落井下石的噩梦。所以说，亲民党的泡沫化对泛蓝来说，危机并没有消失，内部更大的结构性矛盾也远远没有消除。

（4）泛蓝整合速度加快，并不意味着泛蓝的力量增长。如上文所述，笔者的基本判断是，台湾整体的政治板块仍处于蓝消绿长的趋势之下。决定台湾两大政治板块移动方向的，应该是各自的主流论述。平心而论，国民党的主流论述是相对模糊的。尽管该党不断提出“主流论述”，但是这种“主流论述”的影响远远不及民进党的“本土性建构”和“本土性论述”来得更加有力。从一定程度上来说，2008 年的“总统”选举在一定程度上说是两种政治道路的对决，主要是以民进党为主导的台湾“本土性”诉求对马英九主导的清廉、民主的道德诉求。这次北高市长的选举可以认为是这两种道路对决的预演。

3. 选举结果对泛绿的影响

（1）北高选举成为陈水扁脱困的一个重要拐点。和选前预计的情况一样，这次高雄市的胜选其实成为陈水扁的救命稻草。它所蕴含的政治意涵是，陈水扁与民进党是不能分割的。或者说，即使民进党不与陈水扁切割，选民也不会抛弃民进党，特别是南部的泛绿选民。这种局面为扁提供了不必辞职的正当性加持。民进党内反扁的声音会暂时平息下去。陈水扁对民进党的整体控制还会加强。

（2）陈水扁地位的加强也对党内权力的重新盘整产生了新的变数。民进党内未来政治调整和政治发展方向仍然在很大程度上受到陈水扁的左右。陈水扁决定后来的“总统”候选人主要的着眼点，是能否保证其未来能得到足够的安全保障和政治发展空间，而不是民进党的发展。

（3）经历了六年多的发展，民进党已经形成了一整套权力运作模式，这套模式已经完全取代了以前的政党运动机制。所以说，新生代想像以前一样，靠批判的方式完成世代交替的可能性基本上已经不存在了。在陈水扁掌握了大量资源的情况下，已经不能有声音对其形成有效地批判。也就是说，这时的运作模式是以陈水扁为中心，民进党舍此之外，没有其他的运作模式。

（4）这次选举再次说明，民进党的支持来源并不是政治道德，而是其“本土诉求”。这将对民进党未来的政策走向产生重大的导向作用。民进党会更加加快和加强其“本土性建构”的步伐和力度，同时也会加强对“本土性建构”的坚持力度，以与反对党区隔。

（5）泛绿内部的整合问题。在“本土性认同”强固的台湾，台联在相当长时期内还会有生存的空间，特别是在其生存受到挤压的时候，可能通过激进路线压迫民进党的方式来求得生存。所以，泛绿内部的斗争将是长期的。但是这种斗争并不影响泛绿作为一个整体来对抗泛蓝。

第三节　依旧低迷：2009 年县市长选举

1. 对选举结果的基本分析

本次选举结果其实并不出人意外。在选前国民党喊出的最低标准是 11 席，现在以 12 席收场，说这次选举国民党“输得很惨”未必合乎现实。但是，分析的视角不同，对这次选举结果的看法会有差异。

本次县市长选举中，国民党只在苗栗县、南投县、嘉义县、基隆市等四县市，得票比四年前有所成长，其余县市基本上都出现了选票流失的情况，有的县市流失的幅度还比较大，许多蓝营传统的“铁票区”都险些失守。统计数据显示，本次选举国民党比上次选举共流失了约 21 万票。不过有趣的是，这次县市长选举的投票率为 63%，2005 年的县市长选举则为 66%，投票率降低了 3 个百分点，若以这些选区选民人口 709 万来计算，约为 21 万票。这些票是否是国民党的支持者？从台湾蓝绿板块的特征来看，判断这些选民大部分是蓝营的选票，应该是没有问题的。从这个意义上说，国民党没有催出原本属于自己的票，可以说是本次选举紧急状况连连的重要原因。

对于民进党来说，台湾民众普遍认为该党通过这次选举已经基本稳住了阵脚。台湾《中国时报》所做的民调显示，对于本次选举结果，39% 的受访者认为民进党是赢家，25% 的民众觉得应是国民党获胜，37% 的人表示难以判断。

马英九在选后的发布会上宣称，国民党在席次与得票率方面都不如理想，但是在当前经济如此不景气失业率如此高的情况下，选民还愿意让国民党在 12 县市继续执政，“对国民党非常宽厚”。但是民进党的解释却不是如此。陈菊认为，这次选举反映出台湾民众对马英九的两岸政策有不信任感，“马应该在两岸政策及 ECFA 等议题上倾听人民的意见，重视经济民生，解决失业问题”。民进党主席蔡英文也认为这次选举反映了民众对马英九两岸政策的不满。随后，国民党为了消除民众对两岸关系的疑虑，强调两岸商签经济合作架构协议（ECFA）的既定决策不变。

国民党和民进党对选举结果南辕北辙的认知，未必是他们对选举的真实想法。不过这并不重要。笔者认为，本次选举所反映出来的台湾政治发展结构层面的变迁，以及对未来发展趋势的影响，才是需要重点分析的问题。

本次选举再一次反映出县市长选举不同于最高领导人选举的特点。在县市长选举中，地方议题是主要的动员焦点，民众所关心者也主要是候选人的政绩。所以在民进党执政的几个县市中，虽然经历了该党高层政治人物群体性弊案的冲击，但部分执政县市长的口碑依然不错。如云林县长苏治芬，这是她能够胜出的重要原因。国民党也是如此，执政县市长能够连任成功，多是由于民众对其执政结果有较高的认同度。也就是说，选民对候选人品质的认同超过了对政党的认同。因而，马英九虽然在宜兰卖力扫街拜票，却没有挽回吕国华的颓势。以此而言，民进党宣称这次选举的结果与“民众对马两岸关系的不满”有直接联系，显然有失客观和公允。

这次选举中值得一提现象是：台湾的选举文化在不断调整，民众逐渐走向理性化，对于“爆料”行为已经有所警觉。这种情况在南投的选举过程中表现得最为明显。距离年底县长选举投票还有一个月，李文忠“爆料”说“行政院长”吴敦义与黑道“过从甚密”，同游峇里岛并“乔砂石利益”与“正副议长人选”，让原本冷清的选情，骤然升温。尴尬的是，李文忠“爆料”后不到 48 小时，民进党草屯镇党部主委黄文君竟出面，陪同李文忠口中的“黑道人物”江钦良开记者会，并指称李文忠曾寻求江的支持未果。这种情况使民进党相当被动，最后只能是将黄文君开除党籍了事。有台湾媒体评论说，这件事最起码说明了两个问题：一是政治再无情还是有行规，为选票利益破坏行规，反而伤害自己，候选人必须概括承受，就像李文忠；二是县市长和“中央”公职不同，凡投入选举者，总要对地方发展有一番愿景，“爆料”只能引起无端的争议，却不能展现自己对地方施政的抱负和能力。因此，评论者呼吁“损人不利己的爆料竞选花招该节制了”。但是不可避免地，只要“爆料”在选举中还有利用的价值，“爆料”现象在台湾政坛就不会消失。本次事件不过是说明台湾选举文化有了一定程度的净化，但是要想在选举中杜绝“爆料”现象，还需要相当长时间。

2. 对国民党未来改革产生的影响

本次选举是地方派系势力与马英九互动的一次实演，也是马英九与国民党内部对改革不满者的一次角力。

马英九对国民党的改革是一种全面的系统改造，主要的目的是将国民党由一个政治资源分配的机器改造成一个选举机器，改变党在选举中以资源交换的方式同地方派系结成联盟的行为模式。马英九改革的最后目标是斩断国民党“黑金政治”的根源，达到他“清廉执政”的理想，彻底改变国民党的选举文化。在这次改革中，马英九必然要触及的是党内已经存在的现有政治结构，所以受到党内攻击的可能性是相当大的。特别是马如果想将国民党年轻化，增加对年轻人的吸引力，必然要推动党内的世代交替，更得触及一部分旧有权力结构的利益。所以，马在党内遭到大部分人的反对是可以想象的事情。

从这个意义上说，马英九的改革其实是以马英九为首的少数人在推动的改革。在这场改革中，改革者是孤独的，遇到的阻力是多重的。一方面，在政治运作过程中，马英九会遭受到民进党的攻击。民进党其实一直在利用马的改革进行政治操作，谋取自身的利益。另一方面，由于改革的固有特点，马英九在党内也很难得到有力支持。从某种程度上说，国民党需要马英九其实是因为该党必须依靠马英九取得执政权，所以马英九在国民党内的政治基础并不是特别牢固。特别是在2008年取得执政权之后，党内在政治资源的分配上意见很大，对马英九个人及其团队的恶感也不断增加。也正是因为这样，马只能依靠自己的声望和选民的支持强行推进改革。也就是说，在马顺风顺水的时候，他可以强行压制住党内的反对势力，可以强行推动改革措施。但是当他的权威一旦遭到削弱，则可能首先面对是的党内同志的落井下石。从这个角度说，马英九在国民党内其实是相当孤立的。在他担任党主席以后，虽然可以在一定程度上掌控党中央，但是却一时无法消除国民党内的消极情绪和分歧混乱的利益结构。

同时，马英九坚持调整与地方派系互动模式的政治抉择也使他面临着越来越大的挑战。在国民党的政治运作模式中，与地方派系结盟掌控选举具有漫长的历史，现在要骤然斩断这些联结是相当困难的。从国民党自身来说，如此做法确实有不得已的苦衷。随着台湾选举的不断发展，台湾选举中的“黑金政治”显然生存的空间越来越小。同时，由于国民党手中的资源日益减少，根本没有那么多资源拿出来与地方派系进行交换。所以马英九与地方派系的关系调整，既有改造国民党整体形象的考虑，同时也有当前政治资源日渐稀少之政治现实下不得已的压力。

不过需要强调的是，马英九不是要与地方派系划清界限。这在当前的台湾社会，几乎是一个不可能的任务，因为地方派系是在选举过程中发展起来的，只要选举还存在，就不可能彻底根除地方派系的影响。与地方派系合作，仍是未来国民党进行地方动员的一个重要组成部分。马英九所要调整者，是改变与地方派系的互动模式，斩断“黑金政治”的根源。

但是这次选举所反映出来的现实说明，调整与地方派系的互动模式并没有那么容易。有评论认为，马英九太过强调改革，轻忽地方实力，最终导致了“选举失败”的后果。最明显的例子就是花莲县付崐萁在有案在身的情况下依然狂胜（付 85532 票，蓝营的杜丽华 38603 票、张志明 27595 票）。国民党的党务改革诉求于“清廉”等政治道德，本来是投选民所好而发动，但是却招来地方派系的反感，于是他们采取了与国民党不合作的态度，国民党在花莲的挫败应该主要归因于此。同时，从过去一段时间以来马英九支持的人选纷纷败落可以看出，地方派系在国民党政治动员系统中的能量还是很大的，一旦他们发动起来，足以影响选举结果。

所以，此次县市长选举没有大输，在气势不再高涨的时候依然保住了 12 个县市，可以认为是选民对马英九的支持与鼓励。这对马英九的改革其实应该是一个利好的消息。宜兰县的失守和部分县市得票率的下滑可以认为是马英九改革所付出的代价。虽然没有看到统计数据显示这些县市国民党的得票率波动，与马英九对国民党的改革有关，但是以马英九诉求于选民者是个人的清新形象这一特点而言，台湾民众显然还没有对马英九失望。

不可否认的是，马英九的改革已经改变了国民党基本政治结构，并给国民党带来了巨大影响。同时，这次县市长选举的结果也预示着，马的改革步骤虽然可能有微小的调整，但却不可能就此停顿。选后不久，马英九召回金溥聪出任国民党秘书长，坊间的评论大都认为是为明年的“五都”选举和2012年最高领导人选举操盘。这固然有其道理，但是以金不妥协的性格，以及过去在党内挥舞“小刀”为马英九开路的经历来看，不能排除这次金回来有继续强化国民党内部改革的意图。所以说，县市长选举的结果不仅不会改变马英九党务改革的方向，反而使这一方向有所强化。毕竟，改革是国民党唯一的出路了。

3. 民进党开始触底反弹

这次县市长选举中，民进党取得了“3+1”的成果，媒体评论大都认为是小胜，认为民进党通过这次选举基本稳住了阵脚，基本盘也开始回归。不过如果再深入讨论下去，这次选举对民进党产生的影响应该远远超过仅取得4个县市长席次那么简单。

（1）通过这次选举，民进党在一定程度上实现了与陈水扁的切割，不过切割是以悄无声息的“冷处理”方式进行的。民进党以前的做法就是与陈水扁进行渐进式切割，从现实情况看，该党已经初步达成了这个目标。在这次选举中，民进党最基本的策略就是在与扁不进行切割的情况下进行选举动员。如果民进党能在这次选举中基本上守住基本盘，或者说能够在原有政治版图上有所突破，则扁可能被逐渐淡忘，在民进党及其支持者中影响力渐渐消退。这种切割方式对民进党最为有利。值得注意的是，在这次选举中，陈水扁基本没有发出声音。选举结果，民进党在得票率上已经回归基本盘。可以判断，这次选举其实是民进党进入“后扁时代”的开始。

（2）民进党现在已经进入世代交替的时代，这种世代交替必然会随着选举的向前推动而不断加速。这次民进党在选举中提名的候选人，有许多是民进党中形象较好且比较有实力的新一代人物。如彰化县提名翁金珠、南投县提名李文忠、基隆市提名林佑昌、新竹市刘俊秀、嘉义市涂醒哲等。大家在讨论这次县市长选举时往往将焦点集中于几个民进党执政的县市，或者是几个竞争比较激烈的地区，但是对该党在这次提名时的基本策略却很少有深入观察。其实在民进党提名的候选人中，大都是该党未来的希望，他们即便在这次选举中不能取得胜利，却可以经过这次选举的历练，增强其未来的政治资本和政治实力。在这些政治人物中，有许多是党内比较有论述能力的"新世代"代表人物，他们力量的增强，基本上代表了未来民进党的发展方向。

民进党在世代交替方面存在的问题是："美丽岛律师世代"是否愿意退出历史舞台。自20世纪90年代以来，"美丽岛律师世代"在台湾政坛执民进党发展之牛耳已经近二十年。但是在民进党执政八年的过程中，民进党的整个组织体系和价值系统都经历了重大改变。"美丽岛律师世代"的整个形象，也在2005年以来爆发的贪腐事件中遭到重创。但是这些事件还不足以让该世代淡出政坛，让"新世代"顶替接班。同时，由于民进党"新世代"均是在"律师世代"的栽培下发展起来的，在伦理上丧失了强行将"律师世代"推下台的可能性。所以，民进党的世代交替也只能是通过选举的方式进行自然淘汰，推动民进党"新世代"的上台。这次选举提名反映出，民进党已经将部署"新世代"接班的计划排入日程。

（3）通过这次选举，民进党内派系格局的重组也在加速。在这次选举过程中，民进党内山头势力（山头不是派系，这两者还是存在显著的差别）之间的斗争再度白热化。这是在没有陈水扁这个民进党"共主"的情况下而展开的山头斗争。这次选举中可以看到的是，传统的"四大天王"已经失去了权力斗争方面的意义。现在的民进党天王中，除了谢长廷，大概已经很少有人再有自己的团队，已经没有以前曾经拥有的动员能力。也正是在这种背景下，游锡堃在选举之前抛出"天王退位说"，要求在来年的"直辖市"选举中不要和年轻人抢位子。谢长廷则以"世代交替说"呼应，宣称："我们这一代从政三十多年，太久了"，又说"如果"有中生代出来，资深者可以退位。有人认为，两人是冲着苏贞昌而来，目的是希望正在部署新北市选局的苏贞昌退出选举，以免苏取得鹤立鸡群的地位。由于争执有日趋激烈的趋势，最后党主席蔡英文出面调停，声称12月5日选完再坐下来谈。可以肯定的是，随着"律师世代"整体的衰落，派系重组是肯定的。而且，这种派系重组一定是以选举为中心形成的。至于形成的过程，应该不是太长，可能经过几次比较大的选举就完成了。

同时，民进党在这次选举中也开始在价值论述重建方面悄然起步。民进党打出了上世纪90年代提出的“绿色执政、品质保证”及“清廉、勤政、爱乡土”的口号。显然，民进党在价值诉求方面一方面重新回归传统，以唤回传统的支持者；另一方面，民进党通过换人和换角色的方式，将“律师世代”身上发生的贪腐问题“打包处理”，将有“贪腐包袱”的领导人与该党切割开来，而以形象清新的年轻人取而代之。民进党希望通过这种方式，逐渐摆脱因为该党高层的贪腐问题带来的“价值包袱”，从贪腐的阴影中逐渐走出来，完成价值系统的更新换代。

总体上说，民进党通过这次选举凝聚了基本盘的支持，在一定程度上实现了与陈水扁的切割，提振了党内士气，在组织结构、派系格局、价值论述等方面的重组都在悄然起步。当然，由于执政八年的结构变化及民进党高层弊案的影响在短期内不可能完全消除，民进党要想在短时期内摆脱困境，还存在着比较大的困难。所以说，这次选举结果，为民进党提供了一个喘息的机会。这次选举结果会影响到该党对政治局势的基本判断；从远的方面说，民进党在这次选举中得到的政治认知，会对该党未来的政治规划产生一定影响。

第四节　民进党士气回升与动员模式调整的起步

台湾“五市”选举结果2010年11月27日揭晓，市长席次维持三比二的现状，国民党在台北市、新北市和大台中连任成功；民进党在大高雄、大台南双双取得压倒性胜利，台湾政治版图依旧“北蓝南绿”。民进党虽未攻下北部二市，但总得票数却创新高，总计获得377.2万多票，国民党为336.9万多票，大赢国民党40多万票。本次选举投票率创新高，市长部分平均超过71%，其中以台中市达73%居首，台北市虽然最低，但也超过70%。国民党虽保住三个席位，但总得票率占44.5%；民进党得票率为49.8%。从南北票源分配来看，国民党在北部二市和大台中大赢民进党近31万票，但南部两市却大失血，惨丢71万票。

对于选举结果，两个政党各自的解读并不相同。绿营认为已经取得了胜利，在得票率上和国民党平分秋色，而蓝营则认为取得了三个座位，基本上完成了选前预设的目标。这些都是事后的评论，可以不必太在意，不过在选举过程中，双方采取的选举策略则值得注意。

这次“五市”选举中，两党采取的策略是不同的，甚至出现了攻防角色转换的有趣现象。对于民进党来说，在以前的选举中，一直不遗余力地利用族群议题和两岸议题进行政治动员，而发运群众游行拉抬声势也是常用的手法。但是这次选举中民进党却一反常态，将竞选主轴锁定在治理能力方面。民进党的口号是“捍卫台湾价值，展现执政能力”。而且，民进党也较少利用大规模的街头运动进行政治动员。反观国民党，却一直力图将选战的主战场引到两岸议题上来，而且也不断强调利用游行等手段进行政治动员，力图用这种方式拉抬候选人的选情。蔡英文和苏贞昌左躲右闪，尽量不与国民党候选人在两岸议题上进行辩论，甚至连以前民进党常用的勤跑基层与选民“搏感情”的拉票手法都有所减少，电视文宣的力度则相对加强。

这种选举表演中的角色置换主要是以下几个方面的原因导致的：

（1）近两年来国民党在两岸关系上的突破确实给台湾民众带来了实实在在的利益，也是民众对马英九团队评价最高的部分。民进党自然知道两岸关系的处理是其短板，该党一直难以形成一个比较清晰的政策框架，来处理两岸关系和平发展快速推进引发的台海局势快速变迁。所以，这个时候如果炒作两岸议题，无疑是以己之短攻人之长，民进党很难讨到好处。

（2）临近投票时，民进党在选举上占据着一定的优势。一般而言，在台湾的选举中，占据优势的一方会刻意将选情冷却下来，以巩固领先的成果，但是落后的一方则希望炒热选情，激起支持者的危机意识，增加己方阵营支持者的投票率。当时民进党在高雄和台南占据着稳定的优势，在台北和新北与国民党的差距不大，所以这个时候民进党需要冷却选情，以免刺激起泛蓝支持者的危机意识。在台北市和新北市这样传统的“蓝大绿小”选区，民进党更不希望炒热选情。因而，蔡英文并不认同国民党通过上街游行进行政治动员的举动，认为“很可悲”，并说如果一定去游行，也希望能够“和平理性，不要再刺激这个社会，不要再让社会因为过去很多不幸的事情，再陷入对抗情绪，不要再撕裂社会”。这话从习惯于操弄族群矛盾的民进党主席蔡英文口中说出，真给人不知今夕何夕的感觉。

（3）这次选举是台湾的一次地方性选举而不是全岛性选举。在地方性选举中，比较强调候选人的个人特质，诸如人格亲和力、理政能力、危机处理能力等，而较少将主要焦点集中在身份认同方面。所以两岸关系议题相对来说，是比较不那么容易被炒热。另一方面，民进党近两年来在执政方面已经积累了一定的声望。当年台湾《远见》杂志进行的执政县市长满意度民调中，民进党执政的县市大都排在前面。相反，国民党在执政中却多次出现问题，这恰恰给了民进党打“治理能力牌”的空间。

国民党与民进党的竞选主轴决定了这两个政党的基本选战策略。于是，我们可以看出国民党急于求战，力邀民进党就两岸关系及 ECFA 议题进行辩论。但是民进党的候选人则极力避战，使国民党的拳头好似打在了棉花包上面，力道被削减了不少。从这个意义上说，这次的台湾选举远不如前几年的选举那样火爆，从策略上说大有“你打你的，我打我的”之态势。不过这也许正是国民党的危机之所在，正如朱立伦的竞选总干事江政彦所说，“目前的选举完全没有火花，这是最大的危机。”

这次选举中，政治板块的移动出现了比较明显的迹象。台北市和新北市一直是泛蓝占优势的选区，特别是台北市，在一对一的选举中，国民党的候选人从来没有输过。但是正如民众看到的那样，郝龙斌的选战打得非常辛苦，与苏贞昌的民调支持度呈现交替领先的局面，其中显示出的泛蓝阵营的支持危机一目了然。选举结果，泛绿在这五个都会区中得票率已经超过国民党。由于去年已经先行选举的南部县市中民进党已经大多稳定过半，这次在涵盖了超过台湾选民六成的“五市”选举中，民进党的支持率又超过了国民党，传统上认为“蓝大绿小”的政治版图可能已经发生了比较大的改观。①

就媒体和民众关心的这次选举结果对 2012 年台湾最高领导人选举的影响问题，其实不可做过度解读。前面已经提到，这是一次地方性选举，与最

① 当然，所谓的蓝绿板块其实是一个比较模糊的概念，这次选举结果从得票率上看，民进党已经超过了国民党，但是不意味着民进党的基本支持民众有多少增加。对这个问题还要和以后的选举进行对比，才能得出比较确切的结论。

高领导人选举有很大的差异。例如，本次选举相对来说两岸议题的关注程度不高。相反，到了 2012 年，两岸议题一定会成为选举的重要部分，民进党到时也难以回避两岸议题。当然，本次选举成败对两个政党的气势会有所影响，但是对 2012 年的选举结果未必会产生决定性的影响。

尽管这次“五市”选举两岸关系议题没有成为选举的焦点，但是两岸关系的影响还是若隐若现地存在。国民党一直强力打“两岸关系牌”就是一个例子。对国民党来说，通过这两年的摸索，在处理两岸关系议题方面已经走出了一条不同于以往的道路，也向台湾选民证明了两岸和解与台湾发展的可兼容性。这个路径也得到了台湾大部分民众的理解和支持。民进党虽然这次选举时不愿过多地在两岸议题上做文章，却不能无视两岸关系快速发展的事实。赖清德就说，“如果当选，我也会到大陆去卖水果。”所以，这次选举结果，在整体上不会对两岸关系和平发展产生太大影响。

对这次选举的结果，蓝绿阵营各自有不同的解读。对国民党来说，所幸赢得了三个名额，止住了颓势；对民进党来说，这次选举取得了得票率的突破，也差强人意，可以交代得过去，但是气势回升的势头已经受到一定阻遏。但是总体而言，民进党的势头已经开始回升。这种回升是继民进党在“立委”补选等选举中“七连胜”的继续。

不过，对民进党而言，有两个问题是值得注意的：

（1）民进党面对两岸关系和平发展的大趋势，已经不得不在态度上有所调整。选后民进党的高层人物均表示，未来民进党的两岸政策会采取务实的态度去处理。选举中没有炒作两岸议题对民进党来说虽然有些无奈，从相反的角度说却是和平发展大势压力的结果。

（2）民进党在蔡英文主导之下，试图尝试对民进党的选举文化进行改造。蔡英文在选后说，“民进党这一次能够以不激情的选举模式和回归庶民生活与弱势关怀的公共政策，展现出不一样的政党形象与政治文化，相信这是一条正确的道路，并且会一路坚持，直到民进党得到足够的社会信赖。”①至于这样的改革能走多远，是否能为民进党主流所接受，还有待观察，不过民进党所进行的尝试还是值得关注。

① 台湾《中国时报》，2010 年 11 月 28 日。

这次选举表明，在台湾不管两个党谁获胜，两岸关系和平发展都是未来政党生存必须面对的问题。毕竟，和平发展在经历了长期推进以后，已经具象化了，已经与百姓的生活息息相关了，无论什么政治势力都不能长期无视民生诉求，在意识形态的道路上走到黑。

第八章　时空改变，民进党应该如何因应？

由于台海格局发生了较为重大的变化，已经对民进党提出了转型的要求。但是，实现转型的过程显然还很漫长。

第一节　台海格局嬗变对民进党转型形成压力

民进党是在国民党威权统治政治生态下发展起来的一股政治力量。在民进党发展的过程中，一些明显看起来与传统西方民主精神相悖的习惯逐渐积淀下来。其中意识形态挂帅、族群动员的泛化以及民粹主义动员方式的大量运用等都是典型的例子。在对此等动员手段有效性的认知下，民进党越来越将这些动员方式固化和神化。这种做法的直接结果就是对政治动员的迷信使民进党人陷入了路径依赖，对未来的发展产生了负面影响。民进党上台执政后，台湾社会在其导引下不断沉沦，甚至向病态的方向发展。这种局面已经屡遭诟病，也给民进党提出了路线转型的要求。

同时，民进党当局在执政八年之后，台湾社会的政治环境已经发生了重大变化，围绕台海问题的主要博弈方（大陆、台湾、美国）之间的博弈环境和条件也在嬗变过程之中，既有的台海局势动态平衡正在发生关键性变化。民进党的“台独”路线已经使得台湾在台海博弈系统中的地位越来越边缘化。大致而言，民进党面临如何通过全面转型突破发展瓶颈的难题。

1. 政治参与的回落与制度理性成为可能

近年来，台湾政治的发展展现出高度参与和低度参与共存、逐渐走向低度参与的趋势，并呈现出越是高层级的选举，参与度越高，而层级低的选举则参与度低的局面。2000 年台湾地区最高领导人选举投票率为八成二，

2004年的投票率也超过八成，与2000年相比变化不大，① 经历了四年沉淀之后，台湾社会的政治参与热度依然鲜有减少。与此相对应，地方选举也表现出相对较高的参与度。2002年到2004年间较大的选举中，投票率分别为：北高市长选举七成、“立委”选举六成。唯一投票率没有超过六成的，就是2002年的县市议员和乡镇长选举，但是也达到了五成五。② 2004年最高领导人选举则是分水岭，台湾快速告别选举激情，“选举热度即明显降温，选民仿佛得了政治冷感症”，政治参与有逐步下降的趋势。影响所及，2005年的“国大”选举，投票率仅有二成二。③ 尽管有2005年底“三合一”选举中高达七成的投票率，但是在2006年3月11日举行的嘉义市“立委”补选，投票率仅为42.5%。④ 2006年初举行的民进党主席选举，投票率还不到二成。⑤

对于选举中投票率的降低，台湾的相关评论往往将原因归于：因为民进党执政以来政治操守的快速沦丧，引发了民众甚至民进党员的政治冷漠感。当然，选举投票率呈现出如此样态，可能有各个方面的原因，但政治冷漠现象有所增加所反映出的台湾政治发展趋势却值得注意。

政治参与的回落从一个侧面显示台湾民众对政治系统的情感承诺开始发生变化。在上世纪90年代以降的台湾政治生活中，高参与度的出现与省籍族群动员下民众对政治系统和政治人物的情感承诺是密切相关的。也正是这样的情感承诺，导致了台湾社会发展呈现出某种程度的异化，民粹主义的倾向相当明显。一般认为，强烈的情感承诺对于政治系统的负面影响是相当强的。首先，情感强烈的政治参与容易助长难以控制的政治运动，造成政治动荡。其次，一个政治系统中的很多团体若获得情感过于强烈的承诺，可能会导致系统分裂。所以，公民要保证控制所属团体的主动权，他们的忠诚就不能是盲目的。最后，政治系统的平衡赖于主动性和被动性的平衡状态。⑥ 民

---

① 台湾《中国时报》，2004年5月11日。
② 台湾《中国时报》，2004年7月19日。
③ 台湾《中国时报》，2005年11月7日。
④ 台湾《中国时报》，2006年3月12日。
⑤ 台湾《中国时报》，2006年1月26日。
⑥ 杨光斌：《政治冷漠论》，《中国人民大学学报》，1995年第3期。

进党“台独”动员及族群动员均带有强烈的情感承诺及道德诉求，这是一把双刃剑，虽然帮助民进党在政坛立足，但也成为该党未来发展的包袱。

2000年前国民党执政期间，台湾社会的矛盾表现得空前激烈，从而引发了高度的政治参与。由于没有参照系可以进行对比，国民党执政期间所出现的问题被无限放大，其对台湾社会的统合模式，也以扭曲的样态反射出来。民进党针对当时的情况，用高度抽象化的“台独”理想性和以“本土化”为主要特征的地缘情感来进行动员，使社会不同群体间的对抗升高，也使政治参与一直维持在相对较高的程度上。

民进党的执政其实为其道德正当性实现提供了可能的舞台，但同时也是对其道德正当性的最大检验。也就是说，执政对于民进党来说，既是机会，更是挑战。打着“本省人执政”旗号的民进党当局在2000年获得政权后，代表台湾民众利益、带给民众比国民党时期更美好愿景之重任，作为一个可欲的目标愈来愈显示出其紧迫性。换句话说，民进党在野时期所注重的问题是如何取得权力的问题，但是现在却是如何满足政治系统内成员需求的问题。具体而言，这种需要首先是物质的，然后是道德的。两者是相互依存和互为因果的关系。民进党给自己加赋的道德形象，是在反国民党专制统治的过程中形成并发展起来的。在一定程度上说，它是维护民进党生存空间的重要基础。达尔认为，“政治体系中的领袖力图使人们相信，政府手段被用于处理冲突时，达成的决定受到普遍认可，不仅是出于对暴力惩罚和强制的恐惧，而且还出于认为这样做在道德上不失为公正和恰当的信念。”① 民进党以“清廉”、“本土”、“民主”为基本诉求，在国民党“黑金政治”的强烈对比下，在部分民众中得到了正当性认同。

然而，民进党执政八年来的政治现状，却没有办法兑现其政治理念，不但“台独”理想没有实现，民主的理念也受到致命的打击。这种情况在一定程度上否定了民进党政治支持系统中的政治需求。按照伊斯顿的说法，一旦政治系统内大部分成员的起码要求不能得到最低限度的满足，“就不可能阻止这些人发展自己深刻的不满情绪。这种不满情绪首先是针对当局”，“只要有可能，不满还是会变化的，特别是，如果这些一而再、再而三的产

① 罗伯特·达尔著，王沪宁等译：《现代政治分析》，上海译文出版社，1987年，第76页。

生，输出方面却依然没有什么改进”,[①] 不满甚至可能转向典则甚至政治共同体，有时甚至引发暴力事件的发生。民进党的问题正是在于，在不能给台湾民众一个新的生活愿景的同时，反而出现了道德形象的崩塌，陈水扁以降的诸多高级官员的贪腐行为使民众大失所望，进而引发了不满，这些不满对民进党赖以上台的价值基础产生了解构作用。失望的民众对政治失去信心，自然导致了政治参与的回落。

台湾民众政治冷漠的出现，对民进党来说未必是好事，但对台湾政治制度的发展却未必是坏事，它使制度理性的出现成为可能。政治学理论认为，一定程度的政治冷漠的出现是一个政治体系走向成熟的要件之一。鉴于历史上曾出现过的盲目性参与导致的可怕后果，广泛的政治参与不仅不可能，而且也不足取。政治冷漠对政治制度不但没有什么危险，相反，一定程度的政治冷漠更有利于政治制度的运作。[②] 台湾社会低度参与趋势的出现，是政治发展的必然现象，同时也说明台湾民众在经历了十几年的选举喧嚣后，已经开始走向理性。这是台湾社会在民进党执政以来的最大变化，也是民进党转型的最大压力之所在。颇具讽刺意味的是，民进党靠着族群动员和“台独”理念的动员而上台，但是在上台之后却又被迫要放弃这些曾经行之有效的动员方式。

2. 政治对手改革造成的压力

根据马克思的矛盾理论，事物的存在往往是通过其对立面来定义和实现的。对民进党而言，其在岛内的直接政治对手泛蓝阵营发展的基本态势，在很大程度上影响了民进党的发展方向及其基本路径。2004 年以来，泛蓝阵营发展的最大变化就是“马英九现象”的异军突起，以及在此基础上形成的泛蓝整合新局面。这种情况深刻地改变了台湾的政治生态和政党之间的利益博弈模式，也对民进党形成了现实的压力。

“马英九现象”的形成是台湾社会政治文化的产物，也是对台湾民主制度发展现存路径的必然反动。按照马英九的说法，“马英九现象只是少部分

① ［美］戴维·伊斯顿著，王浦劬译：《政治生活的系统分析》，华夏出版社，1989 年，第 257－258 页。

② 杨光斌：《政治冷漠论》，《中国人民大学学报》，1995 年第 3 期。

人的幻觉”。马英九说过，“民进党是自己打败自己”。他并宣称，民进党只要“不贪污、揭弊案、两岸关系走务实路线，回到主流民意，就不会有人觉得马英九很厉害了”。① 从根本上说，马英九的出现，适时为台湾民众提供了一种理想的道德形象榜样和政治价值标尺。马以其清廉的操守和近乎完美的政治人格，在群魔乱舞的台湾政坛树立起一面旗帜。相应地，民进党的沉沦主因在于：“当‘清廉’成为口号，‘本土’更像是沦为掩护政权的手段，欲以此攻击敌人，却显然左支右绌。这不是马英九现象造成，更不是媒体所导致，这全是民进党自作自受。”② 台湾学者张麟征教授对这个问题也有非常深刻的观察：“台湾各个政党支持度的高低是跟各政党的形象理念、表现，以及各政党领导人的操守、能力、魅力、立场息息相关，而其中廉洁与否最是重要。”陈水扁在2000年上台之初，由于人民对国民党“黑金”的不满，对政党轮替的寄望，对陈的期待，民意支持度一度曾高达八成左右。“但是随着陈水扁强打意识形态牌，不顾民生经济，施政乏善可陈，甚至倒行逆施，两岸与台美关系同步走坏，贪腐弊案层出不穷后，其个人与民进党的支持度节节滑落。”③ 在马英九身上，清廉、爱民形象本来是平常得不能再平常的政治品格，普通得不能再普通的政治价值，但是却成为台湾社会追捧的政治偶像，这种现象所反映的恰恰是台湾政治人物基本政治价值的集体匮乏。

从某种意义上来讲，马英九的崛起和当年陈水扁的崛起有若干相似之处。马英九超人气的出现反映的是台湾民间社会对于政治清流的期待。或者从更深的层面上讲，“马英九现象”的形成是中国传统社会“清官期待”思想在台湾的再一次翻版。清官期待的出现正说明了“清官”的稀少与可贵，这种现象的出现同时也说明，台湾的制度设计难以有效阻遏政治人物的道德沉沦。从理论上讲，“公共权力作为分配公共利益和资源的手段，天然具有两面性，既可以以权为公，也可以以权谋私”。而权力作为“必要之恶”，④

---

① 台湾《中国时报》，2006年3月30日。

② 台湾《中国时报》，2006年3月30日。

③ 张麟征：《台湾政党生态面临重组》，第一届北京“台研论坛”提交论文。

④ 马庆钰：《告别西西弗斯——中国政治文化分析与展望》，中国社会科学出版社，2002年，第338－339页。

只有通过制度去进行规范，但是在台湾社会中，制度设计对保证政治人物坚守官箴显然力有不逮。这是制度的原因？还是制度执行中人的原因？抑或是社会结构使然？确实是一个值得深思的问题。

清官期待的伦理学基础是道德自律而非他律，即强调道德、情感胜过于强调制度的约束与限制。不过一旦在政治人物掌权之后，道德自律的缺陷就有机会表现出来。在理性基础上的他律法治制度所担负的职责，就是限制权力的自由空间，使其谋利行为以不侵害公民的自由和权力为限。相比之下，不依制度，而仅靠“为仁由己”的感性自律，“权力谋利冲动的界限就难以控制，是否正当合理也难以把握。”① 政治操守的清廉与否作为一种期待而不是制度保障不能得到实现的时候，期待的目标就会转向另外的方向，这种情况可能引发政治力量的分化与重组，新的“人气天王”不断被制造出来，政治也开始进入下一个同构的循环。

不过，台湾社会颇耐人寻味的现象是，一到选举，候选人总是会攻击对方的道德缺失，永远是高举着“道德”的大旗去攻击政敌，而对己方的道德状况以及如何从制度面限制政治操守的沦丧却缺少基本观照。当年民进党主要以“反黑金”的道德诉求进行动员取得了执政地位，下台以后的国民党和泛蓝同样也沿袭了这样一种模式，以政治操守问题去攻击民进党。当然，这也因为民进党有了把柄在别人手中。经过了角色互换，历史仿佛又回到原点，台湾政坛上依旧充斥着道德的诉求和道德的攻击。

从一定程度上说，“马英九现象”的出现是台湾社会道德自律集体意识的折射，是既存社会认知结构的产物。下面的问题就是：“马英九现象”能给台湾政坛未来的发展带来哪些重大影响。具体来说有两个方面：其一是对程序性正义的坚持以及其清流形象对台湾社会价值的重塑；二是马英九党主席任内泛蓝整合新局面的出现及对未来台湾政党政治的影响。

对程序性正义的追求是马英九的一个重要人格特质。所谓的程序性正

① 马庆钰：《告别西西弗斯——中国政治文化分析与展望》，中国社会科学出版社，2002 年，第 204 - 205 页。

义①，就是“要求在解决冲突的过程中，无论是否能够达到最后结果的公正，首先要按照规定的冲突解决程序去解决冲突，不能够违反这种既定程序，即使遵守它会导致结果的不公正。”② 最为典型的例子是2004年最高领导人选举后在与民进党的抗争中，马英九以台北市长的身份要求抗议群众遵守法律。马英九的这种特质对民进党的一贯做法是一个反方向的颠覆，更是与陈水扁视程序为工具、知法玩法，甚至公然“违宪”的做法形成了鲜明的对照。

作为台湾“清流期待”的产物，“马英九现象”的出现在一定程度上打破了民进党以意识形态和族群问题作为主导议题对台湾社会的政治生活进行垄断性支配的局面。它弱化了民进党操弄意识形态所带来的影响，使民众关注的焦点开始由认同问题而转向政治操守问题。非常有讽刺意味的是，台湾政党政治的战略面和策略面在此时进行了不知不觉的转化。正如台湾媒体所评论的，“陈水扁念兹在兹与李登辉争抢‘本土化’主旋律的发言权，完全未能体会这个主旋律其实已经成为协奏之一，政治大潮流已悄然转变。”③

焦点的多元化同时也反映了矛盾的多元化，矛盾的多元化恰恰是一个成熟的社会所必需的。“一个广泛动员的、并且有相当广泛的人民参与的体系，需要错综交叉的分歧来避免被两个巨大的、几乎将全民都拉入的群众运动的斗争所扯破。”④ 就其政策面来说，民进党长期以来对两岸议题的操作和“台独”议题的推动，对台湾民间的分歧和矛盾起到了聚焦的作用，即片面夸大大陆的“磁吸效应”，“鼓吹两岸经济关系的日益密切会影响‘台湾安全’，因此采取守势策略，防范、管制重于开放合作”。⑤ 所以说，即使民进党在执政期间不断有限度地开放两岸经济交流，但是在总体上来说两岸

---

① 程序正义观念最早在英国法产生，后来又因英的殖民行为而为美国法所继承，它是以“正当程序”（due process）思想为背景而形成和发展的。最早表达程序正义观念的法律文件应该是英国1215年《自由大宪章》。

② 赵国宇：《论程序正义的价值》，《山西政法管理干部学院学报》，2006年第1期。

③ 台湾《中国时报》，2005年12月10日。

④ ［美］塞缪尔·亨廷顿著，李盛平、杨玉生等译：《变革社会中的政治秩序》，华夏出版社，1988年，第403页。

⑤ 王建民：《海峡两岸三方对两岸关系问题的主张差异与互动模式变化》，第一届北京“台研论坛”提交论文。

政策上的总体思路依然是对立和对抗的，而不是和解与合作的。其所强调的是“有效管理”而不是“积极开放”。矛盾的单一使台湾社会在两岸问题上产生“集束效应”，将台湾社会拉入了统“独”对峙及族群对决的状态，也在这个过程中型塑了台湾社会与政坛非理性的价值判断标准。马英九作为政治清流飙起于台湾政坛，经过强烈的对比，使得政治操守的问题作为台湾社会存在的焦点问题之一，在一定程度上还原了其在政治生活中的基础性地位。从客观上讲，“马英九现象”所蕴含的道德诉求，使得台湾社会的价值多元化得到了展现。

马英九现象其实反映出台湾民众对道德的要求，也是中间选民的呼声。民进党如果不在这个问题上进行反省，对争取到中间选民的支持有一定的负面影响。

3. 动态平衡中的台海局势重整

中美双方围绕台海问题的博弈模式变化，对民进党现有发展路径所提出的挑战更是巨大的和根本性的。所谓博弈模式，是指博弈各方在一定的环境条件和一定的规则约束下，依靠所掌握的信息，同时或先后，一次或多次，从各自允许选择的行为或策略中进行选择并加以实施，并从中各自取得相应结果或收益的过程。① 大致来说，围绕台海问题，形成了主要以中国大陆、台湾、美国（甚至包括日本，但限于篇幅，此处暂不讨论）诸方为主体的博弈格局。

在博弈各方中，以各自的最高利益为标的，形成了一定的博弈规范。这些规范有部分是形诸文字的（比如中美三个联合公报和中日建交公报等文件对一个中国政策的承诺），但是却有相当一部分是不可能形成文字的，是博弈各方在实际斗争与妥协过程中，不断协调并在力量此消彼长基础上构筑的博弈各方动态平衡。

在围绕台海问题而展开的复杂的博弈系统中，台湾是美国亚太战略布局的一个棋子。前文提及，美国的台海政策注重的是在处理台海问题时如何达到利益最大化。大致来说，美国在台湾的利益分为以下四个层面：一是战略利益。美国通过使台海两岸陷入无休止的纷争与内耗而从中渔利，从整体上

① 张建英：《博弈论的发展及其在现实中的应用》，《理论探索》，2005 年第 2 期。

有效遏制或推迟中国大陆崛起，维护美国的全球与亚太霸权。二是安全利益，包括美国在亚太的军事前沿部署及其人员安全，以及美国对亚太盟国安全保障承诺的可信度。三是经济利益，特别是来自美国对台军售的垄断利润。第四是政治利益，即美式民主价值观在台湾的“成功”移植及其对中国大陆的“示范”效应。① 美国这么多年来就是通过战略和战术的综合运用，将台湾问题纳入其亚太战略布局，以台湾问题为筹码，与中国大陆展开博弈。

一直以来，美国在台海问题战略上的总体目标是非常清晰的，即“坚持一个中国政策，并以其惯用的两手策略，维持台海‘不统’、‘不独’的现状，并将会极力维持台海局势的稳定”。但是从策略面来讲，“尤其是政策在操作时，（美国）从来都是根据形势的变化和需要的不同确定其侧重方向。”② 换句话说，美国的台海政策是清晰与模糊并存，以必要的策略模糊来配合战略的清晰，并不断在战略与策略运用与实施中寻求平衡点。这是美国台海战略和策略的根本原则，也是美国在处理台海问题时的基本出发点。

从国家利益的角度出发，美国会随着台海博弈环境的变化而不断调整其策略。美国的台海政策目标之一就是保持台海关系的适度紧张，从而为其战略布局营造一个适宜的环境。对于美国来说，两岸关系走得太近，中国的统一进程发展得太快，将对其亚太战略布局形成重大的冲击；而两岸关系走得太远，台海局势过于紧张并极有可能爆发战争的情况下，台湾作为遏制中国的一张牌，边际效用会不断降低。道理至明，台湾问题牵涉到中国的核心利益，中国大陆在这个问题上决不会妥协。两岸关系过于紧张，中国和美国在台湾问题上的协调空间会相应减小。同时，美国也会冒被卷入台海战争的危险，这对美国来说当然是不愿看到的结果。

所以，美国在片面定义台海现状、反对中国大陆用武力解决台湾问题的同时，对“台独”依然采取了又打又拉的政策。一方面，美国通过加强与台湾的军事安全合作，提高美台军事交流的层级，同时加速军事战略重心的东移，以鸭子划水的方式，增加台方“以武拒统”的能力和美国在台海战

① 陈向阳：《美国台海政策演变与要害分析》，《江南社会学院学报》，2005 年第 2 期。

② 修春萍：《布什连任后的台海政策与台美关系》，《两岸关系》，2004 年 12 月。

事爆发时的快速反应能力。同时，美国还不断在公开场合为“台独”势力撑腰打气；另一方面，当“台独”势力走得太远，已经危害到美国利益的时候，美国则会出手遏制“台独”势力的过快发展，甚至对升高两岸局势的政治人物进行切割。

作为最主要的博弈方，中国政府在台海问题上也有战略和策略两个层面的利益期待。从战略上说，国家统一问题是中国整体发展战略中极其重要的一环。“中国作为一个正在经历起飞过程的发展中大国，在国内实施以经济建设为中心的国家发展战略，在国际上推行维护世界和平、促进共同发展的对外战略。”以此为出发点，形成了中国国家竞争与安全战略的主要内容：发展是第一要务；注重综合国力的竞争；高度关注稳定环境；维护国家主权与国家统一；坚持和平发展的道路；奉行独立自主的外交政策等。① 所以，在中国的整体发展战略中，台湾问题关涉中国的国家核心利益。台湾问题虽然是局部问题，但是却影响到整个国家发展战略布局。台湾问题对中国整体发展战略的影响表现出重要性、迫切性和不稳定性三个方面的特点。对于第一点和第二点，学界已经讨论了很多，这里就不再赘言。第三点想说的是，台湾问题在中国战略发展中的位置是动态而非静态的。也就是说，在中国的国家发展战略中，国家统一与经济发展之间的关系也是动态发展的，这种动态平衡表现为：国家统一问题随着“台独”分离主义势力的膨胀，在国家整体发展战略中的地位也不断提前。

从中国整个发展战略的全局出发，中国政府所采取的显然是一种渐进式的统一策略。即：在压缩分离主义势力的基础上，保持两岸的稳定，在一定的时间内维持两岸现状，为和平统一创造条件。在现阶段，北京的重点任务是“反独”而不是冒进式的“促统”。这一策略的提出，既是基于对“台独”势力快速发展已经危及到台海地区的和平稳定；也在于两岸之间是骨肉同胞，和平解决最符合两岸人民的利益；另外，两岸在交流之中实现统一，能够实现双赢，实现中国统一过程中的台海两岸人民利益最大化。

从以上所述中美两国台海政策的分析面向来看，（1）台海问题在中美

① 杨春贵主编：《竞争与安全：世界大变动中的中国发展战略》，中共中央党校出版社，2004年，第7－8页。

两国的国家利益坐标中具有不对称性的特征。对中国而言，台海问题事关核心利益，对美国而言则不是，充其量只能算是重要利益。（2）中美两国的台海战略从根本上是相抵触的，但是在策略上却是有阶段性合作的空间。（3）台海问题在中美关系中的位置也是动态的。从根本上说，中美两国在发展中的利益相关性越强，台湾问题在中美关系中的重要性和敏感性就会越低。

就台湾来说，从当前的政治操作中似乎看不到其对两岸问题有整体的战略性和前瞻性的实质举措。陈水扁上台以后，台海问题的操作越来越趋于工具化。这种操作方式一方面压缩了民进党两岸政策的空间，同时也使两岸互信荡然无存，两岸问题的决策面临着越来越大的刚性障碍。

整体而言，无论是岛内局势、两岸双方还是中国大陆、美国、台湾之间的关系架构都在经历着一次重大的重塑过程，新架构形成的基础在于各方力量对比的变化。随着时间的推移，以前构成两岸平衡的诸要素都在经历着一次重大的嬗变过程，两岸三方的政治博弈模式也在悄然改变。大陆经济持续高速成长，综合实力快速上升，而相比较而言，台湾的经济发展相对缓慢，双方的实力差距正在不断扩大之中；在中美之间的政治博弈中，随着双方利益相关性的增强，台湾作为一个筹码在整个系统中也会越来越边缘化。

在台海新格局的建构过程中，民进党的“台独”路线和“台独”政策越来越成为自身发展的障碍，“台独”可以操弄的空间会被压缩得越来越小。

4. 和平发展视角下的两岸关系制度创新

自 2008 年台湾最高领导人选举民进党败选以来，两岸关系有了长足进展。两岸的政治交流继续向前发展，许多阻碍两岸交流的人为障碍也有望被逐步拆除。同时，两岸协商也实现了制度性突破，2008 年两会商谈的成功开创了两岸协商的新模式。总的来看，两岸交流与沟通开始走上多渠道和制度化的道路，在经历了长期的结构性调整之后，两岸关系的新模式正在浮出水面，这对台海局势的发展无疑有重大影响。

（1）两岸关系的结构性转换。在五十多年的两岸关系发展过程中，影响台海局势的结构性因素经历了一个渐变的过程。其中一个重要特点，就是两岸对立与对抗的强度在不断下降，虽然目前两岸内战状态尚未结束，但两岸情势却已经有相当程度的缓和。以联系取代隔绝，以交流取代对抗早已成为两岸人民的共识。举凡两岸的交流与交往，均是在这一结构性变化下才得以实现。

两岸关系的结构性变化首先表现为两岸联系的加强。自 1978 年以来，在祖国大陆的积极推动下，两岸经济交流经历了从无到有、从小到大的发展历程。1978 年两岸的贸易总额是 0.5 亿美元，到了 2006 年，两岸贸易总额达到 1078.4 亿美元，两岸的贸易累计额达到 6036.9 亿美元，台湾对大陆的贸易顺差达到 663.7 亿美元，累计贸易顺差达到 3987.6 亿美元。随着两岸交流的扩大，两岸交流的层次和质量也有全面提升，两岸之间经济依存度不断增加，经济合作已经迈向了全方位、多层次合作的新阶段。经济联系加强的同时，两岸文化和人员的交流和交往也日渐频繁。相关统计资料显示，台胞来大陆人数在 1987 年是 46679 人，2006 年达到 4413238 人，而在此期间台胞赴大陆的累计人数为 42407678 人次。① 马英九上台后开放大陆游客赴台旅游，这一数字更是出现了爆炸性增长。此外，两岸宗教、文化、体育卫生、学术交流、教育科技交流也渐次展开，规模越来越大。

两岸交流扩大在一定程度上消解了两岸对抗的刚性。台海两岸经济依存度的增加意味着两岸经济互补性增强，两岸的利益关联度越来越大。正如胡锦涛总书记在十七大报告中所指出的，两岸已经成为血脉相连的命运共同体。历史经验已经表明，大陆的发展离不开台湾，台湾的发展也离不开大陆，两岸之间一荣俱荣，一损俱损。在两岸利益攸关的背景下，两岸刚性对抗的成本空前加大。民进党八年执政的两岸政策绩效之差，典型地说明了这一问题。由于民进党当局不顾经济发展和主流民意诉求，刻意推行“台独”路线，强化两岸对抗，使得岛内经济发展迟缓，让台湾丧失了太多的机会，再一次从反面说明了两岸经济整合已经成为不可阻挡的潮流和趋势，自我闭锁只能让台湾更加被动。

在交流成为两岸关系重要组成部分的前提下，两岸之间虽然仍有分歧，但是却有搁置争议，寻求共识的空间。实际上，自“汪辜会谈”以来的经验表明，只要双方均有在一个中国原则下搁置争议、解决问题的共识，台海

① 相关数据来源于国务院台湾事务办公室网站。

局势就会出现缓和的局面，两岸交流的速度也会逐步加快。相反，只要有一方刻意强调双方的分歧与差异，则两岸缓和的气氛就会遭到破坏。

其次，“台独”运动经历了发酵和膨胀的过程，激进“台独”的市场越来越小。自上个世纪90年代以来，“台独”路线在政治斗争中被充分利用，成为民进党的政策纲领，“台独”口号的动员力也得到了释放。尽管民进党在90年代也进行过“台独”转型，但是这种转型并不彻底。2000年民进党因国民党的分裂而渔人得利，取得了执政权，“台独”转型也宣告结束。在民进党执政的八年中，台湾当局不遗余力推动“台独”路线，但是经历了八年的冲撞，最后只是再一次证明了“台独”不可能实现这一基本事实外，别无所得。不仅如此，由于民进党当局坚持“台独”意识形态挂帅，对台湾经济发展的停滞与民众的疾苦视而不见，而且民进党高层贪腐问题层出不穷，政治操守丧失，为了个人的利益而置道义于不顾，甚至不惜对政治对手进行人格谋杀，完全失去了作为公众人物的道德尺度，也触犯到普通民众心目中的道德底线，引起台湾民众的普遍反感。在民进党执政的过程中，“台独”运动的动员力得到集中释放，“台独”运动的基本形态也更为完整地展现在民众的面前，“台独”势力为欺骗民众制造的光环，在民众的检验和“台独”政客的表演之下迅速蒸发。2008年民进党的失败其实可以认为是“台独”动员方式的失败，这一影响两岸关系和平发展的结构性因素受到了强大的拟制。

再次，寻求和平发展的双赢之路成为两岸人民的共识。自2000年以来，两岸民众特别是台湾民众对两岸问题的认知也发生了很大的改变。第一，两岸对抗无论是对大陆还是对台湾都是有害无益，特别是在两岸经济联系日益紧密的情况下更是如此。马英九在2008年台湾最高领导人选举中的强化两岸经济交流的诉求得到多数民众的肯定。第二，以省籍分际进行“主体性”区隔的做法遭到民众的否弃。尽管民进党一直鼓吹“本土”和“主体性”，但是在其执政期间的贪腐行为及政治操守的失落，彻底打破了“只有本省人才可以代表本省人利益”的神话，从而形成了台湾民众对族群问题的重新思考和对省籍问题的重新定位，马英九以外省人身份当选台湾最高领导人就说明了这一问题。第三，台湾民众对祖国大陆的认知更加清晰和理性。祖国大陆通过两岸政策调整，不断单方面对台湾人民释放出善意，直指台湾民心，将两岸和平发展的诉求直接诉诸台湾人民，这种做法得到台湾民众的理解与认同。而且，在两岸政治交流日益扩大的情况下，台湾人民对大陆认知的渠道增加，信息不对称的局面有所改善，认知也会越来越客观。

应该指出的是，要求加强两岸交流、与大陆一起共谋发展、寻求双赢的呼声在岛内一直存在，但一直处于受压抑的状态。然而随着这种诉求越来越强烈，最终仍有机会突破压制表达出来。2005 年连战首次访问大陆时，很显然背后就有强大的民意支持，否则的话，在选举决定一切的台湾社会，如此举动是不可思议的。两岸和平发展的主流民意成为决定两岸和解与合作方向的关键因素。

最后，随着中国大陆的崛起，台海问题在整个亚洲地缘政治中的地位相对下降。随着中国在东亚安全格局中的地位越来越重要，台湾在东亚地缘政治和美国亚太战略中的地位进一步边缘化是必然的。这个趋势在上个世纪 80 年代开始已经初现端倪，李登辉时期逐渐明朗化，民进党上台后，台湾在东亚地缘政治中的重要性下降速度进一步加快，《反分裂国家法》出台后，更是如此。特别是台湾在美国战略布局中地位下降尤其快速，有学者认为，“经过多年的较量，美国政府终于认识到台湾问题对它来说更多地是一个‘包袱’而不是一笔资产，中国大陆在美国战略和经济中的重要性同台湾的重要性根本不成比例。”对此，台湾方面也有体认，岛内某媒体甚至称美国已经给台湾“结案”了。①

两岸关系结构性因素的发展变化表明，两岸关系向和缓与双赢的方向发展是历史大势，尽管在实现这一目标的过程中会有杂音和干扰，但是却不能改变历史潮流。

（2）思维模式转化与两岸关系新模式的探索。与结构调整相伴生的问题，是处理台海问题思维模式的调整。在两岸关系发展过程中，祖国大陆对台思维的战略性调整对两岸关系走向和平发展起到了相当重要的作用。

在两岸关系发展过程中，处理台海问题的思维模式经历了由对抗性思维向合作性思维的转化过程。以大的历史视角而言，自 1949 年以来，在处理两岸问题的相当长时间里，双方均采取了对抗性思维。这种思维在政策面的

① 王缉思：《浅论中美关系的大环境和发展趋势》，《美国研究》，2006 年 1 月。

表现，就是军事上的对抗和经济上的互相封锁。其基本出发点，就是将战争作为处理两岸关系的主要方式。这种内战时期延续下来的政治思维，在两岸关系中长期占支配局面。然而，随着时间的发展，物换星移，时空不再，中国大陆处理台海问题的思维模式开始发生悄然转化。20 世纪 50 年代中后期到 60 年代末，国际形势出现了错综复杂的变化，海峡两岸出现了长期对峙的局面，中国大陆根据形势的变化，提出“以武力解决为主，争取和平方式解决”的新思路；70 年代开始，国内外形势发生了一系列引人注目的重要变化，中、苏、美之间的战略关系持续变化，中苏之间的紧张关系依然存在，中日关系走向正常化，中美关系迅速解冻，并终于在 1979 年建交。在这种情况下，中国政府出于对整个国家民族利益的考虑，也本着尊重历史与现实、照顾各方面利益的考虑，创造性地提出了“和平统一、一国两制”的伟大构想，后来发展为国家统一的基本方针并写入宪法。不过必须要指出的是，这一时期处理台海问题的思维模式转化是单方面的，即中国大陆实现了思维转变，但是台湾当局却没有相应地转变思维，依然抱残守缺，固守“三不”政策不肯放手。

进而，两岸关系进一步发生了根本性和结构性的变化。中国大陆自 1978 年以来，将工作重心转到经济建设上面来，经济发展也渐次进入快车道。与此同时，台湾经济在经历了长期的发展以后，开始进入后工业化社会，产业转型和升级成为越来越迫切的需求。这种情势的变化也对台海局势提出了一个客观要求，即两岸均需要一个和平环境完成发展的任务，对抗性的两岸关系显然难以满足这个目标。同时，中国大陆的对台政策思维模式持续调整，两岸和平发展、共创双赢成为主流的思维模式，更给台湾当局增加了压力。此外，尽管有台湾当局的不断阻挠，但台湾资本仍通过各种渠道不断投资到大陆，对大陆的经济发展起到了重要的推动作用，台湾资本也在这个新兴市场上获得了巨大利益。可以说，台商投资是两岸经济整合的先行者。日益发展的两岸经济交流说明，两岸之间的经济合作既是可能的，更是必要的，这样的合作是台海关系的大势所趋。两岸之间的交流与交往，特别是经济交流，为两岸关系的发展提供了实践上的探索经验和理论上的启发。

但是当时的台湾当局却刻意反向操作。李登辉上台后，推行经济上的“戒急用忍”政策，限制两岸经贸关系发展，政治上推行“独台”政策，使两岸关系难以缓和。民进党上台后，更是加强限制两岸关系发展的措施，并力图在两岸交流加强的大环境下营造台湾岛内对抗和敌视大陆的小环境，这种对抗性思维一直到现在在民进党身上还表现得相当明显。所以，在民进党当政时期，整个两岸关系思维从根本上来说还是对抗性的。这种思维模式指导下的封闭性和对抗性两岸政策给台湾经济带来了严重的负面影响，经济长期低迷成为台湾社会的痼疾沉疴。

不过民进党对抗性思维的全面贯彻及其消极影响也刺激了两岸民众探索新的两岸关系新模式。中国大陆通过《反分裂国家法》等措施将“台独”势力约束在可以控制的范围之后，直接将两岸和平发展的诉求诉诸台湾民众，以可以操之在我的部分为出发点，不断单方面向台湾人民释放出善意，得到台湾人民的认同；同时，当时在野的国民党也展开了化解两岸敌意的大动作，从连宋访问大陆开始到现在，两岸致力和平发展的人们如春燕衔泥，筑起了互信的基础，也成功地培育出合作双赢的两岸关系思维模式。

两岸关系新思维最主要的特点就是以民生议题为中心，缓和两岸局势。搁置争议，按照一定的次序，就双方目前可以操作的、关涉到民众福祉的部分优先达成协议，加速两岸经济发展和经济整合，从而创造出双赢的两岸关系新气象。按照胡锦涛总书记话说，就是“建立互信、求同存异、搁置争议、共创双赢”。这种共识是两岸关系新思维的重要内容，也是两岸关系能够改善的重要前提。

（3）两岸协商机制的制度创新。新制度主义认为，制度创新往往决定了行为绩效。在台海局势近三十年的风云变幻中，虽然两岸关系有了相当进展，但制度稀缺的局面依然存在。因此，制度创新对于两岸关系的持续良性发展殊为重要。

在两岸关系发展的历史上，两岸民间性的制度创新模式曾成功地解决了不少实际问题，两会协商模式也在两岸破冰的过程中发挥了重大作用。但是“汪辜会谈”后不久，由于李登辉推动“台独”的意图日渐明朗，两会的协商陷于停顿。进入21世纪以来，经过长期努力，海峡两岸协商机制的制度创新又有了新的发展。已经形成了双轨、多元和多层次的沟通交流机制，而新的时空背景下的两会协商机制则是这一系统中的重要一环。

首先，“双轨”系指以国共交流平台和两会协商作为互相补充的政治沟通和协商轨道。毫无疑问，国共交流平台作为两岸沟通与协商的重要沟通渠道自产生之日起，在凝聚两岸共识的过程中就发挥着不可替代的作用。由于这一平台运作的时间比较长，拥有一定的成熟经验，已经成为两岸沟通和协商机制中必不可少的一部分。两会协商机制的功能在于以祖国大陆与台湾当局授权的形式，将两岸共识转化为可以操作的具体政策。国共交流平台和两会协商机制相结合，基本上型塑出两岸政治沟通和协商机制的大致框架；其次，在交流过程中形成主要存在于民间的多种交流和沟通渠道，包括常驻大陆台湾同胞及经常往返于两岸之间的学者等人群所构成的庞大交流群体，在两岸交流的过程中发挥了重要作用；再次，两岸协商所牵涉的内容也越来越丰富，经济领域、文化领域的交流固然全面拓展，政治方面的合作与交流也因为新的协商渠道和两岸共识的获得而出现了突破，两岸之间交流渠道畅通和对和平发展共识的加强，已经成功地降低了两岸紧张局势。

两会协商也在两岸寻求和平发展的共识下展开。时空背景的变化决定了重新开始的两会协商的制度性突破。2008 年恢复的两会协商，是在两岸对某些议题已经有高度共识的前提下展开的，因此可以说，两会协商并非真正两岸协商的开始，而是就某些议题进行阶段性协商的最后步骤，即在两岸共识达成之后，用两会协商的形式以制度性和约束性的文件把这些共识固定下来。在两会协商签署协议之前，两岸为凝聚共识已经做了大量工作。胡锦涛总书记与萧万长先生在博鳌举行的“胡萧会”、胡锦涛总书记与国民党荣誉主席连战先生举行的“胡连会”，以及随后举行的“胡吴会”，均成为两岸共识酝酿的重要环节和步骤。协议签署之前，双方已经有了充分磋商，相关的技术性问题也早已完成协商并形成了文本。

新的两会谈判实现的另一个较大突破是：在两会协商中，“官方授权、委托或默许，民间代理”的制度安排依然有效，但是双方的主管单位和部门的相关人员却不再隐身幕后。相应地，民间业者在谈判中不再承担一线作业的任务，而是直接由公权力部门的相关负责人进行事务性协商。这意味着，在两岸互信的基础上，双方的协商模式已经出现了重大变化。按照高孔廉的说法，在两会完成第一次复谈之后，业者将功成身退，往后不再参与谈判。

两会制度性协商的恢复与突破说明，经过多年努力，两岸已经形成了制度创新的丰硕成果，在成功整合两岸关系方面产生了积极效果。如马英九所言，国民党上台后的首次两会协商是两岸十年来中断的协商恢复后，“第一次展现出跟我们计划中完全一致的成果”。而“三通”直航一旦实现，“日益增加的两岸贸易会对文化、教育等各层次产生改变，这一定会涉及两岸结构性的改变，非常重要。”因此，“对两会来讲，也许只是三天谈判，是一小步，对两岸关系，绝对是一大步”。[①] 就制度层面而言，制度创新的实现为两岸关系的长远良性发展奠定了坚实的基础。

（4）制度创新与两岸关系的良性发展。台海两岸人民和致力于民众福祉的政治人物以创新性思维和智慧，通过不断的制度创新，正在逐步构建两岸关系新模式。

两岸关系制度创新的基本出发点是两岸的民生问题。两岸民众的福祉既应该是处理台海问题的出发点，又是根本归宿。也正是在这个意义上，两岸问题是一个需要解决的“问题”，而不是一个可以炒作的“议题”。民进党当政期间，台湾当局通过操控两岸关系，使其适度紧张，既不至于引发战争，又能引起绿营支持者对大陆的敌意，从而产生凝聚政治支持的效果。这种做法是两岸关系长期停滞不前甚至倒退的根本原因。马英九当选上台后，摒弃了这一两岸关系处理模式，才使两岸关系有较大发展的可能。所以说，大陆与台湾对两岸关系以民生为中心发展方向的认同和默契是两岸关系能够快速发展的重要原因。

两岸关系制度创新必须以牢固的两岸互信为基础，而制度创新又会反哺和加强两岸互信，形成两岸关系良性发展的循环。以民众福祉和民生议题为起点的两岸关系处理模式，必然要求推动两岸和解，而不是加强对抗。因此，建立两岸互信就成为处理两岸关系的必然要求。长期以来，阻碍两岸交流扩大和两岸关系回暖的最重要因素就是两岸缺乏互信，特别是民进党当政八年来，不但不求改善两岸关系，反而将两岸的适度紧张视为凝聚支持者的工具，不断炒作两岸议题，谋求政治利益，导致两岸之间互信荡然无存。在这种情况下，两岸之间已经丧失了良性互动的基本环境。自 2005 年以来中国共产党与中国国民党的交流与交往几经风雨，互信初步建立。尽管两岸间

---

① 台湾《工商时报》，2008 年 6 月 15 日。

的互信还很脆弱，但是不可否认，双方在两岸问题基本方向上的共识成为两岸进一步合作的良好开端。

搁置争议、共创双赢是民生议题优先之两岸关系制度创新之要义。两岸回归“九二共识”的共识正是在这个基础上形成。其实，搁置争议本来就是“九二共识”的基本内涵之一。1992 年，两会在香港商谈中达成了“均坚持一个中国原则，但是在两岸的事务性商谈中，不涉及一个中国政治涵义”的共识。从这个意义上说，“九二共识”是为解决问题而不是为了强调双方的政治分歧而出现的。胡锦涛总书记所提出的“建立互信、搁置争议、求同存异、共创双赢”的十六字方针，就是基于对“九二共识”这一精髓的深刻理解。按照胡总书记的话说，“反对‘台独’、坚持‘九二共识’”，是双方建立互信的根本基础。易言之，双方在处理两岸交流中注重的应是寻求最大公约数，而不是刻意突出分歧。

也就是说，在两岸关系新的思维模式下，双方的政治分歧虽然仍在一定程度上存在，却不影响更多的认同纽带逐步加强。两岸的文化认同、民族认同均得到了不同程度的强化，特别是在四川地震发生后台湾同胞所表现出的人饥我饥的精神，再一次用行动诠释了两岸血浓于水的事实。随后吴伯雄访问大陆时国共双方对“中华民族”的强调更是证明了双方在民族认同上的共识。

无疑，两岸关系经历了几十年的艰苦曲折，已经迎来了实现和平发展、共创双赢互动模式的新契机。不过不同的是，在经历了民进党“台独”路线的冲撞之后，两岸民众、特别是台湾民众对台海和平发展总方向的认知更加清晰。无论是 2005 年的连战、宋楚瑜，还是 2008 年最高领导人选举后的国民党主席吴伯雄，他们访问大陆之所以能够成行，岛内民众的支持是关键性的因素。而 2008 年马英九能够上台，同样也反映了这样的事实。虽然民进党不遗余力操作两岸议题，挑动两岸仇恨，但是民众的反应却相当消极，马仍以压倒性的优势出线。这种强大的民意支持无疑是马英九推动两岸关系发展的强大动力源。

当然，在两岸关系快速发展的时刻依然有杂音存在。民进党虽然已经丢失了执政权，但是却没有从对抗的两岸关系模式中摆脱出来。当两会协商取得成功之际，民进党仍在鼓吹强化分歧而非解决问题的“政府对政府”谈判模式。① 这非常典型地反映了对抗性思维模式对民进党两岸关系认知的影响之深。但是在和平发展成为两岸关系主题的今天，要想把两岸关系再拉回到对立对抗的年代，显然是枉费心机。现在民进党所要考虑的，倒是在新形势下，如何顺应历史潮流，放弃对抗性思维模式，真正以民生为中心思想，走出“台独”意识形态的阴影，争取更多理性选民支持，以理性的态度扩大生存基础的问题。其实，从目前情况来看，民进党进行“台独”路线的二次转型是一个必然趋势，不过该党显然还没有从传统的动员模式中清醒过来。所以，在两岸制度创新中，虽然没有人将民进党排除在外，但是该党在这一过程中却不断边缘化，两岸关系话语权也不断流失。

5. 民进党面临结构性转型压力

民进党执政以来，以前该党奉为圭臬的动员方式、选举路线及党的经营运作方式面临着越来越大的操作上的困难。面对内外压力，民进党已经被历史推向了十字路口，在后陈水扁时代党的发展何以为继，在形势发展已经变化的情况下如何重新制定党的发展策略，都成为必须面对的问题。可以说，民进党面临的转型是全面性的，“台独”路线的转型只不过是其中的一个部分而已。

但是，就现实环境而言，民进党这次转型比上个世纪 90 年代的“台独”转型面临着更大的困境。90 年代的民进党处于没有一个普遍权威和既得利益集团的状况之下，其转型的阻力相对较小。经历了这么多年的发展，民进党内部的权力运作规则和潜规则都已经形成，继规则的完善而起的，是整个党的运作有僵化的趋势，威权化色彩也越来越浓。体制的问题将会是民进党转型过程中所碰到的重大障碍。

民进党要处理的问题均是结构性问题。诸如如何重建党内的民主制度、如何处理贪腐问题以挽回民进党的道德形象、如何处理和“台独”基本教义派的关系、如何处理“台独”党纲、如何提出新的论述的问题等等。以上所列，无论要解决哪一个方面，都不是轻而易举之事，而这些问题解决不好，所谓民进党的转型也就无从谈起。

从以往的经验来看，作为一个选举型的政党，民进党的内部改造的动力

---

① 台湾《中国时报》，2008 年 6 月 14 日。

也大多来自于选举以及由选举而形成对民意的基本判断，其改造的路径指向也基本来自对选举的总结。以“台独”路线为例，在不经历因为坚守“台独”路线而导致重大挫折之前，民进党不会放弃其对于“台独”的坚持。同时，民进党在不经历震动足够大的失败之前，也不愿对党内的权力分配结构进行大规模的调整。未来民进党在选举中的表现如果持续走低，将会进一步为其政党转型增加助力。

第二节　艰难的重整

陈水扁及民进党诸多高层的贪腐弊案，对民进党生存基础的解构是全方位的，其中既有道德形象的崩解，也有核心价值的失落，还有在“台独”路线上的困境，更有共犯结构下日益激烈的派系斗争带来的无穷伤害。虽然蔡英文担任党主席后带领民进党走出了低谷，但是民进党面临的一系列结构性问题并没有解决。

1. 民进党的派系生态变迁

对于民进党来说，如何重建内部民主和党内的政治活力，是民进党在后扁时期转型的一个非常重要的内容。

民进党上台以前，派系共治是民进党在组党后能够迅速崛起的一个重要原因。派系共治在协调内部矛盾、凝聚民进党内部力量方面发挥了重要作用。派系运作的公开化和制度化，保证了民进党在若干重要问题上通过妥协和折冲后可以达到有限的一致，避免了党的分裂。事实上，民进党的各项政策，基本上都是派系斗争与相互牵制的结果。

民进党内存在要求改革的呼声早已不是什么新闻。这些呼声大都来自基层，但是却不能引起高层的重视。基层自己也无法组织起来改变这种情况。这意味着民进党一度和民意的距离很远；另一方面，民进党高层政治人物失去了派系的奥援之后，对党中央的依赖加强。民进党下台初期，扁在党中央的势力还很大，无人敢犯险与党中央不同调。这种情况加重了民进党与民意隔膜的程度。

民进党过去的“四大天王”，现在已经不能看做是民进党的派系，因为这几个人中，吕、谢与扁有竞争但是已经被扁打得一蹶不振；游、苏的政治山头则完全是在扁的荫庇之下发展起来的，基本上可以看成是扁系的一个分支，遑论对扁系产生制衡。

对民进党主席蔡英文来说，重建民进党内的政治活力（未必是重建以前的派系结构，事实上那是不可能的）的前提之一是清除扁系在党内留下的政治结构，为新的利益和价值聚合平台的形成创造条件。但蔡英文并不敢直撄扁系锋芒，而是采用柔性切割的方式，为的是不引起民进党的分裂。这种方式主要想依靠选举的作用，将党内的扁系势力驱逐出去，但缺点是要有旷日持久的等待。

与派系重组密切相关的是世代交替问题。2005 年以来，民进党贪腐弊案群的出现，打乱了民进党内世代交替的节奏。这些弊案群的出现使“律师世代”遭到了重挫，世代交替的迫切性增加。由于“律师世代”的道德正当性遭到普遍怀疑，由其主导的世代交替也出现了滞碍难行之处。具体而言，民进党内“新世代”要求进行道德反省与政治切割的声音逐渐高了起来，“律师世代”与“新世代”的矛盾开始升高。面对这种情况，以陈水扁为中心的“律师世代”采用了打压的策略，力图将党内不同的声音压制下去。在民进党 2008 年前后几次选举中出现的“排蓝民调”、对“十一寇”的打压，虽然带有贯彻“台独意识形态”的色彩，但是在相当大程度上也反映了民进党内世代之间的冲突。以“十一寇”为例，这批人基本上是民进党“新世代”的代表人物，许多还被认为是民进党的“希望之星”，但是经过打压之后，均遭到重创。

民进党内出现了世代交替的迫切性不意味着世代交替可以平稳进行。对于民进党“新世代”来说，他们在政治生涯中大都受过“律师世代”的恩惠，有的甚至是“律师世代”一手提拔起来的政治明星，因此他们无论在情感上还是政治利益上均无法摆脱“律师世代”的阴影。这种情况使民进党内 20 世纪 90 年代曾经出现的世代之间的激烈政治斗争几乎不可能出现。在道义和利益束缚无法突破的情况下，民进党的世代交替任重道远。

蔡英文担任党主席后，开始系统推进世代交替，但是这个任务显然不是那么容易完成。民进党“五都”提名工作展开后，党内派系斗争和世代交替问题再一次浮上台面。苏贞昌作为党内呼声比较高的人气“天王”，直接表态代表民进党出战台北市。该党另一个派系领袖谢长廷也表态，如果党征召他，他会出来为党效力。不过谢的处境显然比苏要艰难，他背负着2008年最高领导人选举失败的包袱，党内对他的攻击也偶有发生。同时，蓝营也极力打击谢长廷，质疑谢曾任台情治机构的线民，并可能有出卖同志的行为，逼得谢不得不亲自向民进党中央写信，强调自己“绝非线民，断无拿钱或出卖情事，如此指控是对他最大的人格谋杀”。不过，以谢长于谋略的个性，以及善于打组织战的特点，他不会甘于寂寞。在“五市”选举中，谢在台中非常活跃，苏嘉全几乎翻盘的选战成绩背后就有谢的影子。在民进党的其他“天王”中，吕秀莲因为没有自己的班底，所以无法对这次选举产生系统的影响，游锡堃因为手中很久没有政治资源，以他为中心的派系也早已烟消云散，对这次选举影响也不大。

谢长廷和苏贞昌是党内“老派系”的代表，他们因为长期积累起来的政治资历而受到媒体的广泛关注。但是对于谢和苏来说，他们在失去政治舞台之后，派系势力的发展已经受到了很大限制，如何尽可能地取得政治资源，是派系发展的关键。苏、谢等人如果能取得资源，还可以延续自己的政治生命。否则，大概只能是被放上“神主牌”的位置，政治影响力会大为缩减。在这次“五市”选举中，苏以较大差距败北，给他的未来发展之路已经蒙上了一层阴影。

在谈民进党派系发展的问题时，不能忽略以陈菊等人为代表的“新派系”的崛起。对陈菊、杨秋兴和其他有意于角逐“五都”提名的政治人物来说，能否取得政治资源是其能否在党内发展自己势力的关键。他们和苏谢不一样的地方，在于他们没有谢和苏的政治影响力大，所以只能走实力派的道路，通过自己手中的资源分配凝聚一批政治精英，形成新派系。这也是当年陈水扁的“正义连线”与谢长廷的“福利国连线”派系模式。所以，2010年底的选举可以成为新派系形成的一个催生剂。从这个意义上说，这次选举也成为民进党内能否完成派系交替与重组的重要节点。

2010年底的“五都”选举，对于民进党派系的影响主要在于通过选举机制完成派系力量的重组。通过选举，党内影响力日益减弱的派系会被淘汰出去，新的派系在这个过程中得以形成。具体而言，陈水扁在党内留下的派系结构已经通过这些选举逐渐被排除出去，类似谢、苏这样的派系，如果不能扩充政治实力，可能会在选举中逐渐失去自己的舞台。相反，新兴的派系会在政治资源分配的基础上快速崛起，会很快在党中央占据主导的地位。所以，这次选举对民进党派系生态的变化影响甚大。

2. 大陆政策调整是民进党转型的关键

民进党的“台独”路线和“台独”政策曾经对两岸关系的发展产生较大的影响，同时，大陆政策的调整情况对民进党的未来发展也影响甚大。因此，民进党大陆政策的调整是其政治转型的重要内容，也是两岸学者于民进党转型内容中最为关注的部分，一般两岸学者在谈到民进党转型时大都指民进党的大陆政策而言。

自民进党成立以来，大陆政策已经经历了数次调整。整体上来看，民进党调整大陆政策的基本动机，从来都是以其岛内的政治需要为基本出发点展开。2000 年以前民进党曾经经历了在“台独”路线上“激进－缓和”发展过程，出现了一次比较集中的“台独”转型，在选举中刻意淡化“台独”意识形态，尽量营造出走中间路线的形象，得到不少选民的支持。可以说，这是陈水扁能够赢得 1994 年台北市长选举和 2000 年最高领导人选举的重要原因。

民进党上台以后，“台独”转型中止。在八年的执政过程中，虽然偶有民进党高层人士宣称要改善两岸关系，如陈水扁当选之初曾发表“大胆讲话”，随后又声称“三通是必走的路”等等。但是从整体上来看，民进党在两岸政策上越来越激进。特别是陈水扁遭遇弊案的冲击后，每到权力不保的危急关头，都以激进的“台独”叫嚣来换取基本教义派的支持。所以说，到了民进党执政后期，以激进的“台独”路线盲目冲撞两岸关系，再将因此遭致祖国大陆和国际社会反对的压力转移到台湾，凝聚深绿民众的支持，已经成为民进党大陆政策的基本模式。这种模式对台湾社会造成的危害是显而易见的，一是造成了两岸关系的阶段性紧张，甚至一度将两岸关系推到了战争的边缘；二是民进党为了拉拢“台独”基本教义派，阻挠两岸交流的扩大，对台湾经济伤害甚大。

民进党在 2008 年最高领导人选举中败选后，并没有对其两岸政策进行系统反省。在民进党内部，普遍存在着这样的认知：即这次选举失败是因为党内高层的贪腐所致，而非“台独”路线的问题。这种思维定势对民进党大陆政策调整的影响是不可低估的，也正是因为如此，民进党甚至连进行比较系统的大陆政策的理性讨论都难以展开。

民进党内还存在着大陆政策话语权的争夺。一方面，扁系残存势力极力想把握住两岸关系的话语权。陈水扁下台不久，扁系人马提出进行大陆政策辩论，就是要延续陈水扁在大陆政策上的激进路线，既要以此压迫党中央，同时又要借此博取基本教义派的喝彩，为陈水扁与司法进行缠斗寻找奥援。蔡英文既不愿在大陆政策上为陈水扁背书，同时又不愿放弃民进党的“台独”立场，于是将主要的矛头对准了马英九及其大陆政策的调整，只要是有利于两岸交流的措施，民进党一概反对，从开放陆客入岛旅游、开放两岸大“三通”、开展两岸金融合作等，民进党均以“护主权”、“防矮化”为词反对。

但是这种顽固的两岸政策已经使民进党越来越失去了两岸关系上的话语权。两岸和平发展已经成为历史的潮流和海峡发展的大趋势，而以民生议题为中心的两岸合作也越来越得到两岸人民的支持。这种情况即便在民进党内部，也逐渐成为共识。民进党原新潮流系大将李文忠批评民进党的大陆政策说，“民进党是怎么面对主权与两岸经贸这些议题的？直到目前，台湾社会看到的，我们所做的，就是反对。”李文忠认为民进党的大陆政策是“用屁股面对敌人”的鸵鸟政策。显然，按照这种政策方向运作下去，民进党在两岸关系上只能是越来越被边缘化。

随着两岸关系的发展，民进党内要求务实面对两岸政策的共识增加。自2008年以来，民进党执政的县市长如苏治芬、陈菊等不断访问大陆，其实已经反映了民进党高层在大陆政策上认知的改变。特别是陈菊，作为“美丽岛”世代硕果仅存的少数政治人物，其访问大陆显然具有指标性的意义，说明民进党内务实面对中国大陆崛起的政治认知正在增强。① 民进党高层政治人物频繁到大陆访问，已经在事实上打破了民进党中央在两岸政策上的自我设限。对这种情况，蔡英文和民进党中央虽然想进行限制，但是显然有心无力。

民进党两岸政策调整的困难在于：有一部分政治人物确实有比较强的

---

① 所谓务实“面对两岸政策”，其实不一定意味着民进党改变“台独”路线。其实民进党中的一部分人一直坚持所谓的“政经分离”政策，即立场的坚定性与政策面的务实性同时展开。

“台独”理念，对于“台独”政策有顽固的坚持，这批政治人物成为民进党大陆政策转型中的较大阻力。但是这批政治人物的数量不多。在阻挠民进党大陆政策调整的政治人物中，有许多是在过去的政治操作中，因为支持“台独”路线和对立的两岸政策而获利。他们有的是因为支持“台独”政策而得到深绿民众的支持而当选，或者是因为支持“台独”路线得到当时的当权者赏识而获得了不菲的政治和经济利益。所以说，同样是不支持大陆政策转型和调整，但是动机却可能各有不同。

在选举决定一切的台湾社会，选民手中的选票有最后的决定作用。民进党大陆政策转型与否，最终还得看选民的选择。不过要指出的是，民意的变化相对于政治形势的变化有一定的滞后性，政治形势传导到选举结果会有一定的时间。从2005年民进党高层弊案浮出水面，一直到2008年民进党败选下台，这个传导过程经历了近三年的时间。同样，两岸关系的积极变化传导到台湾选举结果也需要有一段时间。

台湾的发展离不开大陆，大陆的发展也离不开台湾。有位台湾学者曾经戏言，“台湾的悲哀在于离上帝太远，离大陆太近。”在两岸和平发展的情境下，民进党不可能无视大陆的存在，不可能无视两岸关系持续正面推进所带来的影响。两岸关系的结构性变化，已经从根本开始解构民进党对立性大陆政策的基础，在这种情况下，民进党如果不能进行适应性调整，只能是越来越失去中间选民的支持，未来的发展之路也会越来越艰难。

3. 动员模式的困境

本文所指的动员模式系指政治动员的基本方式和议题选择等方面。自建党以来，民进党的成功在相当程度上应该归因于其动员方式的成功。民进党在选举动员中，不断改革动员的形式，向民众展示出锐意革新的形象。通过改革动员方式，民进党逐渐取得岛内话语的主导权，并因此吸引了大批选票，特别是吸引了不少青年人的支持，使其政治版图急遽扩大。也正是因为当时民进党在青年人中的支持度颇高，该党一度被认为远比国民党有发展潜力。

在与国民党执政当局的政治斗争中，民进党的政治动员可以分为“议会路线”和“街头抗争”两个部分。“议会路线”主要是指利用议会问政的机会，一方面揭露当时国民党当局的腐败，一方面则代表其选民发声。这与以前的政治运作模式比起来，给人以耳目一新的感觉。这个时期的民进党政治人物尚能自律，在操守上没有出现太大的瑕疵，所以在民众中得到了一定程度的认可。“街头路线”系指民进党为反对国民党的政策而诉诸街头运动，压迫国民党当局屈服的动员方式。自 1979 年“美丽岛事件”以来，党外运动和民进党就一直在采用这样的动员方式，既可以借以凝聚支持者的向心力，也可以向国民党当局施压，同时又可以不断向民众灌输其基本价值和政治理念。而在议题的选择上，民进党主打“清廉”和“民主”的议题。民进党虽然有“台独”党纲，但是这一时期却尽量避开“台独”路线和“台独”诉求。在陈水扁 1994 年选举台北市长、2000 年参加台湾地区最高领导人选举的过程中，均没有将统“独”议题作为主打议题进行政治动员。

随着民进党在 2000 年取得执政权，动员方式也发生了改变。民进党政治动员的主轴逐渐转向族群动员和统“独”动员。民进党通过族群二分，强化“本省人”、“外省人”的区隔，并以争取“本省人”的支持作为该党发展规划的重要内容。于是，台湾社会在族群撕裂的政策下不断沉沦，“爱台湾”和“不爱台湾”等含义模糊的概念成为主流的政治话语，给台湾人民带来无穷的伤害。在两岸关系方面，民进党坚持“台独”意识形态，阻挠两岸交流的扩大，不断挑衅大陆的一个中国底线，使两岸关系出现了大幅倒退。民进党这种封闭政策给台湾的政治发展带来相当大的负面影响。

经过陈水扁家族及民进党高层贪腐弊案的冲击后，民进党的动员方式越来越向偏激的方向发展。自 2005 年至今，民进党一直没有放弃族群动员和统“独”动员的基本路径。而且，越是面临困境，民进党越是寄希望于偏激的动员方式作为解困之道。陈水扁在面对台湾社会对其政治操守沦丧的道德考问时，主要的应对方法就是以向深绿势力靠拢的方式寻求支持。民进党 2008 年败选下台后，不但没有在动员模式上进行检讨，反而有变本加厉的趋势。例如，民进党“立委”在“立法院”里采用“焦土政策”对国民党所提议案进行狙击的次数越来越多。虽然民进党一直辩称这是少数监督多数不得已的措施，但是从整体上看，民进党人逢中（大陆）必反、逢马必反的现象非常典型，问政的理性化程度愈益退化。

民进党下台后，士气跌落到了谷底，民众对其越来越失望，该党的政治动员难度增加。在这种情况下，民进党寄希望于街头路线帮助其走出困境。

这种情况反映了民进党在政治动员上的困境。换句话说，在街头闹得越凶，说明党内高层内心越恐慌，在某种意义上说街头抗争其实是提醒台湾社会民进党的存在而已。民进党转型最为外显的要求就是其动员模式的转型，如何以理性的问政、民生政策导向的政治动员、族群融合为中心的动员主轴建构新的政治动员模式，重新唤起台湾民众对民进党的信心，是民进党在未来选举中要解决的一个大问题。

在经历了一段时间的街头运动尝试后，民进党并没有得到自己想要的结果。于是，民进党开始向温和路线转变。2010 年底的“五市”选举中，民进党刻意要打一场改变风格的选战，即强调治理能力，不再强调以街头冲撞的方式进行政治动员。从实际的效果看，民进党自己感觉良好。但仅凭这一次选举就说民进党已经实现了选举文化的转型，显然为时过早。民进党能否真的实现动员模式转型，还需要长期观察。

4. 价值重构是民进党重整的核心

民进党的转型已经是势在必行，民进党也正在经历着转型前的阵痛。但是就现实情况来看，民进党转型面临很多结构性困境，其中最主要者就是价值的流失和论述的匮乏。

民进党以前的主流价值论述主要是“清廉”、“民主”、“本土”等三个方面。这三个主流诉求彼此之间看起来并没有太大的关系，不过在民进党发展的初期，却有着密切的内在关联。从整体上来说，民进党的主流价值论述的核心是“本土”诉求。这其实反映了台湾社会长期存在的族群间政治资源分配不均衡。国民党当局统治下外省人长期把持大部分政治资源分配的情况，为民进党建构以族群区隔为主要特色的“本土”诉求提供了方便。唯其如此，民进党的“清廉”和“民主”诉求的建构均带有浓厚的族群斗争的色彩，其背后的理论支撑其实还是“本土”论述。

通过打国民党的“黑金”问题和通过“民主”口号，诉求于本省人的政治权力与政治参与，再利用台湾民间一贯具有的悲情情结，民进党成功地得到越来越多本省民众的支持，政治版图不断扩大，在“立委”和县市长选举中屡有斩获。2000 年，作为“本土政党”的民进党取得了执政权，成功实现了政党轮替。民进党执政后，所谓的“民主”、“清廉”等问题逐渐失去了炒作的价值，也不再成为民进党政治动员的主打议题。相反，民进党极力鼓吹的“本土”诉求一时成为台湾岛内的主流诉求，成为压迫国民党和泛蓝阵营的主要政治话语。

2000年以后，民进党不断发挥“本土”诉求的内涵，并将其应用到两岸关系方面，使“本土”诉求日益向“台独”的方向发展。这时民进党“本土”诉求更加强调与大陆的区隔、对立与对抗，反对大陆和反对一个中国成为民进党版本“本土”观的一个重要内涵。通过观察可以看到，民进党攻击泛蓝与攻击大陆所用的口号和政治动员中运用的政治符号基本上是一样的，即所谓的“爱台湾”与“不爱台湾”、“爱台湾”与“爱中国”的对立符号结构。

由此可以推断，民进党的基本价值诉求是建立在对立的政治结构之上，在岛内表现为族群的对立与对抗，在台海局势方面则表现为海峡两岸的对立与对抗。正是因为这些原因，民进党的“本土”价值诉求越走越封闭，直到最后沦为“台独”势力攻击对手的工具，成为陈水扁贪腐势力的遮羞布。尽管民进党内常有有识之士呼吁要缓和两岸关系，但是在民进党执政的八年中，两岸关系还是朝向不断恶化的方向发展，这与民进党的基本价值诉求，以及该党大部分政治人物对这些基本价值的理解是有关系的。

现在民进党不得不面对的事实是，该党价值诉求所依赖的对立结构正在消失。

先说岛内。其一，国民党的“本土化”已经取得了相当进展，现在国民党的党员中大部分都是本省籍人士，2008年马英九正是得到大部分本省人支持而高票当选。其二，自20世纪90年代以来，本省人在岛内政治生活中已经占据了主导地位，外省人在政治生活中日益边缘化，民进党所谓的“外省人压迫本省人”的鼓动已经难以找到事实的支撑。当然，民进党可以在政治宣传中“营造”事实，这是完全可能的，但是却不能持久。其三，经过长期的发酵以后，台湾民众对撕裂族群的政治操作手法非常反感，整个社会开始向理性化的方向发展，民进党经营民粹的空间被压缩。

两岸关系方面，随着两岸和平发展趋势的展开，两岸之间的对立与对抗也正处于消弭之中。两岸民众交流增加，经贸关系加强，两岸之间的误解在逐步消解，合作和理解在逐步增多。推动两岸关系和平发展符合两岸人民的根本利益，对台湾的未来经济发展尤其有重要的积极影响。这种格局，对于一直视两岸交流发展为寇仇的民进党来说，是一个无法回避的问题。

从客观上说，民进党那种以前以与国民党斗争和执政时与大陆冲撞经验为中心的政治哲学，已经逐渐失去生存空间，其价值诉求也渐渐失去了依托。不过，民进党现在似乎还没有意识到自己价值流失困境之根源所在。前一段时间蔡英文提出的“新本土观”，仍不脱整合岛内蓝绿阵营共同与大陆对抗的老套路，而在政治动员中也依然沿袭着族群区隔和两岸对抗的基本诉求。更要命的是，民进党一直无法与贪腐的陈水扁集团切割开来。这使民进党无法丢掉贪腐的历史包袱。现在民进党既无法提出让台湾人民感动的愿景，只能在片面解读“台湾主体意识”幻象中呓语，为反对而反对，对马英九的两岸政策进行全面攻击。

但是这种掩耳盗铃式的价值诉求越来越难以取得民间的信任。正如马英九在一次接受台湾《联合报》专访时所言，“反对党批评也要讲证据”，推动两岸和解时如果“自我矮化或卖台，（在野党）说出一件来看看”。民进党当时说不出来，现在依然说不出来。马英九表示，民进党在批评他时“都是以一些抽象的‘卖台’、‘亲中’概念，没有具体的”。可谓非常准确地指出了民进党价值流失及论述匮乏的窘境。

5. 民进党如何能够贴近民意?

在选举决定一切的台湾社会，选票作为外化的民意符号，对政党的发展具有最后的决定性影响。哪些政党能够贴近民意，比较直接地、最大限度地反映民意的需求，其政治发展前景才能得到保障。反之，政治前途只能越来越萎缩。当然，影响政党发展的因素很复杂，但是主流民意的走向无疑具有决定性作用。

2000 年以前，民进党对台湾的民意变化保持着高度的敏感性。民进党在长期的选举过程中形成了对民意的有效反馈机制，根据民意的变化确定自己的选举主轴和政策论述。例如，20 世纪 90 年代，民进党在经历了“国代”选举失败和 1996 年彭明敏、谢长廷搭档参选台湾最高领导人，但是因为主打“台独”议题遭到惨败之后，民进党内展开了对大陆政策的大讨论，并引发了民进党的“台独”转型，使民进党的大陆政策向比较务实的方向发展。

同时，民进党也通过制度安排的形式，将民意支持度高的候选人选拔出来投入竞选。从民进党党内提名制度的变化基本上可以看到其对民意变化的重视程度。民进党内初选中，民调所占比重一直稳步提升。通过这些制度安排，民进党比较好地处理了内部的权力之争，同时也保持了对民意变化比较高的敏感度，保证了民进党政治版图的稳步扩张。

2000 年取得执政权后，民进党与台湾民意之间的反馈机制发生了比较大的变化。具体表现在以下几个方面：

（1）民进党力图引导民意。通过“去中国化”和炒作两岸关系的方式，民进党不断将其“台独”理念灌输给民众。陈水扁曾说，要通过各种渠道，将“台湾人”认同大幅提高，似乎这样就可以为带有“本省人”标签的民进党取得比较稳定的多数支持。

（2）推动民粹，将民进党版本的“台湾主体意识”拔高到意识形态的高度，并以此压迫其他论述。在民进党的操作下，中国认同在岛内遭到了日益严重的压缩。这种情形发展到后来，只要是与民进党意志不一致的论述，均遭到了攻击。这种情况发展到极致，甚至在民进党内，与“台独”基本教义派有不同的声音，都会遭到攻击和排挤。经过长期的营造，民进党营造了以“台湾主体意识”为中心的话语霸权。这种鸭霸的态度遭到了越来越多的反感。

（3）漠视民意，将党内政治斗争凌驾于民意诉求之上。民进党上台以前，党内的派系共治结构，在一定程度上阻止了单个政治人物超越众意采取行动，从而保持了在民意反馈机制上的平衡。但是上台以后，由于扁的势力独大，派系共治已经越来越弱。影响所及，党内不断出现以“民意”为手段进行权力争夺和政治斗争的个案。其中最为荒唐的就是在游锡堃担任党主席时搞出的“排蓝民调”，根本排斥了对中间选民的争取，并使民进党与民意的疏离制度化，对民进党的发展产生了相当负面的影响。其实，在民进党内部，自 2005 年以来对选举的判断屡屡出现比较重大的失误。翻阅当时选举前后的相关报道，类似的例子可以找到很多。这已经反映出民进党高层与民意的发展之间距离越来越远。而民进党对声势浩大的红衫军的反映，就典型地反映了对民意掩耳盗铃，甚至对抗民意的心态。

民进党自 2008 年败选后一段时期内，因扁势力在党内依然强大，该党一直没有在如何与民意加强联结的问题上进行比较系统的检讨。蔡英文担任党主席后开始注意这个问题，开始强调民进党深耕基层，加强与基层民众的联结。这些工作是与扁系势力的切割进程结合在一起的。民进党在败选后进行的选举提名制度改革，采用征召制的方式选拔候选人，尽管这个制度安排声称会“考虑民意”，但是与上台前相比，对民意的重视程度显然不够。从实质上讲，这个安排在一定程度上仍是平衡党内权力斗争的结果而已。

民进党与民意之间的反馈机制虽然对民进党的选举结果具有重要影响，但是相比较而言，却更多地具有技术性特征，与其他根本性问题相比，在民进党转型问题中是具有从属性质的问题，可以通过制度安排来解决，但是前提是民进党内对此有共识。否则，增强对民意的敏感度不过是一句空话。

6. 观念和思维模式转变是民进党转型成败的重要因素

思想观念和思维模式是社会生活中起到重要作用的因素，虽然对其衡量困难重重，甚至连比较清晰的标准都难以划定。而且，观念和思想一旦形成，就会形成路径依赖，进而会形成比较固定的行为模式。民进党在长期的政治发展过程中，已经形成了以“对立－冲突”为基本特征的政治行为模式。远的不说，到现在民众还经常看到民进党为反对而反对，并经常用暴力冲突的方式进行政治斗争，甚至不惜采取焦土政策对执政党进行杯葛。而这个行为模式的背后，是民进党长期形成的对立与对抗的思维模式。

民进党的对立思维模式有其历史基础。在长期与国民党的斗争中，民进党采取低度暴力的方式与国民党进行抗争，在当时对立的政治结构中形成了对对立性思维的路径依赖。而民进党成立后，又直接面对两岸对抗的台海氛围。在这种背景下，民进党的对立冲突的思维模式不断加强。

民进党的思维模式有几个基本的支撑点，或者说由几个基本的思维定式构成，主要包括：

（1）对族群动员的迷信。民进党一直以其“本土”身份为中心进行族群建构，也一直以争取闽南族群的认同为基本的政党发展目标。因为闽南人口占岛内总人口的60%以上，得到绝大部分闽南人的支持就等于取得了稳定多数的支持。在族群动员中，民进党不惜使用裂解社会的方式，强化对其他族群的攻击。

（2）对“台湾主体意识”的思维定势。民进党一直按照自己的政治理念组织和建构所谓的“台湾主体意识”。民进党的“台湾主体意识”，主要强调的是与大陆的敌对状态，强调台湾与大陆的差异与不同，刻意抹杀台湾与祖国大陆的联系与纽带。而且，民进党的“台湾主体意识”话语已经成为民粹主义政治动员模式的重要组成方面。“主体意识”在相当多的时候成为一个政治口号，是攻击敌对阵营的工具。也因此，在两岸关系和平发展的今天，这种“主体意识”成为民进党自我设限的一个重要惯性思维模式。

（3）对两岸交流的基本认知方面，民进党长期以来就有不能与大陆关系走得太近的基调。原因很简单，就是民进党在长期自我设定的两岸敌对状态心态下，认为两岸交流的扩大会导致自身的失败。这里诚然有对两岸联结加强冲击会对民进党产生巨大冲击的顾虑，同时更有以炒作两岸关系谋取政治利益的现实考量。

（4）对“台独”基本教义派的过度依赖。民进党在这个问题上的态度在2005年前后有所变化。之前，民进党主要是把“台独”基本教义派当成铁票部队，是无论民进党有什么政策诉求都会给予政治支持的基本群众；之后，“台独”基本教义派成为民进党寻求安慰的避难所，民进党高层弊案东窗事发后，基本上是靠着这批支持者才渡过难关。所以说，民进党现在对基本教义派的依赖不是需要他们的选票，因为这批民众即便不投民进党，票也不会投给国民党。陈水扁弊案爆发后，民进党是怕这批人在道德上抛弃这个贪腐集团，而另寻其他的道德榜样作为代理人，所以不断向“台独”基本教义派寻求支持。蔡英文任党主席后，路线能否走向温和的一个重大牵制力量就是基本教义派。民进党能否和“台独”基本教义派拉开距离，取决于能否取得足够多的中间选民支持，只有取得足够多的中间选民支持，扩大社会支持的基础，民进党才有可能和“台独”基本教义派切割。但是这里又是一个纠缠不清的问题，应该先与基本教义派拉开距离以争取中间选民呢，还是争取中间选民后才与基本教义派切割呢？这两者有没有中间的折中办法？目前来看，还是一个难以回答的问题。

民进党的这些思维定势有的是建党以来就开始出现，后来是在政治发展过程中不断强化，有的则是执政以后才出现，但是在党内却占有主流的地位。这些思维定势已经内化为民进党的基本政治观念，决定了其对问题的基本判断和对政治问题的基本处理方式。

民进党思维模式的转变需要一个长期的过程，转变的方式有二：一是顽固坚持传统思维模式的人逐渐退出历史舞台，二是对传统的思维模式进行系统检讨。从实际效果上来看，通过后面的途径进行的转变要更彻底一些，但是需要的推动力也更大。这种推动力可以来自于台湾内部，如国民党的政策诉求、道德诉求及动员模式改变所产生的压力；也可以来自大陆，在和平发展的大趋势下，民进党没有理由不对对抗性的思维做出调整。

7. 民进党再转型之痛

民进党现在需要的是全面的检讨和反省，其转型也是一个相当复杂而漫长的过程。就具体内容而言，民进党转型其实包括了该党的价值基础和主流论述调整、政党内部结构的调整、政党运作模式的调整、对台海形势变迁的适应性调整等方面的内容，而大陆政策的调整和“台独路线”的调整不过是其中一个部分。

民进党需要转型是一个众议咸同的问题。该党经历了八年执政后，已经基本丧失了创党时的基本价值理想，而被事实证明行之有效的运作方式（例如派系共治）也遭到颠覆性的改变。正如已经看到的那样，这些转变并不是为了党的发展而出现的，在相当多的情况下，是因为民进党的高层政治人物为实现个人利益和政治山头利益而改变规则。这是导致民进党价值流失直接或间接的原因。民进党的这种变化可以称之为功能退化，已经成为该党未来发展的障碍，如果不进行较为系统的调整，该党未来的发展之路会比较艰难。如何在岛内激烈的政治争夺中生存下来并能不断拓展政治版图，是民进党转型的出发点和基本驱动力，也是民进党在政治发展过程中最为根本和现实的选择。

但是民进党转型现在面临着重重阻碍，其中最主要者为：（1）党内的政治生态结构的干扰；（2）如何处理与基本支持者的关系；（3）民进党如何调整已经形成多年、僵化的思维模式。

就党内的政治生态而言，陈水扁虽然已经退出民进党，但是在民进党内却有一定的影响力，扁系势力虽然日渐衰微，然而对民进党中央还是有一定的牵制作用。在扁执政八年的过程中，民进党内几乎没有人能够逃脱其所经营的利益共生结构笼罩。也正是因为如此，民进党大部分政治人物对扁要么有情感上的依恋，要么有利益上的纠缠。在这种情况下，民进党对贪腐问题的检讨迁延不决自然毫不奇怪。同时，陈水扁事实上在与民进党中央争夺价值论述、大陆政策的话语主导权，尽可能地插手民进党内部权力结构的调整。2009 年陈水扁力拱陈唐山参选台南县长就是一个例子。在扁系势力被逐步清出民进党后，以扁为中心形成的“一边一国”连线成为牵制民进党政策的重要势力。在未来一段时间内，处理陈水扁的问题对民进党而言并不是一个假议题。

民进党如何处理与基本支持者的关系，也是影响民进党能否转型成功的重要因素。在执政八年过程中，民进党成功地调动起深绿支持者的政治狂热，使他们的“口味”越来越重，对于民进党推动“台独”的期望也越来越高，相应地对民进党中央形成的压力也越来越大。从这个意义上说，民进党事实上形成了与基本支持者互相绑架的局面。民进党的基本支持者不会将票投给泛蓝，但是可以通过不投票的方式压迫民进党向“台独”方向移动。同时，民进党内力量分化，陈水扁等政治势力与筹组已久的第三势力都在紧盯着深绿支持者，准备伺机而起，抢夺民进党的选票。所以，面临着各方有意于抢夺深绿支持者的危机，民进党还没有足够的魄力进行路线调整。

民进党僵化的思维模式已经阻碍了党内对政策的理性检讨。这在民进党内已经看得越来越清楚。就民进党反对马英九所提出的两岸签署 ECFA 一事来说，民进党除了反对之外并没有提出一个促进台湾经济发展的良方，只是为反对而反对，根本没有比较完整的政策辩论。长此以往，民进党的视野将会越来越小，价值目标也会越来越模糊。道理非常简单：不管是什么政治诉求，从长时段观察，一定要以民生议题为中心，才能得到选民的长期支持。将民生议题置若罔闻的政治势力早晚会被民众抛弃。如何调整思维，将对抗性思维调整为合作性思维，是民进党面临的一个难题。

民进党的转型其实是一个分层次和分阶段的问题。如何转型，转向哪儿去，与民进党所面临的政治情境密切相关。经过两年多的策划与实施，蔡英文已经比较成功地降低了扁对民进党的负面影响，可以暂时喘一口气。至于另外两个问题，民进党的价值重建只能与党内生态的调整相适应，也是一个长期的过程；民进党的大陆政策更是要受到民进党价值重建和党内政治生态调整的影响，并取决于民进党对于台海局势的基本判断和基本认知，也要经历较长时期的争论才能最后确定下来。

总的来说，现在民进党还处在转型的十字路口，该党必须要解决两个问题：一是要为陈水扁执政八年的所做所为埋单；二是要调整运作模式甚至思维方式，以适应岛内政治发展变化和台海政治格局的变化。全面消除陈水扁执政八年对民进党造成的价值及结构的负面影响，是民进党能否实现转型的基本前提。至于民进党针对岛内局势和两岸情势进行的适应性调整，牵涉的范围更广，对民进党转型也更具有根本性的影响。

后　记

如果从我2001年进入厦门大学台湾研究院读研究生开始了解台湾问题算起，到现在已经有十个年头了。这十年也正是台湾政治变迁最为剧烈的一段时期。2000年民进党上台，国民党失去执政权，然后经过了陈水扁执政八年对民进党组织结构和价值系统的解构，2008年民进党失去了执政权。台湾政治变迁的节奏不断加快，令人眼花缭乱。毛主席说，看事物要透过现象看本质。所以，在台湾研究中，如何透过纷繁的现象丛林，找出问题的本质，是研究者必须面对的问题。

但是想看清问题的本质确实不是一件容易的事情。尽管在其中浸泡了十年，但是对台湾问题仍觉不过一知半解。台湾研究牵涉到太多的问题，许多都牵扯到深层的理论问题。当然，这里还有方法论及观察角度的问题。书到用时方恨少，正是我此时的心情写照。

台湾政党政治的发展及政治生态的变迁，对国家统一进程有着重大的影响。它既影响祖国大陆对台政策调整的基本方向，在更深的层面上也会影响国家统一进程的路径变迁。特别是民进党长期坚持“台独”路线以及政经分离的大陆政策，成为国家统一的障碍。同时，民进党以片面解释的“台湾主体意识”作为政治动员的工具和价值系统的基础，成为两岸民众化解心结、走向统一的障碍。系统研究台湾政党政治的发展，从学理上全面解构台湾主要政党的发展路径及内部结构，是国家统一对学术研究的要求。

台湾政党政治的研究首先要立足于台湾岛内的特殊语境。台湾社会有其自身发展的规律，无论是制度还是社会群体心理的形成，都离不开特定的语境，而这些语境的解析又与两岸关系有着千丝万缕的联系与纠结。就制度层面而言，台湾社会的发展借用了西方民主的基本模式，但是台湾政治过程和政治生态却显示出和西方的相当差异性。当然这里必须要说明西方社会本身也有许多差异性存在。台湾社会的政治文化和政治心理在太多的时候显现出中国传统文化的烙印，政治行为在太多的时候显现出中国传统社会的影子。其中族群问题、省籍问题都是比较典型的例子。一直纠缠在我心中的疑问是，这种群体心理与我们的传统文化有什么关联呢？

在台湾的政治变迁过程中，政党政治的出现是一个显著特征，在台湾和西方某些学者那里，甚至是台湾民主化成功的重要指标。但是台湾的政党政治发展却有自己的特色，情感取向与政策取向、族群动员与政策动员之间的界限其实在相当多的时候是模糊不清的。当然，这种情况在日本和韩国也一定程度上存在。借用日本学者猪口孝教授的说法，这可能是亚洲式民主的一个特征。这里牵涉到更大的题域，此处不作讨论。不过显而易见地，台湾的政党政治发展，与传统西方世界对政党政治的设计与期望已经相去甚远。这里的问题是，台湾制度移植后何以出现目前这种状况？问题的解决之道又在何处呢？

而且，台湾的政党政治还在发展过程中，没有形成相对稳定的结构。现在两岸学界有声音认为台湾已经形成了比较稳定的两党制，这样说恐怕为时尚早。台湾的政党政治现在还在发展变化当中。在目前台湾比较大的政党中，有的政党甚至正在经历政党功能转换和角色转换的痛苦煎熬，政党体系结构的稳定在未来一段时间内，其实在相当大程度上是不可期的。

这些问题涉及台湾政党政治未来发展，与祖国大陆国家统一路径的调整有或多或少的关联，也是长期困扰我的问题。在研究中，每一个问题如果深入探究下去都会发现难度很大。当然，这也意味着台湾政党政治的研究空间很大，需要我们探索的问题还很多。

我在厦门大学台湾研究院读硕士时师从林劲教授，林教授以研究民进党见长。毕业后到北京联合大学台湾研究院工作，受到同样以民进党研究见长的徐博东教授督促，自然对民进党研究给予较多的关注。后来我在读博士期间，又经过导师黄嘉树教授的耳提面命，努力在民进党研究方面增加深度和广度，不断探索对民进党研究和台湾政党政治研究的新题域，并力图能够强化对台湾政党政治研究的理论性。当然，这里的理论并不是简单指西方的理论直接套用到台湾，这是不可行的。所谓理论化，就是在纷繁的现象丛林背后，寻找政党政治发展的本质。这是我孜孜以求的目标，也代表了长期以来在诸多师长影响下的研究偏好。

后　记

这本书稿中的内容，大都是近年来发表于各类报刊、杂志上的文章，修改后结集成册。除“台独话语权的建构”和“民进党大陆政策”这两部分是与徐博东教授合著、“台湾选举文化”部分与李立合著以外，其余基本都是我独立完成。当然，本书所有的文责由我自负。从系统的角度看，整体内容难称系统，不过这几年拉拉杂杂写的东西却基本反映了我的思想淬炼历程。诚然，由于思维的局限，书中难免有疏漏之处。作为台湾研究的新兵，本书的目的之一，就是将这些不成熟的想法拿出来，求正于方家。